- Frau Elsners Buch

WORKBOOK / LAB MANUAL

Wie geht's?

An Introductory German Course
Eighth Edition

Arbeitsbuch

Dieter Sevin
Vanderbilt University

Ingrid Sevin

Australia Brazil Canada Mexico Singapore Spain United Kingdom United States

Wie geht's?
Arbeitsbuch
Eighth Edition
Sevin | Sevin

Executive Editor: Carrie Brandon
Development Editor: Paul Listen
Senior Production Manager: Esther Marshall
Assistant Editor: Arlinda Shtuni
Marketing Manager: Lindsey Richardson
Marketing Assistant: Marla Nasser
Advertising Project Manager: Stacey Purviance
Managing Technology Project Manager: Sacha Laustsen
Manufacturing Manager: Marcia Locke

Printed in the United States of America
1 2 3 4 5 6 7 09 08 07 06
ISBN 1-4130 1759-2

Composition: Pre-Press Company, Inc.
Project Management: Pre-Press Company, Inc.
Photo Manager: Sheri Blaney
Photo Researcher: Sharon Donahue
Art Director: Bruce Bond
Cover Designer: Ha Nguyen
Cover Printer: Thomson West
Printer: Thomson West

Thomson Higher Education
25 Thomson Place
Boston, MA 02210-1202
USA

For more information about our products, contact us at:
Thomson Learning Academic Resource Center
1-800-423-0563
For permission to use material from this text or product, submit a request online at **http://www.thomsonrights.com.**
Any additional questions about permissions can be submitted by email to **thomsonrights@thomson.com.**

PHOTO CREDITS

16 © PLEUL/DPA/LANDOV
27 TOP: © DAVID BALL/INDEX STOCK IMAGERY
34© ULLSTEIN-KÖHLER
40 PROVIDED BY THE AUTHOR
55 PROVIDED BY THE AUTHOR
63 WIEN-TOURISMUS/WILLFRIED GREDLER-OXENBAUER
73 PROVIDED BY THE AUTHOR
82 © ROSEMARIE A. SELM
87 © DOUGLAS GUY
105 TOP: © ELFI KLUCK/INDEX STOCK IMAGERY
112 PROVIDED BY THE AUTHOR
117 TOP: © AL ZIEGLER/INDEX STOCK IMAGERY
122 TL: © ALAN VELDENZER/INDEX STOCK IMAGERY
122 TR: ULLSTEIN-CARO/RIEDMILLER
122 BL: © ULLSTEIN-SCHÖNING
122 BR: © ULLSTEIN-CONTRAST/BEHRENDT
126: © TIM CLARK/INDEX STOCK IMAGERY
136 © ULLSTEIN-BREUEL-BILD
140 ©ONREQUEST IMAGES/INDEX STOCK IMAGERY
158 © ULLSTEIN-KRUMMOW
168 © ULLSTEIN-KRUMMOW
177 TOP: © SHERI BLANEY/THOMSON CORPORATION
181 © ULLSTEIN-BILD
183 © WALTER BIBIKOW/INDEX STOCK IMAGERY
186 © ULLSTEIN-DPA
194 © BILL BACHMAN/INDEX STOCK IMAGERY

Contents

Preface

Introduction

The *Arbeitsbuch* to accompany ***Wie geht's?,*** Eighth Edition, contains additional activities for each chapter in your textbook. Note that the dialogues ***(Gespräche)*** and reading passages ***(Einblicke)*** in the *Arbeitsbuch* are the same as those in your textbook. However, the listening comprehension sections ***(Verstehen Sie?)*** are new and quite different from those ***(Hörverständnis)*** in your textbook. Each chapter of the *Arbeitsbuch* has three parts: ***Zum Hören,*** a lab manual to be completed at home or in the language lab; ***Video-aktiv,*** a video manual to accompany the video; ***Zum Schreiben,*** a section with various writing activities.

Zum Hören

These listening activities are to be used in conjunction with the Lab Audio CDs. In the *Schritte,* the dialogues ***(Gespräche)*** are read for your listening pleasure. Starting with the *Kapitel,* they are repeated sentence by sentence with pauses for repetition. When the second dialogue is read again, the lines of one character are omitted and you are asked to take an active part in the dialogue by reading those missing lines. The ***Aussprache*** pronunciation section offers practice with individual sounds, and also helps to distinguish between similar English and German sounds. The ***Struktur*** grammar section provides the supplementary exercises that progress from simple to more complex. They are all four-phased: after the task has been set and you have given your answer, the correct response is provided, followed by a pause so you can repeat it. The exercises follow the sequence of their grammatical presentation in the main text. The ***Einblicke*** section lets you listen to the reading passage of the main text. The following ***Verstehen Sie?*** section gives you another chance to develop your listening-comprehension skills. Answers to the various questions about the *Gespräche, Aussprache,* and *Verstehen Sie?* sections are marked in the Audio Script booklet.

Video-aktiv

The video activities of each chapter are to be used in conjunction with the video that accompanies ***Wie geht's?*** Each video consists of a ***Minidrama,*** a brief conversation that reflects the chapter's topic and vocabulary. Every other chapter or so offers an additional ***Blickpunkt*** segment, filmed in Berlin, that provides extra cultural background and listening comprehension through spontaneous narration. For each part of the video, there is a brief listing of vocabulary words anticipated in the segment ***(Zum Erkennen),*** followed by the ***Vor dem Sehen*** previewing and ***Nach dem Sehen*** post-viewing activities.

All video activities are intended to stimulate spontaneous conversation in the classroom, thereby recycling vocabulary and structures from the main text in an interactive manner. Answers to video manual activities can be found at the end of the Audio Script booklet.

Zum Schreiben

The writing activities for each *Schritt* and *Kapitel* as well as for the *Rückblick* review chapters focus on building vocabulary, practice of structure, comprehension, and cultural enrichment. Some visuals are used to encourage personal expression. Answers to the *Zum Schreiben* sections in the *Schritte* and *Kapitel* can be found at the end of the Audio Script booklet. Answers for the *Rückblicke* review chapters are printed at the end of the *Arbeitsbuch.*

Types of Activities

In the *Arbeitsbuch,* you will find a wide range of activities that will help you improve your skills in speaking, reading, writing, and listening to the German language. The ***Gespräche*** activities invite you to play a role in the dialogues from your textbook. Vocabulary-expansion activities help you make the most of the ***Wortschatz*** material, and activities tied to the video and topical themes of each chapter will help you explore German culture and everyday life. The ***Verstehen Sie?*** sections strengthen your listening and comprehension skills. Additional self-assessment quizzes can be found on the ***Wie geht's?*** Web site at **http://wiegehts.heinle.com**.

Contents of the Lab Audio CDs

The location of the listening material on the CDs is marked at the beginning of the corresponding sections in your textbook. There are nine CDs in the Lab Audio Program.

CD	Track	Content
CD1	1–8	Zur Aussprache
	9	Schritt eins: Gespräche
	10	Schritt eins: Mündliche Übungen
	11	Schritt eins: Aussprache
	12	Schritt zwei: Gespräch
	13	Schritt zwei: Mündliche Übungen
	14	Schritt zwei: Aussprache
CD2	1	Schritt drei: Gespräche
	2	Schritt drei: Mündliche Übungen
	3	Schritt drei: Aussprache
	4	Schritt vier: Gespräche
	5	Schritt vier: Mündliche Übungen
	6	Schritt vier: Aussprache
	7	Schritt fünf: Gespräche
	8	Schritt fünf: Mündliche Übungen
	9	Schritt fünf: Aussprache
	10	Schritt fünf: Verstehen Sie?
	11	Kapitel 1: Gespräche
	12	Kapitel 1: Aussprache
	13	Kapitel 1: Struktur
	14	Kapitel 1: Einblicke
	15	Kapitel 1: Verstehen Sie?
CD3	1	Kapitel 2: Gespräche
	2	Kapitel 2: Aussprache
	3	Kapitel 2: Struktur
	4	Kapitel 2: Einblicke
	5	Kapitel 2: Verstehen Sie?
	6	Kapitel 3: Gespräche
	7	Kapitel 3: Aussprache
	8	Kapitel 3: Struktur
	9	Kapitel 3: Einblicke
	10	Kapitel 3: Verstehen Sie?
CD4	1	Kapitel 4: Gespräche
	2	Kapitel 4: Aussprache
	3	Kapitel 4: Struktur
	4	Kapitel 4: Einblicke
	5	Kapitel 4: Verstehen Sie?
	6	Kapitel 5: Gespräche
	7	Kapitel 5: Aussprache
	8	Kapitel 5: Struktur
	9	Kapitel 5: Einblicke
	10	Kapitel 5: Verstehen Sie?
CD5	1	Kapitel 6: Gespräche
	2	Kapitel 6: Aussprache
	3	Kapitel 6: Struktur
	4	Kapitel 6: Einblicke
	5	Kapitel 6: Verstehen Sie?
	6	Kapitel 7: Gespräche
	7	Kapitel 7: Aussprache
	8	Kapitel 7: Struktur
	9	Kapitel 7: Einblicke
	10	Kapitel 7: Verstehen Sie?
CD 6	1	Kapitel 8: Gespräche
	2	Kapitel 8: Aussprache
	3	Kapitel 8: Struktur
	4	Kapitel 8: Einblicke
	5	Kapitel 8: Verstehen Sie?
	6	Kapitel 9: Gespräche
	7	Kapitel 9: Aussprache
	8	Kapitel 9: Struktur
	9	Kapitel 9: Einblicke
	10	Kapitel 9: Verstehen Sie?
CD 7	1	Kapitel 10: Gespräche
	2	Kapitel 10: Aussprache
	3	Kapitel 10: Struktur
	4	Kapitel 10: Einblicke
	5	Kapitel 10: Verstehen Sie?
	6	Kapitel 11: Gespräch
	7	Kapitel 11: Aussprache
	8	Kapitel 11: Struktur
	9	Kapitel 11: Einblicke
	10	Kapitel 11: Verstehen Sie?
CD 8	1	Kapitel 12: Gespräch
	2	Kapitel 12: Aussprache
	3	Kapitel 12: Struktur
	4	Kapitel 12: Einblicke
	5	Kapitel 12: Verstehen Sie?
	6	Kapitel 13: Gespräche
	7	Kapitel 13: Aussprache
	8	Kapitel 13: Struktur
	9	Kapitel 13: Einblicke
	10	Kapitel 13: Verstehen Sie?
CD 9	1	Kapitel 14: Gespräch
	2	Kapitel 14: Aussprache
	3	Kapitel 14: Struktur
	4	Kapitel 14: Einblicke
	5	Kapitel 14: Verstehen Sie?
	6	Kapitel 15: Gespräche
	7	Kapitel 15: Aussprache
	8	Kapitel 15: Struktur
	9	Kapitel 15: Einblicke
	10	Kapitel 15: Verstehen Sie?

To the Student

Learning a foreign language is more like learning to play tennis or the piano than studying history. You need to take advantage of every opportunity to practice your emerging skills. The language lab is one of the ways in which you can increase practice time. Make intelligent and conscientious use of it! Working in the lab can improve your ability to understand spoken German, to pronounce German correctly, to speak more fluently, and even to spell correctly. It will help you make the material your own by involving your motor memory; by using your facial muscles and your vocal cords for speaking, and your hands for writing, you increase fourfold your chances of remembering a word, an ending, or a sentence pattern.

Acquaint yourself thoroughly with the setup of your language lab: find out what services are available to you (for example, can you have practice tapes or CDs duplicated for use at home?) and what operations the lab equipment permits (can you record yourself and play your responses back?). If you have problems with the equipment, the CDs, or any aspect of the program, speak with the lab personnel or your instructor. Using the lab frequently and for short periods produces better results than concentrating your practice in a few long sessions. Be an active user: speak, listen, repeat, and write. Letting the recording run while you think of other things is not sufficient. Know what you are saying; don't repeat mechanically.

The patterns in all the *Schritte* and all the *Kapitel* are identical:

- The first part of each chapter is the lab manual ***(Zum Hören)*** that will guide you through each session. Series of small dots (...... ......) let you know how many sentences there are in each exercise. Each *Kapitel* session ends with a recording of the reading text *(Einblicke)* and a supplementary listening comprehension section *(Verstehen Sie?)*. Listen to the recording while reading along in the main text or, better yet, listen to it without looking at the text, to improve your aural skills.
- The second part of each chapter is the video manual ***(Video-aktiv)***. It is your key to the accompanying video that lets you meet real people, provides authentic cultural background of life in the German-speaking countries, and gives ample suggestions for spontaneous follow-up conversation in the classroom.
- The third part of each chapter section is the writing section ***(Zum Schreiben)*** with writing activities that provide an opportunity to expand your vocabulary and to practice and review grammar structures.

For additional vocabulary and grammar review, read the ***Rückblicke*** sections following the *Schritte* as well as *Kapitel* 3, 7, 11, and 15. An **Answer Key** for the accompanying review exercises is printed in the back of the *Arbeitsbuch*. For additional practice of pronunciation, listen to the Summary of Pronunciation ***(Zur Aussprache)*** recorded on the first CD and printed in the beginning of the *Arbeitsbuch*.

We wish you success in your first year of German. Using the lab audio program, the video activities, the writing exercises, and the Summary of Pronunciation will increase your chances of learning the language well.

Zur Aussprache

(*Summary of Pronunciation*)

Pronunciation is a matter of learning not just to hear and pronounce isolated sounds or words, but to understand entire phrases and sentences and to say them in such a way that a native speaker of German can understand you. You will need to practice this continuously as you study German.

This section summarizes and reviews the production of individual sounds. We have tried to keep it simple and nontechnical and to provide ample practice of those German sounds that are distinctly different from American English. Often we have used symbols of pronunciation in a simplified phonetic spelling. Upon completing this section, you should hear the difference between somewhat similar English and German words (*builder* / **Bilder**) and between somewhat similar German words **(schon / schön).**

To develop good German pronunciation—or at least one without a heavy American accent—you will have to bear three things in mind: First, you must resist the temptation of responding to German letters with American sounds. Second, at the outset you will probably feel a bit odd when speaking German with a truly German accent; however, nothing could give you a better start in your endeavor. (Imposing a German accent on your English may be hilarious, but it is also very good practice!) Third, you will have to develop new muscular skills. Germans move their jaws and lips more vigorously and articulate more precisely than Americans. After a good practice session your face should feel the strain of making unaccustomed sounds.

We will point out those cases where English sounds are close enough to German to cause no distortion. However, we purposely avoid trying to derive German sounds from English because such derivations often do more harm than good. Listen carefully to your instructor and the CD. If you can record your voice in the language lab, do so, and compare how you sound with the voice of the native speaker. With patience and practice, you should be able to develop new speech habits quite rapidly. You will also find that German spelling reflects pronunciation very well.

I. Word Stress

In both English and German, one syllable of a word receives more stress than others. In English, stress can even signal the difference between two words (*ob'ject / object'*). In native German words, the accent is on the stem of the word, which is usually the first syllable **(Hei'rat, hei'raten)** or the syllable following an unstressed prefix **(verhei'ratet)**. Words borrowed from other languages are less predictable; frequently the stress falls on the last or next-to-last syllable **(Universität', Muse'um)**. You will find such words marked for stress in the German-English end vocabulary.

II. Vowels

One of the most important differences between English and German is the fact that in English most vowels are to some degree glides; that is, while they are being pronounced, there occurs a shift from one vowel sound to another *(so, say)*. German vowel sounds do not glide; they do not change quality. The jaw does not shift while a German vowel is being produced **(so, See)**. Three German vowels occur with two dots over them **(ä, ö, ü)**. These vowels are called *umlauts.* Short and long ä sounds like short and long **e**, but **ö** and **ü** represent distinct sounds.

Certain vowels appear in combinations **(ei, ey, ai, ay; au; äu, eu)**. These combinations are called *diphthongs.* While diphthongs in American English may be drawn out or drawled, the German diphthongs are short.

Pay special attention to the length of a vowel. In many words, the length of the stressed vowel is the only clue to their meaning. When spoken, **Rate!** with a long **a** [a:] means *Guess!,* whereas **Ratte** with a short **a** [a] means *rat.*

A. Short Vowels [i, e, a, u, o]

CD 1, Track 1

Keep these vowels really short!

1. [i] in, immer, Zimmer, Kind, Winter, Finger, bitte, dick
2. [e] es, essen, Fenster, schnell, März, Länder, Sätze
3. [a] alt, kalt, Klasse, Tasse, Tante, Wand, wann, man
4. [u] um, und, Mund, Mutter, Butter, Stunde, Sekunde
5. [o] oft, Onkel, Sonne, Sommer, Sonntag, morgen, kommen, kosten
6. [a] and [o] Be sure to dinstinguish clearly between these sounds.

Kamm / Komm!	*comb / Come!*	Fall / voll	*fall / full*
Bann / Bonn	*ban / Bonn*	Bass / Boss	*bass / boss*

7. [e] Don't forget that **ä** doesn't sound like [a], but like [e].

Kamm / Kämme / Semmel	*comb / combs / roll*
Schwamm / Schwämme / Schwemme	*sponge / sponges / watering place*
Fall / Fälle / Felle	*fall / falls / furs*
Mann / Männer / Messer	*man / men / knife*

8. Unstressed short **e** [ə] In unstressed syllables [a], [i], [o], and [u] retain their basic quality in German, whereas in English they become rather neutral (**Amerika'ner** / *Amer'ican;* **Aro'ma** /*aro'ma*). The German unstressed short **e** [ə], however, becomes neutral, too.

   heute, Leute, fragen, sagen, beginnen, Gesicht, Geschenk, Geburtstag

9. Final **er** [ʌ] When **r** occurs after a vowel at the end of a syllable or word, and especially in the ending **-er**, it sounds like a weak **a** [ʌ]. It requires a good deal of attention and practice for speakers of American English not to pronounce the **r**. The German sound resembles the final vowel in the word *comma.*

   Vater, Mutter, Kinder, der, wir, vier, Uhr, Ohr, schwer, Donnerstag, wunderbar, erzählen, verstehen

10. [ə] and [ʌ] Listen carefully to the difference between these two sounds.

bitte / bitter	*please / bitter*	zeige / Zeiger	*I show / watch hand*
esse / Esser	*I eat / eater*	diese / dieser	*these / this*
leide / leider	*I suffer / unfortunately*		

B. Long Vowels [i:, a:, u:, e:, o:]

CD 1, Track 2

Be sure to stretch these vowels until they are very long.

11. [i:] Draw your lips far back.
    prima, minus, Musik, ihn, ihm, ihnen, die, wie, wieder, sieben, studieren, Papier, Biologie
12. [a:] Haare, Saal, Jahr, Zahl, Zahn, sagen, fragen, Name, Nase
13. [u:] Round your lips well.
    du, gut, Kuli, Juli, Minute, Bluse, Schuh, Stuhl, Uhr, Tour
14. [e:] and [o:] These two vowels need particular attention. First listen carefully for the differences between English and German.

say / See	*vain* / wen	*boat* / Boot
bait / Beet	*tone* / Ton	*pole* / Pol

15. [e:] Draw your lips back and hold the sound steady.
    See, Tee, Idee, zehn, nehmen, gehen, sehen, Zähne, Mädchen, Käse, lesen, spät, Universität, Qualität
16. [o:] Purse your lips and don't let the sound glide off.
    Zoo, Boot, Ohr, ohne, Bohne, wohnen, so, rot, oben, Hose, holen

C. Contrasting Short and Long Vowels

CD 1, Track 3

As you were practicing the short and long vowels, you probably discovered that spelling provides some clues to the length of the stressed vowel. Here are the most reliable signals. Some apply only to the dictionary forms of words, not to the inflected forms.

The stressed vowel is *short*, . . .

- when followed by a double consonant.
  immer, essen, alle, Butter, Tennis, Lippe, Mütter
- usually when followed by two or more consonants, including **ch** and **sch.**
  Winter, Fenster, kalt, unten, Kopf, Hände, Wünsche, Gesicht, Tisch
- in many common one-syllable words before a single consonant.
  mit, es, an, um, von

The stressed vowel is *long*, . . .

- when doubled.
  Idee, Haar, Zoo
- **i** and **u** cannot be doubled, but **i** followed by **e** is always long.
  die, sie, wie, viel, vier, Fantasie
- when followed by **h**. **h** is silent; after a vowel it is strictly a spelling device to signal length.
  ihn, ihm, sehen, nehmen, Zahn, Zahl, Uhr, Schuh
- usually, when followed by a single consonant.
  Kino, lesen, Tafel, Bluse, Väter, Türen, hören

17. [i] and [i:]

innen / ihnen	*inside / to them*	still / Stil	*quiet / style*
im / ihm	*in / him*		

18. [e] and [e:]

denn / den	*for / the*	Wellen / Wählen	*waves / to choose*
Betten / beten	*beds / to pray*		

19. [a] and [a:]

Stadt / Staat	*city / state*	nasse / Nase	*wet / nose*
Kamm / kam	*comb / came*		

20. [u] and [u:]

muss / Mus	*must / mush*	Sucht / sucht	*mania / looks for*
Busse / Buße	*busses / repentance*		

21. [o] and [o:]

offen / Ofen	*open / oven*	Motte / Mode	*moth / fashion*
Wonne / wohne	*delight / I live*		

CD 1, Track 4

D. Umlauts

There are also a long and short **ü** and **ö.**

22. [i:] and [ü:] To make the [ü:], say [i:], keep your tongue and jaw in this position, and round your lips firmly.

diene / Düne	*I serve / dune*	liegen / lügen	*to lie / to (tell a) lie*
Biene / Bühne	*bee / stage*	diese / Düse	*these / nozzle*

23. [ü:] Note that the German letter **y** is pronounced like **ü**.
    über, übrigens, müde, Füße, kühl, Frühling, grün, natürlich, Typ, typisch

24. [u:] and [ü:] Observe the change in tongue position as you shift from one sound to the other.

Fuß / Füße	*foot / feet*	Kuh / Kühe	*cow / cows*
Stuhl / Stühle	*chair / chairs*	Hut / Hüte	*hat / hats*

25. [u] and [ü] To make the [ü], begin by saying [i], then round your lips.

Kissen / küssen	*pillow / to kiss*	Kiste / Küste	*box / coast*
missen / müssen	*to miss / must*	sticke / Stücke	*embroider / pieces*

26. [ü] dünn, fünf, hübsch, Glück, zurück, Flüsse, München, Nymphe

27. [u] and [ü] Be aware of the movements of your tongue as you shift from one sound to the other.

Busch / Büsche	*bush / bushes*	Kuss / Küsse	*kiss / kisses*
Fluss / Flüsse	*river / rivers*	Kunst / Künste	*art / arts*

28. [ü:] and [ü]

Hüte / Hütte	*hats / hut*	fühle / fülle	*I feel / I fill*
Wüste / wüsste	*desert / would know*	Düne / dünne	*dune / thin*

29. [e:] and [ö:] To make the [ö:], begin by saying [e:]. Keep your tongue in this position, then round your lips firmly for [ö:].

Hefe / Höfe	*yeast / courts*	Sehne / Söhne	*tendon / sons*
lesen / lösen	*to read / to solve*	Besen / bösen	*broom / bad*

30. [o:] schön, Möbel, hören, möglich, Brötchen, französisch, Österreich

31. [o:] and [ö:] Observe the tongue position as you shift from one sound to the other.

Ofen / Öfen	*oven / ovens*	Sohn / Söhne	*son / sons*
Ton / Töne	*tone / tones*	Hof / Höfe	*court / courts*

32. [e] and [ö] Begin by saying [e], then round your lips.

kennen / können	*to know / can*	fällig / völlig	*due / total*
Helle / Hölle	*light / hell*	Zelle / Zölle	*cell / tolls*

33. [ö] öffnen, östlich, zwölf, Wörter, Töchter

34. [o] and [ö] Observe the tongue position as you shift from one sound to the other.

Kopf / Köpfe	*head / heads*	Stock / Stöcke	*stick / sticks*
Rock / Röcke	*skirt / skirts*	konnte / könnte	*was able to / could*

35. [ö:] and [ö]

Höhle / Hölle	*cave / hell*	Röslein / Rösslein	*little rose / little horse*
Schöße / schösse	*laps / I'd shoot*		

36. [ü:] vs. [ö:] and [ü] vs. [ö]

Sühne / Söhne	*repentance / sons*	Hülle / Hölle	*cover / hell*
Güte / Goethe	*grace / Goethe*	Stücke / Stöcke	*pieces / sticks*
blüht / blöd	*blooms / stupid*	rücke / Röcke	*move / skirts*

E. Diphthongs

CD 1, Track 5

German diphthongs are short. They are not drawled.

37. [ai] eins, zwei, drei, mein, dein, kein, Seite, Kreide, Meyer, Mai, Bayern, Haydn
38. [oi] neu, neun, heute, Leute, teuer, deutsch, träumen, Häuser, toi, toi, toi!
39. [au] auf, Auge, Haus, Frau, grau, faul, auch, Bauch, brauchen
40. Remember that **ie** [i:] is not a diphthong.

Wien / Wein	*Vienna / wine*	Biene / Beine	*bee / legs*
Lied / Leid	*song / suffering*	Lieder / leider	*songs / unfortunately*

41. Can you pronounce these words correctly without hesitation?
    Schreiben, schrieb, hieß, heiß, wieder, weiter, sei, Sie, wie, wieso, weiß, Beispiel, wie viel

F. Glottal Stop

CD 1, Track 6

Both English and German use a glottal stop (+) to avoid running words together. German uses it much more frequently than English, where the last consonant of one word is often linked with the first vowel of the next (**mit + einem + Eis**, *with an ice cream*). A good way to become aware of the glottal stop is to say *Oh oh!* as if in dismay.

42. Use the glottal stop where indicated:
    +Am +Abend +essen wir +in +einem Restaurant.
    Wir sitzen +in +einer kleinen +Ecke.
    Der +Ober bringt +uns +ein +Eis.
    Wir +erzählen von der +Uni.
    Hans be +obachtet +andere Leute.

III. Consonants

A. Single Letters

CD 1, Track 7

1. **f, h, k, m, n, p, t, x:** These are pronounced alike in both languages.
   fünf, haben, kaufen, müde, nein, Park, Tag, extra
2. **j:** It is pronounced like the English *y*.
   ja, Jahr, Januar, Juni, Juli, jung, jetzt

3. **b, d, g:** They usually sound like their English counterparts (**g** as in *garden*).
bitte, **d**anke, **g**ut

However, when they occur at the end of a word or syllable, or before *s* or *t,* they sound like [p], [t], [k], respectively.
[p] o**b**, gel**b**, hal**b**, a**b**hängig, gi**b**st, ge**b**t
[t] un**d**, Mun**d**, Bil**d**, aben**d**s, Sta**d**t
[k] Ta**g**, täg**l**ich, we**g**, genu**g**, lie**g**st, lie**g**t

[p] vs. [b]	[t] vs. [d]	[k] vs. [g]
ha**b**t / ha**b**en	Kin**d** / Kin**d**er	sa**g**t / sa**g**en
gi**b**st / ge**b**en	Wan**d** / Wän**d**e	fra**g**st / fra**g**en
sie**b**zig / sie**b**en	aben**d**s / Aben**d**e	Zu**g** / Zü**g**e

4. **v:** It usually sounds like [f], but in words of foreign origin it is pronounced [v] unless it is at the end of the word.

[f] **v**ier, **v**on, **v**erstehen, **V**ater, **V**olkswagen, relati**v**, intensi**v**
[v] **V**okabeln, **V**ase, **V**ision, **V**ariation, No**v**ember, Re**v**olution

5. **w:** It is pronounced [v] in German.

was, **w**o, **w**er, **w**ie, **w**arum, **w**elche, **w**omit, **w**underbar

6. **s, ss, ß:** The pronunciation of the letter *s* depends on its position of the word. If it is in front of a vowel, it is pronounced [z] as in the English *fuzz.* Otherwise it is pronounced [s] as in the English *fuss.*

[z] **s**ehen, **S**ofa, **S**alat, Gemü**s**e, Na**s**e, le**s**en
[s] wa**s**, da**s**, au**s**, Bu**s**, Ei**s**, Gla**s**, Hal**s**, al**s**

ss and **ß** are also pronounced [s], ß [Estset] is used after long vowels (**Füße**). According to the spelling reform, however, short vowels are always followed by an **ss** (mu**ss**, lä**ss**t).
Ta**ss**e, Wa**ss**er, be**ss**er, wi**ss**en, Profe**ss**or, Gru**ß**, Grü**ß**e, hei**ß**, hei**ß**en, gro**ß**, Grö**ß**e, lä**ss**t, wei**ß**t

7. **z:** It is pronounced [ts] as in English *rats.*
[ts] **z**u, **Z**oo, **Z**ahn, **Z**eit, **z**wischen, De**z**ember, Medi**z**in, du**z**en, Mär**z**, schwar**z**, Tan**z**, Toleran**z**, **z**ick**z**ack

8. **s** and **z:** Watch the contrast between these two letters.

so / **Z**oo	*so/ zoo*	siegen / **Z**iegen	*to win / goats*
sauber / **Z**auber	*clean / magic*	sagen / **z**agen	*to stay / to hesitate*

9. **l:** There is an important difference between English and German in the pronunciation of the letter **l**. When an American pronounces [l], the tongue forms a hump toward the back of the mouth, which makes the [l] sound "dark." For the German [l], the tongue is flat and touches just behind the front teeth; it is very "light" sound. Listen for the difference between American and German [l]:

feel / vie**l** *felt* / fä**ll**t *built* / Bi**l**d

[l] **l**aut, **l**ernen, **l**ogisch, **L**imo, K**l**asse, ka**l**t, Fi**l**m, he**ll**, Hote**l**, Apri**l**, wi**ll**, küh**l**

10. **r:** To avoid a noticeable American accent in German, don't use the American [r]. In German, you can use either a tongue-tip trill or a uvular trill. (The uvula is the little skin flap in the back of your mouth that vibrates when you gargle.) Listen for the difference between American and German [r]:

rest / **R**est *fry* / f**r**ei *ring* / **R**ing *wrote* / **r**ot

[r] **r**ot, **R**ose, **R**adio, **R**athaus, **R**eis, **R**hein, fah**r**en, hö**r**en, o**r**ange, Bü**r**o, F**r**age, K**r**eide, b**r**aun, g**r**au, g**r**ün

Remember that **r** after a vowel at the end of a syllable or word, especially in the ending **-er**, is usually pronounced [ʌ].

[ʌ] Bild**er**, Kind**er**, ab**er**, Zimm**er**, Körp**er**, Lehr**er**, schw**er**, Papi**er**, di**r**, ih**r**

B. Letter Combinations

CD 1, Track 8

11. **sch:** This sound [š] resembles the English *sh,* but in German the lips protrude more.
Scheck, **Sch**ach, **Sch**iff, **Sch**ule, **Sch**okolade, **schreiben**, **sch**wer, wa**sch**en, Ti**sch**, Fi**sch**

12. **st, sp:** At the beginning of a word or word stem, they are pronounced [št] and [šp].

    [št] **St**ock, **St**ein, **st**ill, **St**adt, **St**atistik, Früh**st**ück, ver**st**ehen
    [šp] **Sp**ort, **sp**ät, **sp**ielen, **Sp**rache, ver**sp**rechen, Ge**sp**räch

    Otherwise they sound the same as in English.

    [st] i**st**, bi**st**, O**st**en, We**st**en, Fen**st**er, Ga**st**, Po**st**, Pro**st**
    [sp] We**sp**e, Ka**sp**ar, li**sp**eln

13. **ch:** There are no English equivalents for the two German sounds [x] and [ç].

    - [x]—the "**ach**-sound"—is produced in the same place as [k]. However, for [k] the breath stops, whereas for [x] it continues to flow through a narrow opening in the back of the throat, **ch** is pronounced [x] after a, o, u, and au.

      a**ch**, Ba**ch**, a**ch**t, Na**ch**t, ma**ch**en, la**ch**en, no**ch**, do**ch**, Wo**ch**e, su**ch**en, Ku**ch**en, Bau**ch**, au**ch**

      Be sure to distinguish clearly between [k] and [x].

A**k**t / a**ch**t	*act / eight*	Do**ck** / do**ch**	*dock / indeed*
na**ck**t / Na**ch**t	*naked / night*	bu**k** / Bu**ch**	*baked / book*

    - [ç]—the "**ich**-sound"—is produced much farther forward in the mouth. **ch** is pronounced [ç] after the vowels e, i, ä, ö, ü, the dipthongs ei (ai) and eu (äu), and the consonants l, n, and r.

      The diminutive suffix **-chen** is also pronounced [çen]. The ending **-ig** is always pronounced [iç]. You can learn to make this sound by whispering loudly *you* or *Hugh.*

      i**ch**, mi**ch**, ni**ch**t, schle**ch**t, spre**ch**en, lä**ch**eln, mö**ch**ten, Bü**ch**er, Zei**ch**nung, Bäu**ch**e, Mil**ch**, Mün**ch**en, fur**ch**tbar, Mäd**ch**en, ri**ch**tig, ruhi**g**, brummi**g**

      Be sure not to substitute [s] for [ç].

mi**ch** / mi**sch**	*me / mix*	Männ**ch**en / Men**sch**en	*dwarf / people*
fi**ch**t / fi**sch**t	*fights / fishes*		

      Often [x] and [ç] alternate automatically in different forms of the same word.

Bu**ch** / Bü**ch**er	*book / books*	Bau**ch** / Bäu**ch**e	*belly / bellies*
Na**ch**t / Nä**ch**te	*night / nights*		

14. **chs:** It is pronounced [ks].

    se**chs**, Wa**chs**

15. **ck:** It sounds like [k].

    di**ck**, Pickni**ck**, Ro**ck**, Ja**ck**e, pa**ck**en, Sche**ck**

16. **ph:** It sounds like [f]. In fact, according to the new spelling, many words are now spelled with an **f**.

    Philosophie, **Ph**ysik, **ph**ysisch, photographierern/foto**g**ra**f**ieren, Phantasie/**F**antasie

17. **th:** It sounds like [t].

    Thema, **Th**eater, **Th**eologie, **Th**eorie, Ma**th**ematik, Biblio**th**ek

18. **tz:** It sounds like [ts].

    Sa**tz**, Pla**tz**, se**tz**en, tro**tz**, Hi**tz**e
    ALSO: Na**t**ion, Informa**t**ion, Por**t**ion, Varia**t**ion

19. **qu:** It must be pronounced [kv].

    Quatsch, **Qu**äker, **Qu**alität, **Qu**antität, **Qu**artier, **Qu**ote

20. **ng:** It always is pronounced [nj] as in English *sing,* not [ng] as in *finger.*

    la**ng**, e**ng**lisch, si**ng**en, Fi**ng**er, Hu**ng**er, Übu**ng**, Prüfu**ng**

21. **pf:** Both letters are pronounced [pf].

    pfui, **Pf**effer, **Pf**ennig, **Pf**efferminz, **pf**lanzen, Ko**pf**, Dummko**pf**

22. **ps:** Both letters are pronounced [ps].

    Psychologie, **Ps**ychologe, **ps**ychologisch, **Ps**ychiater, **Ps**alm, **Ps**eudonym

23. **kn, gn:** They sound just as they are spelled [kn gn].

    Knie, **Kn**oten, **Kn**ackwurst, **Kn**irps
    Gnu, **Gn**eis, Ver**gn**ügen

Schritte Beginnen wir!

Schritt 1

Zum Hören

GESPRÄCHE

CD 1, Track 9

Guten Tag! Now listen.

HERR SANDERS	Guten Tag!
FRAU LEHMANN	Guten Tag!
HERR SANDERS	Ich heiße Sanders, Willi Sanders. Und Sie, wie heißen Sie?
FRAU LEHMANN	Mein Name ist Erika Lehmann.
HERR SANDERS	Freut mich.

HERR MEIER	Guten Morgen, Frau Fiedler! Wie geht es Ihnen?
FRAU FIEDLER	Danke, gut. Und Ihnen?
HERR MEIER	Danke, es geht mir auch gut.

HEIDI	Hallo, Ute! Wie geht's?
UTE	Tag, Heidi! Ach, ich bin müde.
HEIDI	Ich auch. Zu viel Stress. Bis später!
UTE	Tschüss! Mach's gut!

Mündliche Übungen *(Oral exercises)*

CD 1, Track 10

You will hear a cue and a sentence (**Willi Sanders → Ich heiße Willi Sanders).** Then you will be told to begin, and the same cue will be repeated **(Willi Sanders).** Say the sentence **(Ich heiße Willi Sanders),** and use the following cues in the same way. Always repeat the correct response after the speaker.

A. Mustersätze *(Patterns and cues)*

1. Ich heiße ______.
   Willi Sanders → Ich heiße Willi Sanders.
   ....
2. Wie geht es Ihnen, ______?
   Frau Fiedler → Wie geht es Ihnen, Frau Fiedler?
   ....
3. Es geht mir ______.
   gut → Es geht mir gut.
   ....

B. Das Alphabet

1. Hören Sie zu und wiederholen Sie! *(Listen and repeat.)*
   a, b, c, d, e, f, g, h, i, j, k, l, m, n, o, p, q, r, s, t, u, v, w, x, y, z; ß
2. Buchstabieren Sie auf Deutsch! *(Spell it in German.)*
   You will hear a cue and the German spelling of a word. Then you will be told to begin, and the same cue will be repeated. Spell the word, and use the following cues in the same way. Always repeat the correct response after the speaker.

   ja → jot a
   ja, gut, müde, heißen, Name

AUSSPRACHE: a, e, er, i, o, u

CD 1, Track 11

For more practice pronouncing these sounds, see the Summary of Pronunciation Part II, subsections 1–21 in the front of this *Arbeitsbuch.*

Listen carefully and repeat after the speaker. If your lab setup permits, record your responses and later compare your pronunciation with that of the native speakers.

Hören Sie zu und wiederholen Sie!

1. [a:] **A**bend, T**a**g, Ban**a**ne
2. [a] **A**nna, **A**lbert, w**a**s
3. [e:] **E**rika, P**e**ter, Am**e**rika
4. [e] **E**llen, H**e**rmann, **e**s
5. [ə] Ut**e**, dank**e**, heiß**e**
6. [ʌ] Diet**er** Fiedl**er**, Rain**er** Mei**er**
7. [i:] **I**hnen, Mar**i**a, Sab**i**ne
8. [i] **i**ch b**i**n, b**i**tte
9. [o:] M**o**nika, H**o**se, s**o**
10. [o] **O**skar, **o**ft, M**o**rgen
11. [u:] **U**te, G**u**drun, g**u**t
12. [u] **u**nd, w**u**nderbar, Ges**u**ndheit

Zum Schreiben

Auf Deutsch bitte!

1. *Mr.* ____________________
2. *Mrs.* ____________________
3. *Thank you.* ____________________
4. *How are you?* ____________________
5. *I'm (feeling) fine.* ____________________
6. *I'm tired.* ____________________
7. *My name is Max.* ____________________
8. *What's your name?* ____________________
9. *Pleased to meet you!* ____________________
10. *Good-bye!* ____________________

Schritt 2

Zum Hören

GESPRÄCH

CD 1, Track 12

Was und wie ist das? Hören Sie zu! *(Listen.)*

DEUTSCHPROFESSORIN: Hören Sie jetzt gut zu und antworten Sie auf Deutsch! Was ist das?

JIM MILLER: Das ist der Bleistift.

DEUTSCHPROFESSORIN: Welche Farbe hat der Bleistift?

SUSAN SMITH: Gelb.

DEUTSCHPROFESSORIN: Bilden Sie bitte einen Satz!

SUSAN SMITH: Der Bleistift ist gelb.

DEUTSCHPROFESSORIN	Ist das Heft auch gelb?
DAVID JENKINS	Nein, das Heft ist nicht gelb. Das Heft ist hellblau.
DEUTSCHPROFESSORIN	Gut!
SUSAN SMITH	Was bedeutet *hellblau*?
DEUTSCHPROFESSORIN	*Hellblau* bedeutet *light blue* auf Englisch.
SUSAN SMITH	Und wie sagt man *dark blue*?
DEUTSCHPROFESSORIN	*Dunkelblau.*
SUSAN SMITH	Ah, der Kuli ist dunkelblau.
DEUTSCHPROFESSORIN	Richtig! Das ist alles für heute. Für morgen lesen Sie bitte das Gespräch noch einmal und lernen Sie auch die Wörter!

Mündliche Übungen

CD 1, Track 13

Mustersätze

1. Das ist ____.
   der Tisch → Das ist der Tisch.
   ....
2. Wo ist ____? Da ist ____.
   das Papier → Wo ist das Papier? Da ist das Papier.
   ....
3. Ist das ____? Nein, das ist nicht ____.
   die Tafel → Ist das die Tafel? Nein, das ist nicht die Tafel.
   ....
4. Das ist ____.
   schwarz → Das ist schwarz.
   ....

AUSSPRACHE: e, ä, ö, ü, eu, au, ai, ei, ie

CD 1, Track 14

For more practice pronouncing these sounds, see the Summary of Pronunciation Part II, subsections 22–41 in the front of this *Arbeitsbuch.*

Hören Sie zu und wiederholen Sie!

1. [e:] Erika, K**ä**the, g**e**ht
2. [e] W**ä**nde, H**ä**nde, h**ä**ngen
3. [ö:] **Ö**l, h**ö**ren, **Ö**sterreich
4. [ö] **Ö**tker, P**ö**ppel, W**ö**rter
5. [ü:] T**ü**r, f**ü**r, St**ü**hle
6. [ü] J**ü**rgen M**ü**ller, G**ü**nter, m**ü**ssen
7. [oi] D**eu**tsch, fr**eu**t, **Eu**ropa
8. [au] Fr**au** P**au**la B**au**er, **au**f, **au**ch
9. [ai] R**ai**ner, Kr**ei**de, w**ei**ß
10. [ai] h**ei**ßen, H**ei**di M**ei**er
11. [i:] **Sie**, w**ie**, W**ie**dersehen
12. [ai / i:] B**ei**sp**ie**l, H**ei**nz F**ie**dler

Zum Schreiben

Auf Deutsch bitte! Include the proper article and plural of nouns.

1. *the pencil* ____________________
2. *the book* ____________________
3. *the color* ____________________
4. *the door* ____________________
5. *in German* ____________________
6. *yellow* ____________________
7. *I am* ____________________
8. *to read* ____________________
9. *to hear* ____________________
10. *How does one say . . . ?* ____________________

Schritt 3

Zum Hören

GESPRÄCHE

CD 2, Track 1

Im Kaufhaus Hören Sie zu!

VERKÄUFERIN Na, wie ist die Hose?
CHRISTIAN Zu groß und zu lang.
VERKÄUFERIN Und der Pulli?
MEIKE Zu teuer.
CHRISTIAN Aber die Farben sind toll. Schade!

Hören Sie zu!

VERKÄUFER Guten Tag! Was darf's sein?
SILVIA Ich brauche ein paar Bleistifte und Papier. Was kosten die Bleistifte?
VERKÄUFER Fünfundfünfzig Cent (€ 0,55).
SILVIA Und das Papier hier?
VERKÄUFER Zwei Euro vierzig (€ 2,40).
SILVIA Gut. Ich nehme sechs Bleistifte und das Papier.
VERKÄUFER Ist das alles?
SILVIA Ja, danke.
VERKÄUFER Fünf Euro siebzig (€ 5,70).

Mündliche Übungen

CD 2, Track 2

A. Mustersätze

1. Das ist _____.
   der Schuh → Das ist der Schuh.
   ....
2. Ist _____ _____? Ja, _____ ist _____.
   die Jacke / grau → Ist die Jacke grau?
   Ja, die Jacke ist grau.
   ....
3. Ist _____ _____? Nein, _____ ist nicht _____.
   der Mantel / lang → Ist der Mantel lang?
   Nein, der Mantel ist nicht lang.
   ....
4. Sind _____ _____? Nein, _____ sind nicht _____.
   die Schuhe / groß → Sind die Schuhe groß?
   Nein, die Schuhe sind nicht groß.
   ....
5. Was kostet _____?
   das Papier → Was kostet das Papier?
   ....
6. Was kosten _____?
   die Bleistifte → Was kosten die Bleistifte?
   ....

B. Zahlen

1. Zählen Sie von 1 bis 25!
   1, 2, 3, 4, 5, 6, 7, 8, 9, 10, 11, 12, 13, 14, 15, 16, 17, 18, 19, 20, 21, 22, 23, 24, 25
2. Wiederholen Sie die Preise! *(Repeat the prices.)*
   € 2,30 € 3,25 € 4,75 € 8,90 € 1,10

AUSSPRACHE: l, s, st, sp, sch, f, v, z

CD 2, Track 3

◀◀ For more practice pronouncing these sounds, see the Summary of Pronunciation Part II, subsections 1, 4, 6–9, 11–12 in the front of this *Arbeitsbuch.*

Hören Sie zu und wiederholen Sie!

1. [l] **l**ernen, **l**esen, Pu**ll**over
2. [z] **s**ie **s**ind, **s**ieben, **s**auber
3. [s] Profe**ss**orin, hei**ß**en, Prei**s**
4. [st] Fen**st**er, ko**st**en, i**st**
5. [št] **St**efan, **St**uhl, **St**ein
6. [šp] **Sp**ort, Bei**sp**iel, Ge**sp**räch
7. [š] **sch**nell, **sch**lecht, **sch**warz
8. [f] **f**ün**f**, **f**ün**f**zehn, **f**ün**f**zig
   [f] **v**ier, **v**ierzehn, **v**ierzig
9. [ts] **Z**immer, **Z**ahl, **z**ählen
10. [z / ts] **s**ieben, **s**ieb**z**ig, **s**iebenund**s**ieb**z**ig

Zum Schreiben

Auf Deutsch bitte!

1. *the sweater* ______________________
2. *the shirt* ______________________
3. *the blouse* ______________________
4. *the coat* ______________________
5. *to need* ______________________
6. *to take* ______________________
7. *big* ______________________
8. *slowly* ______________________
9. *short* ______________________
10. *How much is that?* ______________________

Schritt 4

Zum Hören

GESPRÄCHE

CD 2, Track 4

Das Wetter im April Hören Sie zu!

NORBERT Es ist schön heute, nicht wahr?
JULIA Ja, wirklich. Die Sonne scheint wieder!
RUDI Nur der Wind ist kühl.
JULIA Ach, das macht nichts.
NORBERT Ich finde es toll.

Hören Sie zu!

HANNES Mensch, so ein Sauwetter! Es schneit schon wieder.
MARTIN Na und?
HANNES In Mallorca ist es schön warm.
MARTIN Wir sind aber hier und nicht in Mallorca.
HANNES Schade!

Hören Sie zu!

LEA Das Wetter ist furchtbar, nicht wahr?
HEIKO Das finde ich auch. Es regnet und regnet!
SARA Und es ist wieder so kalt. Nur 7 Grad!
HEIKO Ja, typisch April.

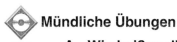

Mündliche Übungen

CD 2, Track 5

A. Wie heißen die Jahreszeiten, Monate und Tage? Hören Sie gut zu und wiederholen Sie!

1. Die Jahreszeiten heißen . . .
2. Die Monate heißen . . .
3. Die Tage heißen . . .

B. Mustersätze

1. Es ist heute _____.
   schön → Es ist heute schön.
   ....
2. Ich finde es _____.
   toll → Ich finde es toll.
   ....
3. Ich bin im _____ geboren.
   Juli → Ich bin im Juli geboren.
   ....

AUSSPRACHE: r; p, t, k; final b, d, g; j, h ⏮ For more practice pronouncing these sounds, see the Summary of Pronunciation Part III, subsections 1–3, 10, 17 in the front of this *Arbeitsbuch.*

CD 2, Track 6

Hören Sie zu und wiederholen Sie!

1. [r] **r**ichtig, **r**egnet, **r**ot
2. [ʌ] wi**r,** vie**r,** nu**r**
   BUT: [ʌ / r] Tü**r** / Tü**r**en; Papie**r** / Papie**r**e; Ja**hr** / Ja**hr**e
3. [p] **P**ulli, **P**lural, **p**lus
   AND: [p] Her**b**st, Jako**b,** gel**b**
   BUT: [p / b] gel**b** / gel**b**e
4. [t] **Th**eo, **T**ür, Doro**th**ea
   AND: [t] un**d,** tausen**d,** Bil**d**
   BUT: [t / d] Bil**d** / Bil**d**er
5. [k] **k**ühl, **k**urz, **K**uli, dan**k**e
   AND: [k] sa**g**t, fra**g**t, Ta**g**
   BUT: [k / g] sa**g**t / sa**g**en; fra**g**t / fra**g**en; Ta**g** / Ta**g**e
6. [j] **j**a, **J**ahr, **J**anuar
7. [h] **h**ören, **h**eiß, **h**at
8. [:] zä**h**len, ne**h**men, I**h**nen

Zum Schreiben

Auf Deutsch bitte!

1. *the day* ______________________________
2. *the month* ______________________________
3. *the weather* ______________________________
4. *the week* ______________________________
5. *the year* ______________________________
6. *It's beautiful.* ______________________________
7. *isn't it?* ______________________________
8. *It's raining.* ______________________________
9. *really* ______________________________
10. *I think so, too.* ______________________________

Schritt 5

Zum Hören

GESPRÄCHE

CD 2, Track 7

Wie spät ist es? Hören Sie zu!

RITA Hallo, Axel! Wie spät ist es?
AXEL Hallo, Rita! Es ist zehn vor acht.
RITA Oje, in zehn Minuten habe ich Philosophie.
AXEL Dann mach's gut, tschüss!
RITA Ja, tschüss!

PHILLIP Hallo, Steffi! Wie viel Uhr ist es denn?
STEFFI Tag, Phillip! Es ist halb zwölf.
PHILLIP Gehen wir jetzt essen?
STEFFI Okay, die Vorlesung beginnt erst um Viertel nach eins.

HERR RICHTER Wann sind Sie denn heute fertig?
HERR HEROLD Um zwei. Warum?
HERR RICHTER Spielen wir heute Tennis?
HERR HEROLD Ja, prima! Es ist jetzt halb eins. Um Viertel vor drei dann?
HERR RICHTER Gut! Bis später!

Mündliche Übungen

CD 2, Track 8

Wie spät ist es? Lesen Sie!

1. 1.00: **Es ist** ein **Uhr.**
   3.00 / 5.00
2. 1.05: **Es ist** fünf **nach** eins.
   3.05 / 9.10
3. 1.15: **Es ist Viertel nach** eins.
   2.15 / 6.15
4. 1.30: **Es ist halb** zwei.
   4.30 / 6.30
5. 1.40: **Es ist** zwanzig **vor** zwei.
   5.40 / 1.50
6. 1.45: **Es ist Viertel vor** zwei.
   3.45 / 9.45
7. 9.00: **Die Vorlesung ist um** neun.
   12.15 / 1.30

AUSSPRACHE: ch, ig, ck, ng, gn, kn, qu, pf, ps, w

CD 2, Track 9

◀◀ For more practice pronouncing these sounds, see the Summary of Pronunciation Part III, subsections 5, 13–15, 19, 20–23 in the front of this *Arbeitsbuch*.

Hören Sie gut zu und wiederholen Sie!

1. [k] **Ch**ristine, **Ch**ristian, **Ch**aos
2. [x] a**ch**t, au**ch,** brau**ch**en
3. [ç] i**ch,** ni**ch**t, wirkli**ch**
4. [iç] richt**ig,** wind**ig,** bill**ig**
5. [ks] se**chs,** se**chs**undsechzig
6. [k] Ja**ck**e, Ro**ck,** Pi**ck**ni**ck**
7. [ŋ] E**ng**lisch, Frühli**ng,** la**ng**
8. [gn] re**gn**et, resi**gn**ieren, Si**gn**al
9. [kn] **Kn**irps, **Kn**ie
10. [kv] **Qu**alität, **Qu**antität, **Qu**artett
11. [pf] **Pf**efferminz, Ap**f**el
12. [ps] **Ps**ychologie, **Ps**ychiater, **Ps**ychoanalyse
13. [v] **W**ort, **w**ie, **w**as

VERSTEHEN SIE?

CD 2, Track 10

This section is intended to develop your listening skills. Listen carefully as the text is read twice. The questions that follow let you check your understanding of the passage.

Das ist Axels Stundenplan. While looking at the class schedule, listen to Axel answering questions about it.

ZEIT	MONTAG	DIENSTAG	MITTWOCH	DONNERSTAG	FREITAG	SAMSTAG
7^{55} – 8^{40}	Physik	Sport	Geschichte	Latein	Chemie	Sozialkunde
8^{45} – 9^{30}	Latein	〃	Mathe	Deutsch	Geschichte	Englisch
9^{40} – 10^{25}	Franz.	Chemie	Franz.	〃	Franz.	Latein
10^{30} – 11^{15}	Mathe	Religion	〃	Englisch	Mathe	
11^{35} – 12^{20}	Deutsch	Englisch	Biologie	Physik	Latein	
12^{25} – 13^{10}	Musik	Deutsch	Erdkunde	Mathe	Biologie	

....

Welche Antwort ist richtig? Circle the word or phrase that completes each sentence correctly.

1. Es ist …
   a. Montag b. Mittwoch c. Samstag
2. Axel hat heute …
   a. vier Stunden b. sechs Stunden c. keine Stunden
3. Die Mathematikstunde beginnt um …
   a. Viertel nach eins b. halb elf c. Viertel vor zwölf
4. Axel beginnt morgens um …
   a. fünf vor acht b. zehn nach acht c. halb neun
5. Er ist um … fertig.
   a. zehn nach eins b. Viertel nach eins c. fünf nach halb eins

Zum Schreiben

Auf Deutsch bitte!

1. *the clock* ______________________
2. *the time* ______________________
3. *the lecture* ______________________
4. *to play tennis* ______________________
5. *to eat* ______________________
6. *finished* ______________________
7. *What time is it?* ______________________
8. *now* ______________________
9. *I have a question.* ______________________
10. *I don't have time.* ______________________

Video-aktiv

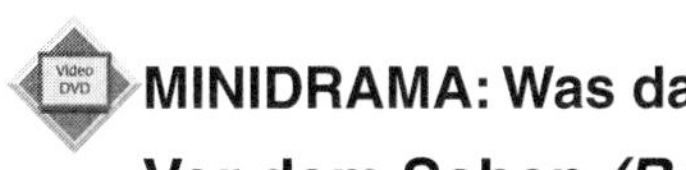

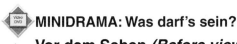

MINIDRAMA: Was darf's sein?

Vor dem Sehen *(Before viewing)*

The pre-viewing section **(Vor dem Sehen)** prepares you for what you are about to see. Under **Zum Erkennen,** you'll find some new vocabulary from the sketch that is intended for recognition only. Before viewing the video and doing any of the follow-up work, make a point of glancing at these words and phrases. Under **Mal sehen!** *(Let's see!),* you'll be asked some questions that make you dig into your own treasure box of newly acquired German skills. After this brief introduction, close your book and watch the video. Pay close attention to the action and try to absorb the scene. Then proceed to answer the questions in the post-viewing section **(Nach dem Lesen),** which are intended for spontaneous oral practice in the classroom.

Zum Erkennen: ganz klassisch *(very classic);* das passt zu allem *(that matches with everything);* die Größe, -n *(size);* gibt es nicht *(they don't have);* meinetwegen *(all right, if you say so);* Ach nee! *(You don't say!);* Moment mal! *(Just a minute!)*

A. Mal sehen! *(Let's see!)* What information and German vocabulary do you have at your fingertips?

1. Was verkaufen Kleidungsgeschäfte *(clothing stores)*? Nennen Sie *(name)* schnell fünf bis zehn Sachen *(things)*!
2. Welche Geschäfte sind hier groß? klein? billig? teuer?
3. Welche Farben lieben Sie *(do you love)*? Nennen Sie zwei bis drei Farben!
4. Welche Farben tragen Sie *(wear)* heute?

   BEISPIEL *Die Hose ist grau, die Bluse ist lila und die Schuhe sind weiß.*

5. Wie sind die Sachen?

   BEISPIEL *Die Hose ist kurz, die Bluse ist lang und die Schuhe sind alt.*

6. Sie gehen in ein Kleidungsgeschäft. Was sagt und fragt der Verkäufer / die Verkäuferin? Wie antworten Sie?
7. Der Verkäufer/die Verkäuferin bringt eine Hose oder Jacke. Was sagen oder fragen Sie?
8. Sie finden nichts und gehen wieder. Was sagen Sie?
9. Haben Sie eine Uhr?
10. Wie spät ist es jetzt?

Nach dem Sehen *(After viewing)*

B. Was stimmt? *(What's correct?)* Fill in the letter for the correct answer.

1. Daniela braucht c.
   a. Schuhe b. ein Kleid c. eine Hose
2. Daniela liebt a.
   a. Schwarz b. Rosa c. Blau
3. Sie braucht Größe c.
   a. 38 b. 34 c. 36
4. Daniela probiert *(tries on)* b Hosen.
   a. drei b. zwei c. fünf
5. Die Hosen sind b.
   a. zu kurz oder zu lang b. zu groß oder zu klein c. zu dick oder zu dünn

C. Fragen und Antworten *(Questions and answers)*

1. Wie spät ist es im Video?
2. Wie ist das Wetter?
3. Wie alt sind Daniela und Inge? Was denken Sie *(do you think)*?
4. Wer braucht was?
5. Welche Farben haben die Hosen im Angebot *(on sale)*?
6. Wer spielt Verkäuferin?
7. Welche Farbe findet Inge ganz klassisch? sehr schick?
8. Welche Farbe findet Daniela elegant?
9. Was kostet das Jeanshemd? Ist das billig oder teuer?
10. Was kauft Daniela? Was sagt sie?

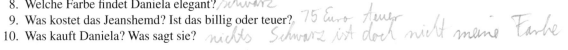

D. Wenn du mich fragst, . . . Und du? *(If you ask me, . . . And you?)*

Complete the following sentences in your own way. Then ask your classmate.

1. Farben wie . . . und . . . finde ich schön.
2. . . . passt zu allem.
3. Farben wie . . . und . . . finde ich furchtbar.
4. Ich kaufe meine Kleidung oft bei *(at)* . . . Da ist alles . . .
5. Schuhe kauft man gut bei . . .
6. Bücher kaufe ich bei . . .
7. Hefte, Papier und Bleistifte kaufe ich bei . . .
8. Bücher sind nicht . . .
9. Am Wochenende *(on the weekend),* am . . . und am . . . , sind oft Garage Sales.
10. Garage Sales haben oft auch . . . Ich finde Garage Sales . . .

Rückblick: Schritte

By now, you know quite a few German words and a number of idiomatic expressions. You have learned how to pronounce German and to say a few things about yourself. You have also learned a good deal about how the German language works.

I. Nouns

1. German has three genders: MASCULINE, NEUTER, and FEMININE. Nouns are distinguished by **der, das,** and **die** in the singular. In the plural, there are no gender distinctions; the article **die** is used for all plural nouns:

Singular		Plural
der Herr, der Bleistift		Herren, Bleistifte
das Bild	**die**	Bilder
die Frau, die Tafel		Frauen, Tafeln

2. There are several ways to form the plural of nouns. You have learned how to interpret the most common plural abbreviations found in dictionaries and vocabulary lists:

Singular		Plural
das Fenster, **-**		Fenster
der Mantel, **-̈**		M**ä**ntel
der Tag, **-e**		Tag**e**
der Stuhl, **-̈e**		St**ü**hl**e**
das Kleid, **-er**	**die**	Kleid**er**
das Buch, **-̈er**		B**ü**ch**er**
die Uhr, **-en**		Uhr**en**
die Sekunde, **-n**		Sekunde**n**
die Studentin, **-nen**		Studentin**nen**
der Kuli, **-s**		Kuli**s**

3. When you learn a noun, you must also learn its gender and plural form.
4. All nouns are capitalized.

   Ich brauche **B**leistifte, **K**ulis und **P**apier.

II. Pronouns

You have used the following pronouns:

ich *I*	Ich heiße Sanders.
es *it*	Es regnet.
wir *we*	Wir zählen von eins bis zehn.
sie *they*	Sind sie müde?
Sie *you (formal)*	Wann sind Sie heute fertig?

- The pronoun **ich** is not capitalized unless it stands at the beginning of a sentence.
- The pronoun **Sie** (when it means *you*) is always capitalized; **Sie** is used in all formal relationships, and always when others are addressed with such titles as **Herr** and **Frau.** It is used to address one or more persons.

  Frau Thielemann, verstehen **Sie** das?
  Frau Thielemann und Herr Fiedler, verstehen **Sie** das?

III. Verbs

1. You have noticed that German verbs have different endings—that is, they are INFLECTED, i.e., CONJUGATED. You have used the following verb endings:

ich	-e	Ich brauch**e** Papier.
wir	-en	Wir brauch**en** Papier.
sie, Sie	-en	Sie brauch**en** Papier.

2. **Sein** *(to be)* and **haben** *(to have)* are two important verbs. As in English, their forms are not regular.

ich	bin	Ich bin müde.
es	ist	Es ist spät.
sie, Sie	sind	Sie sind schnell.

ich	habe	Ich habe Zeit.
es	hat	Es hat Zeit.
sie, Sie	haben	Sie haben Zeit.

IV. Sentence structure

You have encountered three basic sentence types: STATEMENTS, QUESTIONS, and IMPERATIVES. In all of them, verb position plays a significant role.

1. Statements

   One of the most important observations you will make is that the verb is always the second element in a statement. As you see from the examples, a SENTENCE ELEMENT can consist of more than one word.

Mein Name	**ist**	Dieter Schneider.
Franziska und Sebastian	**sind**	hier.
Ich	**finde**	das schön.
Der Rock und die Bluse	**kosten**	€ 80,–.

2. Questions

   You have practiced two types of questions: INFORMATION QUESTIONS and QUESTIONS THAT ELICIT YES / NO ANSWERS.

   a. Information questions begin with a question word or phrase and ask for specific information: *what, where, how.* In information questions, too, the verb is the second element. You have learned the following question words and phrases. Note that in German all question words begin with a **w**!

Wann	**haben**	Sie Deutsch?
Was	**kostet**	das?
Wo	**ist**	der Stuhl?
Wie	**geht**	es Ihnen?
Welche Farbe	**hat**	das Buch?
Wie viel Uhr	**ist**	es?
Wie viele Tage	**hat**	die Woche?

   b. Questions eliciting a yes/no response, on the other hand, begin with the verb.

   Haben Sie Zeit?
   Regnet es morgen?
   Spielen wir heute Tennis?
   Ist das richtig?

3. Imperatives

   Imperatives (commands, requests, suggestions) also begin with the verb. Note that they usually conclude with an exclamation mark.

   Antworten Sie bitte!
   Nehmen Sie die Kreide!
   Öffnen Sie das Buch!
   Sagen Sie das noch einmal!
   Zählen Sie von zwanzig bis dreißig!

Übung macht den Meister.
Practice makes perfect.

Name ______________________ Datum ______________________ Kurs ______________________

WIEDERHOLUNG

The *Rückblick* exercises are intended for your own review before exams. Answers to all exercises in these sections are provided in the back of this *Arbeitsbuch*.

A. Was sagen Sie? *(What do you say?)* For each of the statements or questions below, circle the letter of the most appropriate response.

1. Guten Morgen!
   a. Gute Nacht! b. Guten Abend! c. Guten Tag!
2. Wie geht es Ihnen?
   a. Freut mich. b. Sehr gut, danke! c. Ich finde es schön.
3. Ich heiße Schulz. Und Sie?
   a. Es geht mir auch gut. b. Ich habe keine Zeit. c. Mein Name ist Fitzke.
4. Was bedeutet das?
   a. Ist das richtig? b. Ich weiß nicht. c. Schade!
5. Das Wetter ist heute furchtbar, nicht wahr?
   a. Ich habe eine Frage. b. Sprechen Sie nicht so schnell! c. Ja, es regnet und regnet.
6. Tschüss!
   a. Bis später! b. Ich auch. c. Prima!

B. Was passt? *(What fits?)* Match each classroom expression on the left with the English equivalent on the right. Although not all of these are active vocabulary, you should be able to understand them.

____ 1. Alle zusammen!		a. *Make a sentence.*
____ 2. Antworten Sie bitte!		b. *Listen well.*
____ 3. Auf Deutsch bitte!		c. *Please learn that.*
____ 4. Bilden Sie einen Satz!		d. *Again, please.*
____ 5. Gehen Sie an die Tafel bitte!		e. *I don't understand that.*
____ 6. Hören Sie gut zu!		f. *Please repeat.*
____ 7. Ich habe eine Frage.		g. *In German, please.*
____ 8. Ich verstehe das nicht.		h. *Speak louder.*
____ 9. Ich weiß nicht.		i. *All together.*
____ 10. Lernen Sie das bitte!		j. *Please write.*
____ 11. Lesen Sie laut!		k. *I have a question.*
____ 12. Noch einmal bitte!		l. *Please answer.*
____ 13. Passen Sie auf!		m. *I beg your pardon?*
____ 14. Schreiben Sie bitte!		n. *Please go to the board.*
____ 15. Sprechen Sie lauter!		o. *I don't know.*
____ 16. Sprechen Sie langsam!		p. *Pay attention.*
____ 17. Wie bitte?		q. *Read aloud.*
____ 18. Wiederholen Sie bitte!		r. *Speak slowly.*

C. Auf Deutsch bitte!

1. *Good morning. Please open the book to page 10.*

2. *Do you understand that?*

3. *Yes, but please read slowly.*

4. *What's the weather like?*

5. *It's raining, isn't it?*

6. *No, the sun is shining.*

7. *Really? I think that's wonderful.*

8. *What time is it?*

9. *It's a quarter to twelve.*

10. *Thank you. —You're welcome.*

11. *When do you eat?*

12. *At half past twelve. Good-bye!*

Kapitel 1 Familie, Länder, Sprachen

Zum Hören

GESPRÄCHE

CD 2, Track 11

A. Am Goethe-Institut You will hear the following dialogue twice. During the second listening, repeat each phrase in the pause provided.

SHARON Roberto, woher kommst du?
ROBERTO Ich bin aus Rom. Und du?
SHARON Ich komme aus Sacramento, aber jetzt wohnt meine Familie in Seattle.
ROBERTO Hast du Geschwister?
SHARON Ja, ich habe zwei Schwestern und zwei Brüder. Und du?
ROBERTO Ich habe nur eine Schwester. Sie wohnt in Montreal, in Kanada.
SHARON Wirklich? So ein Zufall! Mein Onkel wohnt auch da.

B. Später Listen to the following dialogue once, then read Sharon's lines aloud during the pauses provided.

ROBERTO Sharon, wann ist die Prüfung?
SHARON In zehn Minuten. Du, wie heißen ein paar Flüsse in Deutschland?
ROBERTO Im Norden ist die Elbe, im Osten die Oder, im Süden . . .
SHARON . . . die Donau?
ROBERTO Richtig! Und im Westen der Rhein. Wo liegt Düsseldorf?
SHARON Düsseldorf? Hm. Wo ist eine Landkarte?
ROBERTO Oh, hier. Im Westen von Deutschland, nördlich von Bonn, am Rhein.
SHARON Ach ja, richtig! Na, viel Glück!

C. Richtig oder falsch? You will hear five statements about the dialogues. For each statement, circle **richtig** *(true)* or **falsch** *(false)*.

1. richtig falsch
2. richtig falsch
3. richtig falsch
4. richtig falsch
5. richtig falsch

AUSSPRACHE: i, a, u

For more practice pronouncing these sounds, see the Summary of Pronunciation Part II, subsections 1, 3–4, 11–13, 17, 19–20 in the front of this *Arbeitsbuch.*

CD 2, Track 12

A. Laute *(Sounds)* Hören Sie zu und wiederholen Sie!

1. [i:] **Ih**nen, l**ie**gen, w**ie**der, W**ie**n, Berl**i**n
2. [i] **i**ch b**i**n, b**i**tte, K**i**nd, Geschw**i**ster, r**i**cht**i**g
3. [a:] Fr**a**ge, Spr**a**che, Amerik**a**ner, Sp**a**nier, V**a**ter
4. [a] St**a**dt, L**a**ndk**a**rte, K**a**n**a**d**a**, S**a**tz, T**a**nte
5. [u:] g**u**t, Br**u**der, K**u**li, Min**u**te, d**u**
6. [u] St**u**nde, J**u**nge, M**u**tter, Fl**u**ss, schm**u**tzig, k**u**rz

B. Wortpaare Repeat the pairs of words in the pauses provided. When the pairs are repeated, circle the word that you hear.

1. still / Stil
2. Stadt / Staat
3. Kamm / komm
4. Schiff / schief
5. Rum / Ruhm
6. Ratte / rate

Was hören Sie jetzt? Now you will hear one word from each of these pairs. Circle the one you hear.

....

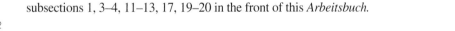

STRUKTUR

CD 2, Track 13

1.1 The present tense of regular verbs

In the following sections you will be asked to make structural changes. Listen closely to the cues and make the proper adjustments. Always repeat the correct answer after the speaker.

A. Im Klassenzimmer Ersetzen Sie das Subjekt!

1. Ich lerne Deutsch. (wir)
   Wir lernen Deutsch.
   ....
2. Sie antworten jetzt. (er)
   Er antwortet jetzt.
   ....
3. Wir öffnen das Buch. (du)
   Du öffnest das Buch.
   ....

B. Die anderen auch *(The others, too)* Ersetzen Sie das Subjekt!

Ich komme aus Amerika. (Paul)
Paul kommt auch aus Amerika.
....

1.2 The nominative case

C. Geographie Bilden Sie Sätze!

1. Hamburg / Stadt
   Hamburg ist eine Stadt.
   ....
2. der Rhein / Land
   Der Rhein ist kein Land.
   ....

D. *Wer* oder *was*?

Das ist der Vater. — Wer ist das?
Das ist ein See. — Was ist das?
....

1.3 Sentence structure

E. Winter in der Schweiz Sagen Sie es anders!

Es ist kalt im Winter. (im Winter)
Im Winter ist es kalt.
....

EINBLICKE

CD 2, Track 14

Deutschland in Europa

....

VERSTEHEN SIE?

CD 2, Track 15

Frankfurt am Main und Frankfurt an der Oder

Listen carefully as the passage is read twice.

....

Richtig oder falsch? You will hear five statements about the passage you have just heard. For each statement, circle **richtig** *(true)* or **falsch** *(false)*.

1. richtig falsch
2. richtig falsch
3. richtig falsch
4. richtig falsch
5. richtig falsch

Video-aktiv

MINIDRAMA: Ganz international

Vor dem Sehen

Zum Erkennen: im selben Kurs *(in the same course);* na dann *(well then);* Warte mal! *(Hey, wait!);* Schau! *(Look!);* Ja genau! *(Yes, exactly!);* Das tut mir Leid. *(I'm sorry.);* das Vorlesungsverzeichnis, -se *(course catalogue)*

A. Mal sehen!

1. Der Stundenplan. Was haben Sie wann?
2. Sind die Kurse im *(in the)* Vorlesungsverzeichnis?
3. Von wann bis wann ist die Deutschstunde?
4. Wie heißt Ihr(e) Deutschprofessor(in)? . . .professor(in)?
5. Wie heißt das Deutschbuch?
6. Welche Farben hat das Deutschbuch?
7. Wie viele Bücher haben Sie heute dabei *(with you)*?
8. Haben Sie auch Papier, Hefte, Bleistifte und Kulis dabei?
9. Wie tragen Sie *(do you carry)* Ihre Bücher: in der Hand *(in your hand)*, in einer Tasche *(in a bag)* oder im Rucksack *(backpack)*?
10. Sind die Bücher neu oder alt? dick oder dünn? billig oder teuer?

Nach dem Sehen

B. Was stimmt?

1. Daniela hat ______ in der Hand *(in her hand)*.
   a. eine Landkarte　b. ein Vorlesungsverzeichnis　c. ein Adressbuch
2. Sie weiß nicht, ______ die Vorlesung ist.
   a. wo　b. wann　c. wie viel
3. Jean Paul ______.
   a. weiß nichts　b. weiß das　c. weiß alles
4. Jean Paul ist ______.
   a. Spanier　b. Däne　c. Türke
5. Jean Pauls Haare *(hair)* sind ______.
   a. blond　b. rot　c. schwarz
6. Jean Pauls Vater kommt aus ______.
   a. Katalonien　b. Andalusien　c. Mauretanien
7. Jean Pauls Großmutter ist ______.
   a. Spanierin　b. Deutsche　c. Französin
8. Die Vorlesung beginnt in ______ Minuten.
   a. 15　b. 30　c. 40
9. Daniela und Jean Paul haben noch etwas Zeit. Sie finden das ______.
   a. schade　b. prima　c. furchtbar
10. Sie ______ ein bisschen *(a little)*.
    a. lesen　b. essen　c. sprechen

C. Fragen und Antworten

1. Was sind Daniela und Jean Paul?
2. Sie sind im selben Kurs. Was für ein Kurs ist das?
3. Wie oft und wann ist die Vorlesung?
4. Woher kommt Jean Paul?
5. Was ist seine *(his)* Mutter?
6. Was sprechen Daniela und Jean Paul?
7. Was trinkt Daniela?
8. Jean Paul hat ein Bild von seiner *(of his)* Mutter. Das Bild fällt runter *(falls down)* und was passiert *(happens)* dann?
9. Was sagt Daniela?
10. Ist Jean Paul böse *(mad)*? Was sagt er?

D. Wenn du mich fragst, . . . Und du?

Complete the sentences with your own ideas. Then ask your classmate.

1. Ich bin auch . . .
2. Ich studiere . . .
3. Ich bin . . . Jahre alt und komme aus . . .
4. Ich wohne schon . . . hier.
5. Ich bin aber in . . . geboren.
6. Zu Hause *(at home)* sprechen wir . . .
7. Mein Vater ist . . . und meine Mutter ist . . .
8. Ich habe . . . Geschwister. Mein(e) . . . ist . . . Jahre alt und wohnt in . . .
9. Ich habe . . . Großeltern. Sie wohnen in . . . und sprechen . . .
10. Ich finde Sprachen . . .

BLICKPUNKT: Am Goethe-Institut

Vor dem Sehen

Zum Erkennen: die Uni, -s *(coll.) (university);* (erst) seit *([only] since);* es macht mir Spaß *(it's fun);* fließend sprechen *(to speak fluently);* mir gefällt *(I like);* nett *(nice); die Lehrerin, -nen (teacher);* wir gehen einkaufen *(we go shopping);* die Gastfamilie, -n *(guest family);* Ach so. *(I see.);* Hättest du Lust? *(Do you feel like it?);* Ja gern. *(I'd love to.)*

E. Mal sehen!

1. Wie lange sind Sie schon hier in . . . ?
2. Wie finden Sie es hier in . . . ?
3. Wie heißt Ihre Uni(versität) / ihr College?
4. Wie finden Sie die Uni?
5. Sind die Studenten nett?
6. Seit *(since)* wann lernen Sie Deutsch?
7. Sind Ihre Eltern oder Großeltern Deutsche, Österreicher oder Schweizer?
8. Der Professor oder der Lehrer fragt etwas, aber Sie verstehen das nicht. Was sagen Sie?
9. Die Professorin oder die Lehrerin spricht *(speaks)* sehr schnell. Was sagen Sie?
10. Jetzt spricht sie langsam. Was sagen Sie?

Nach dem Sehen

F. Ein paar Details

Do you remember some of the details about the following students at the Goethe Institute?

	Wie alt?	Woher?	Familie?	Wie lange da?	Warum in Berlin?
THERESE	–	Bergen/Norwegen		6 Monate	möchte da studieren
OGI	20	Bulgarien	Bruder	1 Jahr	möchte da studieren
FILIPPA	31	Portugal	Schwester		möchte besser Deutsch sprechen und verstehen
JENNIFER	25	San Francisco CA		1 Monat	möchte fließend Deutsch sprechen

G. Richtig oder falsch? Mark the following questions about the video with **R (richtig)** or **F (falsch).** If false, please give the correct answer as well.

____ 1. Das Goethe-Institut ist in Berlin.

____ 2. Die Studenten kommen alle aus Europa.

____ 3. Die Studenten im Video sind ungefähr 18 bis 22 Jahre alt.

____ 4. Sie sind in Klassen, aber arbeiten auch am Computer.

____ 5. Die Klassen sind nicht sehr groß.

____ 6. Manchmal *(sometimes)* gehen die Studenten zusammen ins Geschäft oder ins Café.

____ 7. Therese hat eine Gastfamilie, Familie Müller.

____ 8. Familie Müller kommt aus Hamburg.

____ 9. Sie sind schon fünf Jahre in Berlin.

____ 10. Heute kauft Therese Schokoladenkuchen für *(chocolate cake for)* die Familie.

____ 11. Der Kuchen kostet zehn Euro.

____ 12. Die Mutter serviert Kuchen und Tee.

____ 13. Die Gastfamilie hat eine Tochter. Sie heißt Lisa.

____ 14. Lisa ist neun Jahre alt.

____ 15. Therese und sie spielen mit Handpuppen *(with puppets)*.

____ 16. Die Handpuppen sprechen wirklich gut Englisch.

H. Wenn du mich fragst, . . . Und du?

1. Ich finde das Video . . .
2. Ich verstehe . . .
3. Thereses Klasse hat ungefähr . . . Studenten. Meine Klasse hier hat ungefähr *(approximately)* . . . Studenten.
4. Viele Studenten im Video haben eine Jacke an. Es ist nicht sehr warm. Vielleicht *(perhaps)* ist es . . .
5. Hier ist es heute . . . Das ist hier typisch im . . .
6. Wir lesen und sprechen hier auch viel Deutsch, aber das Deutschlernen in Deutschland . . . macht bestimmt *(probably)* viel Spaß.
7. Da ist alles, was wir hören und sehen . . .

I. Genau gesehen *(A closer look)* Let's see how observant you were. Mark all the things from the list that you saw in the video. What wasn't there? Compare your results with one of your classmates' answers.

	Bilder		Kreide		Pullover
	Bücher		Kulis		Stühle
	Computer		Landkarten		Telefon
	Fenster		Jacken		Tennisschuhe
	Jeans		Miniröcke		Türen
	Kleider		Papier		Uhrzeit

Da sind . . . , aber kein(e) . . .

J. Kulturell gesehen What struck you as being culturally different from your own country in this video? This can be in English.

Name ______________________ Datum ______________________ Kurs ______________________

Zum Schreiben

A. Erweitern Sie Ihren Wortschatz! *(Increase your vocabulary.)*

In German, two or three simple words are frequently combined to create a new one. The last component of that compound noun determines the gender and the form.

Form a compound from each pair of nouns. Write it with the definite article to show its gender, and give its meaning in English.

BEISPIEL das Land + die Karte → die Landkarte, *map*

1. der Sommer + das Wetter
2. die Mutter + die Sprache
3. der Berg + der See
4. die Bilder + das Buch
5. die Kinder + die Kleidung
6. die Stadt + der Teil
7. der Winter + der Mantel
8. die Stadt + der Mensch
9. der Vater + das Land
10. der Nachbar + der Staat

____

____

____

____

____

____

____

____

____

____

B. Viele Länder, viele Sprachen Study the chart and complete the statements that follow.

INDOGERMANISCHE SPRACHEN				SONSTIGE *(OTHER)* SPRACHEN
Romanische Sprachen	**Germanische Sprachen**	**Slawische Sprachen**	**Andere indogermanische Sprachen**	
Französisch Italienisch Spanisch Portugiesisch Rumänisch	Englisch Deutsch Niederländisch Schwedisch Norwegisch Dänisch Isländisch Afrikaans	Russisch Polnisch Tschechisch Slowakisch Serbokroatisch Bulgarisch	Griechisch Albanisch Irisch . . .	Ungarisch Finnisch Türkisch Japanisch Arabisch Hebräisch Chinesisch Swahili . . .

1. Deutsch, Dänisch und _____ sind germanische Sprachen.
   a. Rumänisch b. Englisch c. Ungarisch
2. Auch _____ in Südafrika ist eine germanische Sprache.
   a. Swahili b. Serbokroatisch c. Afrikaans
3. Die Italiener, Spanier und _____ sprechen eine romanische Sprache.
   a. Portugiesen b. Finnen c. Grönländer
4. Tschechisch, Slowakisch und _____ sind slawische Sprachen.
   a. Bulgarisch b. Arabisch c. Rumänisch
5. Französisch, Deutsch und Russisch sind alles _____ Sprachen.
   a. germanische b. indogermanische c. sonstige
6. Sprachen wie Finnisch, Japanisch und _____ sind keine indogermanischen Sprachen.
   a. Türkisch b. Albanisch c. Griechisch

C. Liechtenstein: Bilden Sie ganze Sätze! *(Form complete sentences.)* Provide the appropriate prepositions (where needed), articles, and verb endings. Use the correct word order.

1. Liechtenstein / liegen / westlich / Österreich / und / südlich / Deutschland

   ____

2. da / ungefähr / 33.500 Menschen / wohnen

   ____

3. es / haben / Großstadt / nur

   ____

4. Stadt / heißen / Vaduz

   ____

5. Liechtensteiner *(pl.)* / sprechen / Deutsch

   ____

D. Was sagen Sie? Circle the most logical responses.

1. Jetzt regnet es schon wieder!
   a. Wie ist das Wetter? b. Es ist wirklich furchtbar.
   c. Das finde ich auch.
2. Heute ist es aber heiß!
   a. Schön, nicht wahr? b. Ja, es schneit schon wieder.
   c. Ich auch.
3. Woher sind Sie?
   a. Ich bin müde. b. Ich habe zwei Geschwister.
   c. Ich komme aus Frankreich.
4. Ich studiere hier.
   a. Ach, du bist auch Student? b. Um Viertel vor eins.
   c. Ich bin auch Professor.
5. Wie alt bist du?
   a. Ich bin im Mai geboren. b. Mein Bruder ist 21.
   c. Ich bin 23.
6. Wie findest du es hier?
   a. Ich weiß nicht wo. b. Meine Eltern wohnen in Frankfurt.
   c. Natürlich prima!

E. Udos Tag: Was fehlt? Write each word or phrase from the box in a blank to complete the conversation.

auf	aus	Deutsch	geht	habe
Hauptstadt	in fünf Minuten	liegt	Österreicher	Südosten

UTE „Guten Tag, Udo! Wie geht's?"

UDO „Ach, es ______________ (1) mir schlecht. Um elf Uhr ______________ (2) ich eine Prüfung. Der Professor ist ______________ (3) Österreich. Er ist ______________ (4). Wir sprechen nur ______________ (5). Er fragt alles ______________ (6) Deutsch. Salzburg ist die ______________ (7) von Österreich, oder?"

UTE „Nein, Wien."

UDO „Österreich ______________ (8) südlich von Deutschland, richtig?"

UTE „Ja, im ______________ (9)."

UDO „Du, ______________ (10) beginnt die Prüfung. Auf Wiedersehen!"

F. Was liegt wo? The capital letters on the map on the next page represent different countries; small letters represent rivers; numbers stand for cities. Create a key to the map by filling in the names in the spaces. You may wish to check the map found in the front of your textbook.

LÄNDER	STÄDTE	FLÜSSE
A. ______________	1. ______________	a. ______________
B. ______________	2. ______________	b. ______________
C. ______________	3. ______________	c. ______________
D. ______________	4. ______________	d. ______________
E. ______________	5. ______________	e. ______________
F. ______________	6. ______________	f. ______________
G. ______________	7. ______________	
H. ______________	8. ______________	
I. ______________	9. ______________	
J. ______________	10. ______________	
K. ______________	11. ______________	
L. ______________	12. ______________	
	13. ______________	
	14. ______________	
	15. ______________	

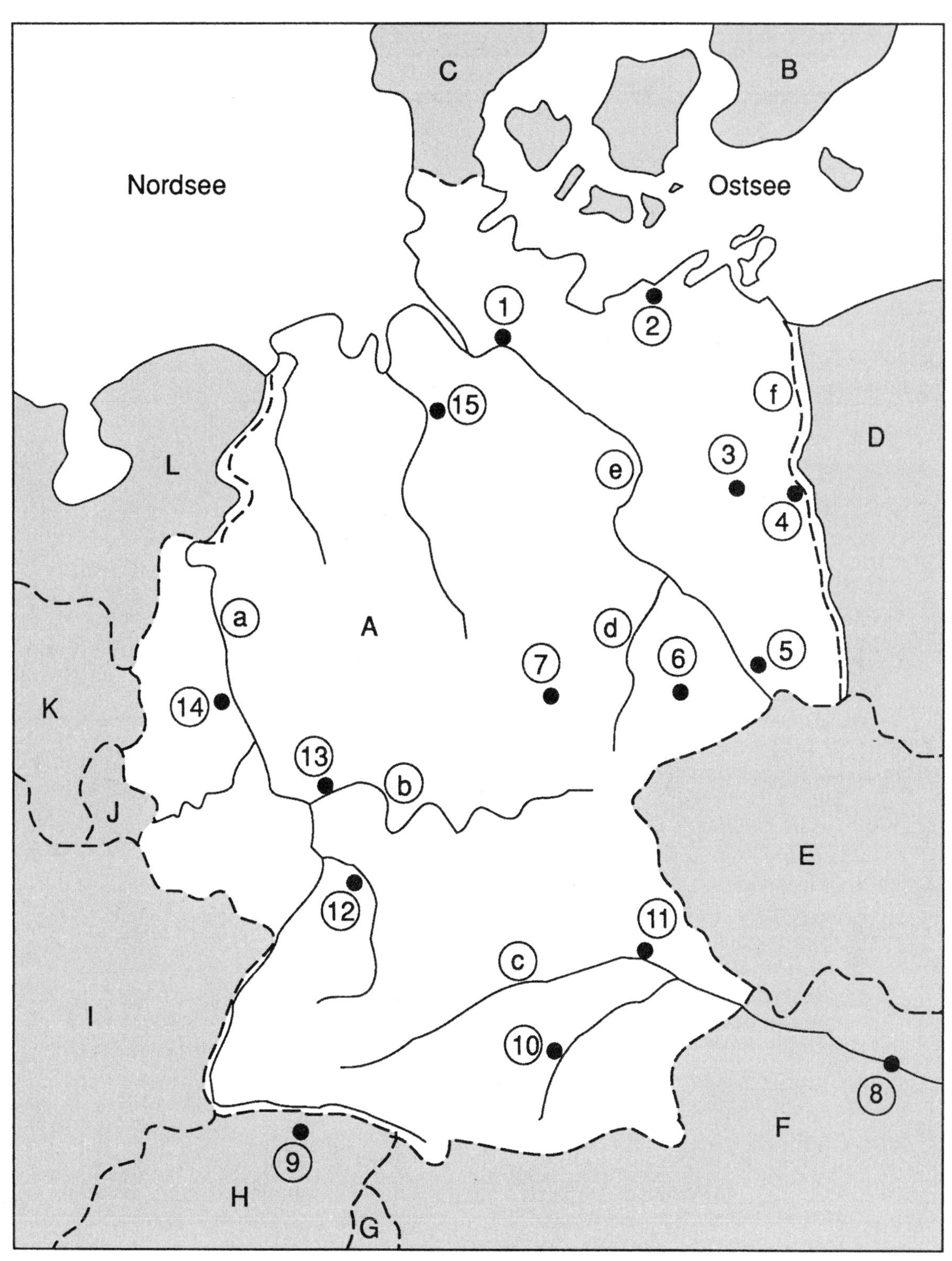
C
B
Nordsee
Ostsee
1
2
15
f
D
3
e
4
L
a
A
d
6
5
7
14
K
13
b
J
E
12
11
c
I
10
8
F
9
H
G

G. Aufsatz: Meine Familie und ich On a separate piece of paper, write a connected paragraph of six to eight sentences about yourself, using these questions as guidelines.

Wie alt sind Sie?
Woher kommen Sie?
Wo wohnt Ihre Familie und wie groß ist sie?
Was studieren Sie?
Wie finden Sie es hier in . . . ?

Kapitel 2 Lebensmittel und Geschäfte

Zum Hören

GESPRÄCHE

CD 3, Track 1

A. Im Lebensmittelgeschäft You will hear the following dialogue twice. During the second listening, repeat each phrase in the pause provided.

VERKÄUFER	Guten Tag! Was darf's sein?
OLIVER	Ich hätte gern etwas Obst. Haben Sie denn keine Bananen?
VERKÄUFER	Doch, da drüben.
OLIVER	Was kosten sie?
VERKÄUFER	90 Cent das Pfund.
OLIVER	Und die Orangen?
VERKÄUFER	45 Cent das Stück.
OLIVER	Gut, zwei Pfund Bananen und sechs Orangen bitte!
VERKÄUFER	Sonst noch etwas?
OLIVER	Ja, zwei Kilo Äpfel bitte!
VERKÄUFER	€ 8,10 bitte! Danke! Auf Wiedersehen!

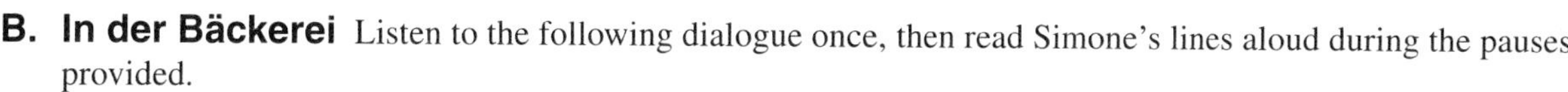

B. In der Bäckerei Listen to the following dialogue once, then read Simone's lines aloud during the pauses provided.

VERKÄUFERIN	Guten Morgen! Was darf's sein?
SIMONE	Guten Morgen! Ein Schwarzbrot und sechs Brötchen bitte!
VERKÄUFERIN	Sonst noch etwas?
SIMONE	Ja, ich brauche etwas Kuchen. Ist der Apfelstrudel frisch?
VERKÄUFERIN	Natürlich, ganz frisch.
SIMONE	Gut, dann nehme ich vier Stück.
VERKÄUFERIN	Ist das alles?
SIMONE	Ich möchte auch ein paar Plätzchen. Was für Plätzchen haben Sie heute?
VERKÄUFERIN	Zitronenplätzchen, Schokoladenplätzchen, Butterplätzchen . . .
SIMONE	Hm . . . Ich nehme 300 Gramm Schokoladenplätzchen.
VERKÄUFERIN	Noch etwas?
SIMONE	Nein, danke. Das ist alles.
VERKÄUFERIN	Das macht dann € 9,55 bitte.

C. Was ist richtig? You will hear four questions about the dialogues. Circle the correct answers.

1. a. 25 Cent das Stück
   b. € 5,60
   c. € 0,90 das Pfund
2. a. 2
   b. 6
   c. 50
3. a. 4
   b. 6
   c. 300
4. a. Apfelstrudel
   b. Weißbrot
   c. Schokoladenplätzchen

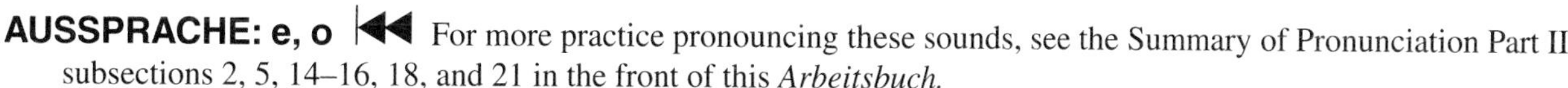

AUSSPRACHE: e, o

For more practice pronouncing these sounds, see the Summary of Pronunciation Part II, subsections 2, 5, 14–16, 18, and 21 in the front of this *Arbeitsbuch*.

CD 3, Track 2

A. Laute Hören Sie zu und wiederholen Sie!

1. [e:] g**eh**en, n**eh**men, K**ä**se, G**e**genteil, Am**e**rika, T**ee**
2. [e] **e**s, spr**e**chen, Gesch**ä**ft, M**e**nsch, H**e**md
3. [o:] **oh**ne B**oh**nen, **o**der, gr**o**ß, **O**bst, Br**o**t
4. [o] k**o**mmen, d**o**ch, **O**sten, N**o**rden, S**o**nne

B. Wortpaare Hören Sie zu und wiederholen Sie!

1. *gate* / geht
2. *shown* / schon
3. zähle / Zelle
4. den / denn
5. Ofen / offen
6. Bonn / Bann

Was hören Sie jetzt? ....

STRUKTUR

CD 3, Track 3

2.1 The present tense of *sein* and *haben*

A. Ich bin / Ich habe Ersetzen Sie das Subjekt!

1. Er ist aus Amerika. (Peter und Ellen)
   Peter und Ellen sind aus Amerika.
   ....
2. Wir haben zwei Kinder. (Müllers)
   Müllers haben zwei Kinder.
   ....

B. Die anderen auch Ersetzen Sie das Subjekt!

Ich habe drei Brüder. (Eva)
Eva hat auch drei Brüder.
....

2.2 The accusative case and n-nouns

C. Was braucht man? Ersetzen Sie das Objekt!

1. Ich brauche eine Jacke. (Mantel)
   Ich brauche einen Mantel.
   ....
2. Wir nehmen die Butter. (Käse)
   Wir nehmen den Käse.
   ....
3. Sehen Sie das Mädchen? (Kinder)
   Sehen Sie die Kinder?
   ....
4. Das ist für meine Mutter. (Vater)
   Das ist für meinen Vater.
   ....
5. Wir gehen durch die Stadt. (Zimmer)
   Wir gehen durch das Zimmer.
   ....

D. *Wen* oder *was*? Stellen Sie Fragen!

Wir lernen Geographie.
Was lernen wir?
....

2.3 Sentence structure: Negation

E. Das stimmt nicht! Beantworten Sie die Fragen!

Kaufen Sie das für Ihren Großvater? (Onkel)
Nein, ich kaufe das für meinen Onkel.
....

F. Das ist kein . . . Verneinen Sie die Sätze!

Das ist ein Satz.
Das ist kein Satz.
....

G. *Kein* oder *nicht*? Verneinen Sie die Sätze!

Wir haben Plätzchen.
Wir haben keine Plätzchen.
....

EINBLICKE

CD 3, Track 4

Geschäfte und Einkaufen

....

VERSTEHEN SIE?

CD 3, Track 5

Einkaufspläne Hören Sie, was Julia und Annika sagen! Passen Sie auf!

Zum Erkennen: nämlich *(namely);* erst *(only);* mir *(me);* mit *(along)*

Listen carefully as the passage is read twice.

....

Richtig oder falsch?

1. richtig	falsch	4. richtig	falsch
2. richtig	falsch	5. richtig	falsch
3. richtig	falsch		

Video-aktiv

MINIDRAMA: Martin geht einkaufen.

Vor dem Sehen

Zum Erkennen: einfach zu kochen *(easy to cook);* das schaffen wir schon *(we'll manage);* Nicht berühren! *(Don't touch!);* Entschuldigung! *(Excuse me!);* die Zwiebel, -n *(onion);* die Tüte, -n *(bag);* das geht schon *(that's okay);* nirgendwo *(nowhere);* die Mutti *(mom)*

A. Mal sehen!

1. Wo kaufen Sie Ihre Lebensmittel?
2. Gehen Sie gern Lebensmittel einkaufen?
3. Was brauchen Sie immer *(always)*?
4. Essen Sie gern Spagetti? Essen Sie oft Spagetti?
5. Was braucht man, wenn man Spagetti macht?
6. Essen Sie dann auch Salat?
7. Was braucht man für Salat?
8. Was trinken Sie zu Spagetti?
9. Wie schreibt man „Spagetti", „Parmesankäse", „Salatsoße" auf Deutsch? Bitte buchstabieren Sie das!
10. Welches Gemüse oder Obst ist rot? grün? gelb? . . .

Nach dem Sehen

B. Richtig oder falsch?

__R__ 1. Martin und die Mutter brauchen Fleisch und Spagetti.
__F__ 2. Martin geht in den Supermarkt und kauft Gemüse.
__R__ 3. Er kauft drei Pfund Tomaten, eine Gurke und Zwiebeln. Salat
__F__ 4. Er kauft auch ein paar Paprikas *(bell peppers)*.
__R__ 5. Der Verkäufer möchte nicht, dass *(that)* Martin das Gemüse berührt.
__F__ 6. Martin weiß das nicht und sagt: „Ach du liebes bisschen!“ Oh, Entschuldigung
__F__ 7. Der Verkäufer möchte Martin eine Plastiktüte geben. Paperbag
__R__ 8. Martin braucht aber keine Tüte, denn er hat eine Tasche.
__R__ 9. Jetzt braucht Martin nur noch Spagetti, aber die Geschäfte sind schon zu.
__R__ 10. Er kommt eine Viertelstunde zu spät.

C. Fragen und Antworten

1. Warum gehen Martin und die Mutter nicht zusammen einkaufen?
2. Wann machen die Geschäfte zu?
3. Martin kauft Tomaten, Zwiebeln und Salat. Was gibt es da noch?
4. Gibt es da auch Obst?
5. Was kostet alles zusammen?
6. Was kosten die Papiertüten?
7. Wo kauft Martin jetzt die Spagetti?
8. Martin hat eine Einkaufstasche, die Mutter auch. Ist das typisch in Deutschland?
9. Die Geschäfte sind zu. Wohin gehen Mutter und Sohn dann?
10. Wie findet Martin die Idee?

D. Wenn du mich fragst, . . . Und du?

1. Ich esse gern . . . (Italienisch, Chinesisch usw.).
2. Gemüse oder Obst kaufe ich gern bei . . .
3. Da ist alles frisch *(fresh)* und . . .
4. Ich berühre . . . das Obst oder Gemüse im Supermarkt.
5. Das ist hier normal. Das machen hier . . .
6. Beim Einkaufen habe ich . . . Einkaufstasche, denn . . .
7. Viele Supermärkte sind hier . . . offen.
8. Sie machen . . . zu.
9. Das finde ich . . .
10. In Deutschland ist samstags oft Markttag. Da verkaufen sie zum Beispiel . . . und das alles ganz frisch. Wir haben das . . .

Zum Schreiben

A. Erweitern Sie Ihren Wortschatz!

Because German and English are both members of the Germanic branch of the Indo-European language family, they share a lot of vocabulary. You already know quite a few cognates. Some are identical in spelling; some are very similar.

For each of the following English words, give the German cognate and, in the case of nouns, the gender, plural (where applicable), and appropriate personal pronoun.

BEISPIEL *word*
das Wort, die Wörter / es

1. *shoe* ______________
2. *brother* ______________
3. *family* ______________
4. *weather* ______________
5. *butter* ______________
6. *land* ______________
7. *brown* ______________
8. *green* ______________
9. *to cost* ______________
10. *to begin* ______________
11. *to drink* ______________
12. *to bring* ______________

B. Im Supermarkt: Was fehlt?

Write each word or phrase from the box in the blanks to complete the conversation.

den	ein	er	gern		habe
		er		etwas	
ein	ein paar	es	Stück		was

FRAU WERNER „Da ist ______________ (1) Supermarkt. ______________ (2) ist sehr gut. Das Gemüse ist nicht billig, aber ______________(3) ist sehr frisch."

FRAU FRITSCH „Ich ______________ (4) Hunger. ______________ (5) kaufen wir?"

FRAU WERNER „Ich brauche ______________ (6) Wurst und Käse, ______________ (7) Tomaten und ______________ (8) Brot."

FRAU FRITSCH „Sehen Sie ______________ (9) Apfelkuchen? ______________ (10) ist wunderbar."

FRAU WERNER „Ich esse ______________ (11) Apfelkuchen."

FRAU FRITSCH „Geben Sie mir bitte drei ______________ (12) Apfelkuchen!"

C. Kreuzworträtsel Complete the crossword puzzle with the words from the box. For umlauts, write Ä, Ö, or Ü.

Bier	Ei	Bohne	Fleisch	Stück	Gemüse	Drogerie
Erdbeeren	Plätzchen	Käse	Tomate	Brot	Tee	Hunger

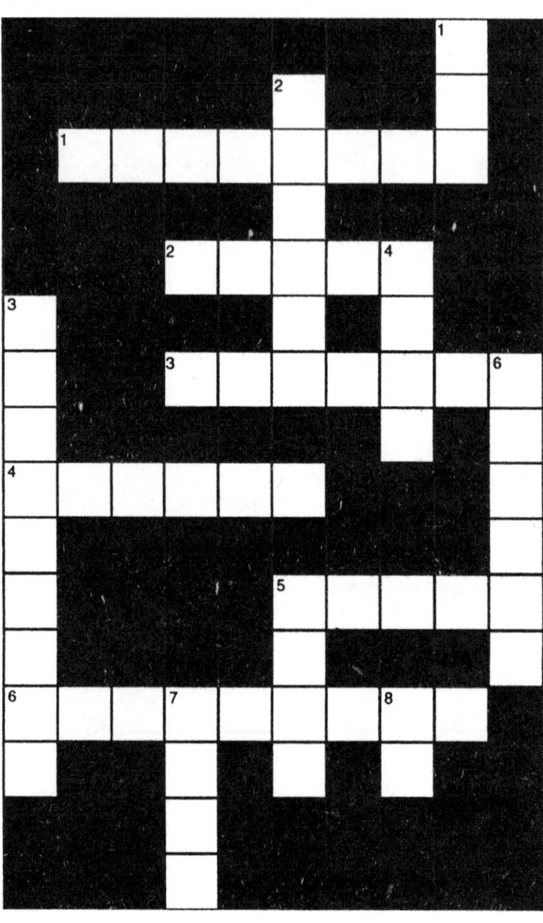

HORIZONTAL

1. Die . . . ist ein Geschäft. Da kauft man Shampoo, aber keine Medizin.
2. Möchten Sie ein . . . Kuchen?
3. Mittags essen die Deutschen oft . . . mit Gemüse und Kartoffeln.
4. Eine . . . ist rot.
5. Eine . . . ist lang und grün.
6. Man kauft oft . . . im Frühling. Ein Kuchen mit … schmeckt prima.

VERTIKAL

1. In England trinkt man viel . . .
2. Bohnen, Erbsen und Kartoffeln sind . . .
3. Kinder essen gern . . .
4. . . . ist ein Milchprodukt.
5. Studenten trinken gern . . .
6. Ich esse etwas. Ich habe . . .
7. Ich esse . . . mit Butter und Käse.
8. Morgens esse ich auch gern ein . . .

D. Einkaufsbummel *(Going shopping)* Auf Deutsch bitte!

1. *We are going through the department store.*

____

2. *There they have jackets and coats. They are inexpensive.*

____

3. *What do you* (sg. fam.) *have against the coat?*

____

4. *I don't need a coat, and I wouldn't like a jacket.*

____

5. *I would like a cup of coffee without milk.*

____

6. *What kind of cake would you* (sg. fam.) *like? — Cheesecake, of course!*

____

E. Lebensmittel und Preise Fill in the missing information based on the items in the advertisement.

1. Hier gibt es Wurst, zum Beispiel ____________. 2. Der Preis ist für je *(each)* ____________ Gramm. 3. Natürlich haben sie auch ____________, zum Beispiel Baguettes. 4. Eine Baguette ____________ € 1,19. 5. Es gibt auch Käse, zum Beispiel ____________, ____________ und Boterkaas. 6. „Boterkaas" ist Butterkäse auf Deutsch. Der Boterkaas kommt aus ____________. 7. Gehacktes und Sauerbraten sind ____________. 8. Der Preis ist für je ____________ Kilogramm. 9. Zwanzig Flaschen Krombacher Bier ____________ € 11,99. 10. Das Pfand *(deposit)* für zwanzig ____________ Bier ist € 3,–.

Frische **Zwiebelmettwurst** 100 g **–,99**

Frischwurst-Aufschnitt 6fach sortiert 100 g **–,79**

Westfälische **Salami oder Cervelatwurst** je 100 g **1,29**

Leberwurst grob oder fein je 100 g **–,69**

Baguette 4 Sorten 250-/300-g-Packung **1,19**

Frischkäse versch. Sorten je 200-g-Packung **–,99**

Holl. **Gouda** mittelalt, 48 % F. i. Tr. 100 g **–,79**

Holl. **Boterkaas** 50 % F. i. Tr. 100 g **–,99**

Stets frisch! **Gehacktes** Rind- u. Schweinefleisch gemischt 1 kg **4,–**

Frisches **Schweinefilet** 1 kg **11,99**

Sauerbraten nach Hausfrauen Art 1 kg **5,59**

Krombacher Pils Kst. = 20 x 0,5-l-Fl. + 3,- Pfand **11,99**

F. Dialog: Auf dem Markt

It's your turn to make a salad [fruit, mixed, Mediterranean, tuna, potato, etc.] and buy the ingredients at a German vegetable market. Decide which recipe you want to follow and make a shopping list with the help of a dictionary, if needed. Be prepared that one or the other item may not be available or not meet your expectations (some merchandise may be too small, too green, too old, too expensive, etc.). Begin with the expressions shown below and complete the dialogue as you see fit. Be creative, but try to use vocabulary and expressions you already know!

KÄUFER(IN)	Guten Tag!
VERKÄUFER(IN)	Guten Tag! Was darf's sein?
KÄUFER(IN)	Ich hätte gern . . . bitte.
VERKÄUFER(IN)	Wir haben heute kein(e/en) . . . Aber . . . ist/sind ganz frisch.
KÄUFER(IN)	Nein, danke. Die sind zu . . . Haben Sie . . . ?

G. Aufsatz: Einkaufen hier in . . .

Write a brief paragraph about shopping in your hometown by answering these questions.

Was für Geschäfte gibt es um die Ecke?
Ist das Lebensmittelgeschäft sehr teuer?
Gibt es einen Markt?
Wann ist Markt?
Was verkaufen die Bauern da?
Wie ist alles?
Wann haben die Geschäfte offen?
Wann sind sie zu?

Kapitel 3 Im Restaurant

Zum Hören

GESPRÄCHE

CD 3, Track 6

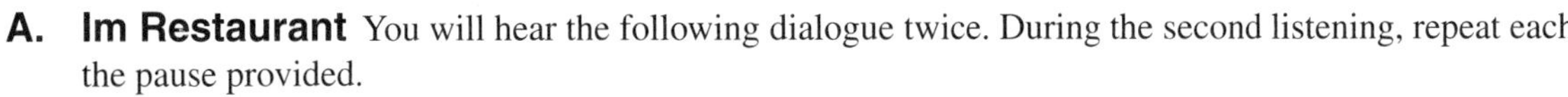

A. Im Restaurant You will hear the following dialogue twice. During the second listening, repeat each phrase in the pause provided.

AXEL Herr Ober, die Speisekarte bitte!
OBER Hier bitte!
AXEL Was empfehlen Sie heute?
OBER Die Menüs sind alle sehr gut.
AXEL Gabi, was nimmst du?
GABI Ich weiß nicht. Was nimmst du?
AXEL Ich glaube, ich nehme Menü 1: Schnitzel und Kartoffelsalat.
GABI Und ich hätte gern Menü 2: Rindsrouladen mit Kartoffelklößen.
OBER Möchten Sie etwas trinken?
GABI Ein Glas Apfelsaft, und du?
AXEL Mineralwasser. *(Der Ober kommt mit dem Essen.)* Guten Appetit!
GABI Danke, gleichfalls . . . Hm, das schmeckt.
AXEL Das Schnitzel auch.

B. Später Listen to the following dialogue once, then read Gabi's lines aloud during the pauses provided.

GABI Wir möchten zahlen bitte!
OBER Ja, bitte. Alles zusammen?
GABI Ja. Geben Sie mir die Rechnung bitte!
AXEL Nein, nein, nein!
GABI Doch, Axel! Heute bezahle ich.
OBER Also, einmal Menü 1, einmal Menü 2, ein Apfelsaft, ein Mineralwasser, zwei Tassen Kaffee. Sonst noch etwas?
AXEL Ja, ein Brötchen.
OBER Das macht € 30,30 bitte.
GABI *(Sie gibt dem Ober € 40,–.)* 32 Euro bitte.
OBER Und acht Euro zurück. Vielen Dank!

C. Richtig oder falsch? You will hear five statements about the dialogues. For each statement, circle whether it is true **(richtig)** or false **(falsch).**

1. richtig falsch
2. richtig falsch
3. richtig falsch
4. richtig falsch
5. richtig falsch

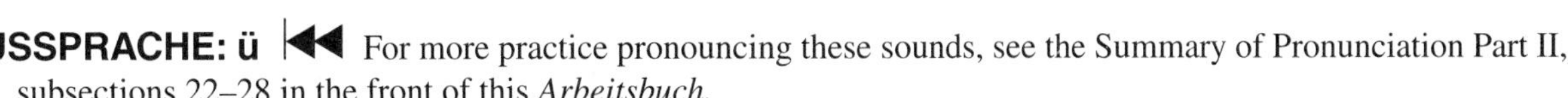

AUSSPRACHE: ü

CD 3, Track 7

For more practice pronouncing these sounds, see the Summary of Pronunciation Part II, subsections 22–28 in the front of this *Arbeitsbuch.*

A. Laute Hören Sie zu und wiederholen Sie!

1. [ü:] **ü**ber, T**ü**r, f**ü**r, Fr**ü**hling, Pr**ü**fung, Gem**ü**se, s**ü**dlich, gr**ü**n, nat**ü**rlich, m**ü**de
2. [ü] Fl**ü**sse, W**ü**rste, St**ü**ck, J**ü**rgen M**ü**ller, M**ü**nchen, f**ü**nf, f**ü**nfundf**ü**nfzig

B. Wortpaare Hören Sie zu und wiederholen Sie!

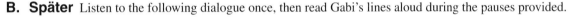

1. vier / für
2. missen / müssen
3. Stuhle / Stühle
4. Mutter / Mütter
5. fühle / Fülle
6. Goethe / Güte

Was hören Sie jetzt? ....

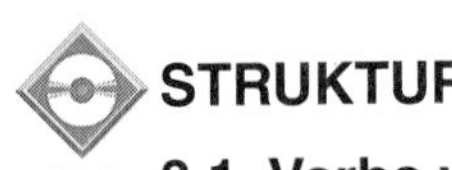

STRUKTUR

CD 3, Track 8

3.1 Verbs with vowel changes

A. Was nehmen Sie? Ersetzen Sie das Subjekt!

1. Nehmen Sie den Pudding? (ihr)
   Nehmt ihr den Pudding?
   ....
2. Wir fahren langsam. (er)
   Er fährt langsam.
   ....
3. Sie wird schnell fertig. (du)
   Du wirst schnell fertig.
   ....

3.2 The dative case

B. Touristen Ersetzen Sie das Dativobjekt!

1. Die Stadt gefällt dem Engländer. (Amerikaner)
   Die Stadt gefällt dem Amerikaner.
   ....
2. Der Mantel gehört dem Mädchen. (Schwester)
   Der Mantel gehört der Schwester.
   ....
3. Ich kaufe meinem Vater ein Buch. (Mutter)
   Ich kaufe meiner Mutter ein Buch.
   ....

C. Im Restaurant Ersetzen Sie das Dativobjekt!

1. Die Bedienung kommt mit der Speisekarte. (Salz)
   Die Bedienung kommt mit dem Salz.
   ....
2. Das Restaurant ist bei dem Markt. (Kaufhaus)
   Das Restaurant ist bei dem Kaufhaus.
   ....
3. Die Uhr ist von meinem Großvater. (Großmutter)
   Die Uhr ist von meiner Großmutter.
   ....

D. *Wem* oder *wen*? Stellen Sie Fragen!

Er hilft dem Freund.
Wem hilft er?
....

E. *Zu Hause* oder *nach Hause*? Bilden Sie neue Sätze!

Sie sind zu Hause. (fahren)
Sie fahren nach Hause.
....

EINBLICKE

CD 3, Track 9

Man ist, was man isst.

....

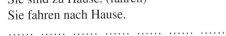

VERSTEHEN SIE?

CD 3, Track 10

Frau Wagner geht einkaufen.

....

Richtig oder falsch?

1. richtig falsch
2. richtig falsch
3. richtig falsch
4. richtig falsch
5. richtig falsch

Video-aktiv

MINIDRAMA: Und für Sie die Nummer 27!

Vor dem Sehen

Zum Erkennen: Ich habe einen Bärenhunger. *(I'm starving.,* lit. *I'm hungry as a bear.);* Bist du wahnsinnig? *(Are you crazy?);* die Portion, -en *(serving);* Um Himmelswillen! *(For heavens sake!);* der Quark *(sour milk curd cheese);* Jammer doch nicht so! *(Don't complain so much!)*

A. Mal sehen!

Note that from now on this type of exercise will be in the **ihr**-form since it is a group activity where students address students.

1. Wann esst ihr mittags und abends?
2. Wie spät ist es jetzt?
3. Habt ihr Hunger?
4. Habt ihr Durst?
5. Was hättet ihr jetzt gern?
6. Was hat viele Kalorien?
7. Was macht nicht dick?
8. Ihr seid mit Freunden im Restaurant. Was bringt die Bedienung?
9. Der Ober bringt das Essen. Was sagt man, bevor man mit dem Essen beginnt? Was sagt ihr dann?
10. Was sagt ihr, wenn etwas gut schmeckt? nicht schmeckt?

Nach dem Sehen

B. Richtig oder falsch?

_____ 1. Inge, Daniela und Martin sind in einem Biergarten.

_____ 2. Im Biergarten gibt es nur Bier.

_____ 3. Daniela hat einen Bärenhunger und bestellt Spagetti mit Pommes (frites) und Salat.

_____ 4. Martin bestellt Sauerbraten mit Spätzle.

_____ 5. Inge hat keinen Hunger und möchte nur etwas Kleines (essen).

_____ 6. Die Portionen im Restaurant sind alle sehr klein.

_____ 7. Kasimir ist eine Käsespezialität aus der Schweiz.

_____ 8. Palatschinken ist eine Spezialität aus Österreich: Pfannkuchen mit Erdbeermarmelade.

_____ 9. Inge bestellt Palatschinken. Sie glaubt, das ist Schinken.

_____ 10. Sie hat keinen Appetit auf Palatschinken. So gibt ihr *(her)* Daniela die Spagetti.

C. Wenn du mich fragst, . . . Und du?

> Note that from now on this exercise will be in the **du**-form since it is intended as partner work.

1. Ich finde Biergärten und Gartenrestaurants . . .
2. So etwas gibt es hier . . .
3. Wenn ich nur etwas Kleines möchte, bestelle ich . . .
4. Wenn ich einen Bärenhunger habe, bestelle ich . . .
5. Was mir auch gut schmeckt, ist/sind . . .
6. Ich esse aber nicht gern . . .
7. Wenn du mich fragst „Möchtest du Spagetti, Schnitzel oder Palatschinken?", dann nehme ich . . .
8. Dazu *(with it)* bestelle ich mir . . .
9. Als *(as)* Nachspeise bestelle ich mir . . .
10. Inge ist sehr pingelig *(picky)*. Ich . . .

D. Vokabelspiel mit der Speisekarte

Quickly name four to eight items in each of the following categories. Books closed please, and in German.

1. Gerichte *(dishes)* 2. Suppen 3. Salate 4. Getränke 5. Nachspeisen

BLICKPUNKT: Was gibt's zu essen?

Vor dem Sehen

Zum Erkennen: der Honig *(honey);* das Lokal, -e *(restaurant);* preiswert *(inexpensive);* das Gericht, -e *(dish);* die Maultasche, -n *(ravioli-like filled pasta);* verlorene Eier *(pl.) (poached eggs);* der Blattspinat *(leaf spinach);* der Himbeersirup *(raspberry syrup)*

E. Mal sehen!

1. Wann frühstückt ihr?
2. Was esst ihr zum Frühstück?
3. Was trinkt ihr zum Frühstück?
4. Gibt es hier Restaurants mit einer Frühstücksbar? Wenn ja, wo und was gibt's da?
5. Wo kann man hier preiswert essen?
6. Wo kann man gut Fisch / Fleisch essen?
7. Gibt es ein Restaurant für Vegetarier? Wenn ja, wie heißt es?
8. Wie viel kostet es ungefähr, wenn man mittags oder abends im Restaurant isst?
9. Geht ihr oft ins Restaurant? Wenn ja, wann und mit wem?
10. Wer bezahlt?

Nach dem Sehen

F. Ein paar Details

Do you remember any of the dishes, beverages, and desserts the cook mentions or shows in this video?

Gerichte	Getränke	Nachspeisen

G. Was stimmt?

1. Frau Schmiederer arbeitet in . . .
   a. einem Restaurant
   b. einem Café
   c. einer Pension

2. Sie macht . . .
   a. die Betten *(beds)*
   b. das Frühstück
   c. die Wäsche *(laundry)*

3. Sie empfiehlt den Gästen *(guests)* auch . . .
   a. Filme
   b. Theater
   c. Restaurants

4. Mittags und abends essen die Gäste . . .
   a. in Restaurants
   b. in der Pension
   c. im Park

5. Im Video bringt sie uns zur *Markthalle*. Das ist ein Restaurant in . . .
   a. Berlin-Zehlendorf
   b. Berlin-Steglitz
   c. Berlin-Kreuzberg

6. Das Restaurant ist populär, denn . . .
   a. da essen viele Touristen
   b. die Atmosphäre ist gut
   c. es ist teuer

7. Der Chef ist sehr nett und wir sehen, wie er . . . macht.
   a. Bratwurst mit Sauerkraut
   b. Hering mit Zwiebeln
   c. Wiener Schnitzel

8. Auf der Tageskarte haben sie heute . . .
   a. verlorene Eier mit Blattspinat
   b. Gemüsemaultaschen
   c. eine gemischte Fischplatte

9. Die Amerikaner möchten oft . . . , aber das haben sie da nicht.
   a. Mineralwasser
   b. Eiswasser
   c. Wassereis

10. Berliner Weiße ist ein Weißbier mit . . .
   a. Zitronensaft
   b. Cola
   c. Himbeersaft sirup

H. Wenn du mich fragst, . . . Und du?

1. Frau Schmiederer kauft jeden *(every)* Tag alles frisch. So oft gehe ich . . .
2. Im Video sehen wir, wie sie . . . kauft.
3. Sie geht in ein . . . und in eine . . .
4. Wir sehen auch einen Blumenstand, aber Frau Schmiederer . . .
5. Ich kaufe . . . Blumen.
6. Frau Schmiederer geht zu Fuß *(walks)* und hat alles in . . . Ich gehe . . . zu Fuß.
7. Chinesisch (Italienisch usw.) isst man hier gut bei/im/in der . . .
8. Das Essen in der *Markthalle* gefällt . . . Es ist . . .
9. Ich habe jetzt Appetit auf . . . mit . . .

I. Genau gesehen

Let's see how observant you were. Mark all the things from the list that you saw in the video. What wasn't there? Compare your results with one of your classmates' answers.

	Ananas		Erbsen		Nudeln
	Bananen		Kaffee		Orangensaft
	Bohnen		Kartoffeln		Pommes frites
	Brötchen		Käse		Pudding
	Butter		Kuchen		Wurst
	Ei		Marmelade		Würstchen

Es gibt . . . , aber es gibt kein(e/en) . . .

J. Kulturell gesehen

Mention a few things that struck you as being culturally different from your own country in this video. This can be in English.

Name ______________________ Datum ______________________ Kurs ______________________

Zum Schreiben

A. Erweitern Sie Ihren Wortschatz!

By comparing groups of cognates, you can see that differences between English and German cognates developed quite systematically.

For each German word below, give the English cognate and indicate what the systematic difference is. Follow the example.

BEISPIELE klar *clear* *a > ea*
Jahr *year*

1. alt ______________ _____
   kalt ______________
   lang ______________
2. Tee ______________ _____
   See ______________
3. Bier ______________ _____
   Knie ______________
4. Sommer ______________ _____
   Sonne ______________
   Onkel ______________
5. Osten ______________ _____
   Bohne ______________
6. gut ______________ _____
   Buch ______________
   Nudel ______________
7. Suppe ______________ _____
   jung ______________

B. Was isst Alex? Bilden Sie ganze Sätze!

1. Ober / geben / Alex / Speisekarte

   ____

2. Alex / lesen / Speisekarte / und / nehmen / Reis mit Hühnchen

   ____

3. er / essen / auch / etwas Salat / und / trinken / Glas Wein

   ____

4. zum Nachtisch / Ober / empfehlen / Schokoladenpudding

   ____

5. Restaurant / gefallen / Student *(sg.)*

   ____

C. Was ist was? Write the German word for each numbered item in the photo. Include the proper article and the plural form.

1. ______________________
2. ______________________
3. ______________________
4. ______________________
5. ______________________
6. ______________________
7. ______________________
8. ______________________

D. Tom studiert in Heidelberg: Was fehlt? Write each word or phrase from the box in the blanks to complete the sentences.

aus	das	eine Tasse	zur	nach
			nach	
bei	ein Glas	frühstückt	kalt	um
				zum

Tom ist Amerikaner. Er kommt ______________ (1) Milwaukee. Er wohnt jetzt in Heidelberg ______________ (2) Familie Schneider. Da ______________ (3) er und ist auch dort zum Abendessen. ______________ (4) Frühstück gibt es Jogurt oder Ei, Brot, Butter, Wurst oder Marmelade und Kaffee. ______________ (5) dem Frühstück geht Tom zur Universität. Mittags geht er ______________ (6) Mensa. Da ist ______________ (7) Mittagessen nicht teuer. ______________ (8) fünf oder halb sechs geht er ______________ (9) Hause. Das Abendessen ist ______________ (10). Herr Schneider trinkt gern ______________ (11) Wein, aber Frau Schneider trinkt ______________ (12) Tee. Tom trinkt Milch, wie *(like)* die Kinder.

E. Dialog: Frühstück oder Brunch? Some friends from the Goethe Institute are planning to have brunch at the *Marché Mövenpick* on Sunday morning. Your friend Tom calls you and wonders if you'd like to join them. Look at the illustration, read what Tom says, and then write your responses to him to complete the dialog.

TOM Hallo, wie geht's?

SIE ______________________________

TOM Ein paar Freunde und ich gehen am Sonntag zum Brunch. Kommst du auch?

SIE ______________________________

TOM (Zum) Marché Mövenpick.

SIE ______________________________

TOM Am Kurfürstendamm 14–15. Das Brunch ist wirklich gut und du kannst richtig schlemmen *(you can have a feast).*

SIE ____

TOM Sie haben auch Omelett oder Waffeln mit Erdbeeren und Schlagsahne. Der Orangensaft ist frisch und der Kaffee kostet nichts extra. Was isst du gern zum Brunch?

SIE ____

TOM Hmm. Am Sonntag gibt es auch Live-Musik.

SIE ____

TOM Jazz.

SIE ____

TOM 15,50 Euro pro Person.

SIE ____

TOM Von zehn bis zwei. Wir kommen so um elf.

SIE ____

TOM Also dann, bis Sonntag!

SIE ____

F. Aufsatz: Essgewohnheiten Describe two of the following people in four to five sentences each.

1. Oskar, who is on a diet
2. Petra, who is a vegetarian
3. Nicole, who loves junk food
4. Irene, who thinks well-balanced meals and good nutrition are very important

BEISPIEL Andreas, who doesn't care about calories

Andreas hat immer Hunger. Zum Frühstück isst er Cornflakes, Brötchen mit Butter und Marmelade und trinkt ein Glas Milch. Mittags isst er Fleisch, Gemüse und Kartoffeln, und zum Nachtisch Kuchen oder Eis. Nachmittags trinkt er Cola und isst Chips und abends isst er Butterbrot mit Wurst oder Käse und etwas Obst.

Rückblick: Kapitel 1–3

The review sections give a periodic summary of material that has been introduced in the preceding chapters. They are intended for reference and as a preparation for quizzes, tests, and finals.

I. Verbs

1. Forms: PRESENT TENSE

a. Most verbs inflect like **danken:**

singular	plural
ich dank**e**	wir dank**en**
du dank**st**	ihr dank**t**
er dank**t**	sie dank**en**

b. Verbs whose stem ends in **-d, -t,** or certain consonant combinations inflect like **antworten,** e.g., arbeiten, bedeuten, finden, kosten, öffnen, regnen.

singular	plural
ich antworte	wir antworten
du antwortest	ihr antwortet
er antwortet	sie antworten

c. Some verbs have vowel changes in the second and third person singular, e.g., essen, geben, helfen, nehmen, werden; empfehlen, lesen; gefallen, tragen.

	e → i sprechen	e → ie sehen	a → ä fahren	au → äu laufen
ich	spreche	sehe	fahre	laufe
du	**sprichst**	**siehst**	**fährst**	**läufst**
er	**spricht**	**sieht**	**fährt**	**läuft**

d. Some verbs are irregular in form:

	haben	sein	werden	essen	nehmen
ich	habe	**bin**	werde	esse	nehme
du	**hast**	**bist**	**wirst**	**isst**	**nimmst**
er	**hat**	**ist**	**wird**	**isst**	**nimmt**
wir	haben	**sind**	werden	essen	nehmen
ihr	habt	**seid**	werdet	esst	nehmt
sie	haben	**sind**	werden	essen	nehmen

2. Usage

a. German has only one verb to express what English says with several forms:

Er **antwortet** meinem Vater. { *He **answers** my father.* / *He **is answering** my father.* / *He **does answer** my father.* }

b. The present tense occasionally expresses future time.

Im Mai **fährt** sie nach Aachen. { *She **is going** to Aachen in May.* / *She **will be going** to Aachen in May.* }

II. Nouns and pronouns

1. You have learned three of the four German cases.
   a. The NOMINATIVE is the case of the subject:

      Da kommt **der Ober. Er** bringt das Essen.

      It is also used for PREDICATE NOUNS following the linking verbs **heißen, sein,** and **werden.**

      Der Herr **heißt** Oskar Meyer.
      Er **ist** Wiener.
      Er **wird** Vater.

   b. The ACCUSATIVE is the case of the direct object:

      Wir fragen **den Freund.**

      It follows these prepositions: durch, für, gegen, ohne, um

   c. The DATIVE is the case of the indirect object:

      Rotkäppchen bringt **der Großmutter** den Wein.

      It follows these prepositions: aus, außer, bei, mit, nach, seit, von, zu

      It also follows these verbs: antworten, danken, gefallen, gehören, glauben, helfen, schmecken

      Nouns in the dative plural have an **-n** ending unless the plural ends in **-s:**

      die Freunde/den Freunde**n** BUT die Kulis/den Kulis

   d. N-nouns

      Some masculine nouns have an **-n** or **-en** ending in all cases (singular and plural) except in the nominative singular:

      der Franzose, **-n, -n** der Mensch, **-en, -en**
      der Herr, **-n, -en** der Nachbar, **-n, -n**
      der Junge, **-n, -n** der Student, **-en, -en**

      Der Junge fragt den Nachbar**n.** Der Nachbar antwortet dem Junge**n.**

2. These are the case forms of the DEFINITE and INDEFINITE ARTICLES:

	SINGULAR masc	neut	fem	PLURAL
nom.	der ein kein	das ein kein	die eine keine	die – keine
acc.	den einen keinen	das ein kein	die eine keine	die – keine
dat.	dem einem keinem	dem einem keinem	der einer keiner	den – keinen

Mein, dein, and **Ihr** follow the pattern of **ein** and **kein.**

3. These are the case forms of the INTERROGATIVE PRONOUNS:

	persons	things and ideas
nom.	wer?	was?
acc.	wen?	was?
dat.	wem?	—

III. Sentence structure

1. Verb position

a. In a German statement, the verb must be the second GRAMMATICAL ELEMENT. The element before the verb is not necessarily the subject.

1	2	
Ich	**sehe**	meinen Vater morgen.
Morgen	**sehe**	ich meinen Vater.
Meinen Vater	**sehe**	ich morgen.

b. A verb phrase consists of an INFLECTED VERB and a COMPLEMENT that completes its meaning. Such complements include predicate nouns, predicate adjectives, some accusatives, and other verbs. When the verb phrase consists of more than one part, the inflected part (V1) is the second element in a statement, and the other part (V2) stands at the very end of the sentence.

Das **ist** **meine Schwester.**
Du **bist** **prima.**
Er **spielt** sehr gut **Tennis.**
Jetzt **gehen** wir schnell **essen.**
V1 V2

2. Negation

a. nicht + (ein) = kein

Möchten Sie **ein** Eis?	Nein, ich möchte **kein** Eis.
Möchten Sie Erdbeeren?	Nein, ich möchte **keine** Erdbeeren.

b. 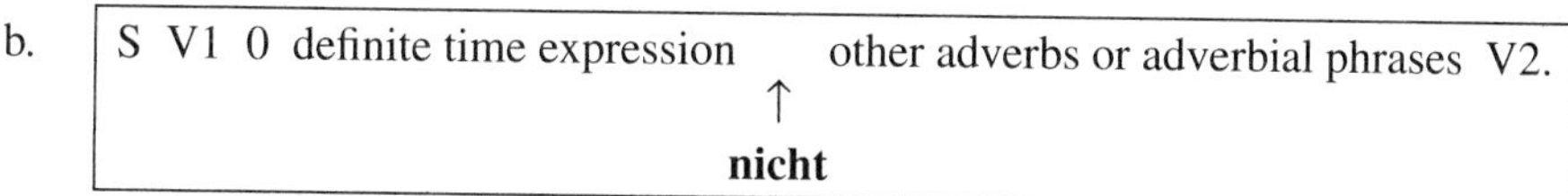

Wir spielen heute **nicht** mit den Kindern Tennis.

3. Clauses

Coordinate clauses are introduced by COORDINATING CONJUNCTIONS:

aber, denn, oder, und

Coordinating conjunctions do not affect the original word order of the two sentences.

Ich bezahle den Kaffee **und** du bezahlst das Eis.

Name ______________________ Datum ______________________ Kurs ______________________

Answers to all exercises in this section are given in the Answer Key in the back of this *Arbeitsbuch*.

WORTSCHATZWIEDERHOLUNG

A. Nennen Sie das Gegenteil! *(Name the opposite!)*

1. kaufen ____________
2. fragen ____________
3. kommen ____________
4. nördlich ____________
5. im Westen ____________
6. offen ____________
7. alles ____________
8. billig ____________
9. dick ____________
10. groß ____________
11. schnell ____________
12. toll ____________

B. Nennen Sie den Artikel!

1. _____ Buttermilch
2. _____ Bananeneis
3. _____ Kartoffelsalat
4. _____ Salatkartoffel
5. _____ Lebensmittelrechnung
6. _____ Limonadenflasche
7. _____ Marmeladenbrot
8. _____ Obstkuchen
9. _____ Zitronenpudding

C. Was fehlt?

1. Vater, Mutter und Kinder sind zusammen eine ____________.
2. In Deutschland isst man Brot mit Wurst, Käse oder Fisch zum ____________.
3. Für Suppe, Pudding oder Eis braucht man einen ____________.
4. Orangen, Bananen, Erdbeeren und Äpfel sind ____________.
5. Erbsen, Karotten und Bohnen sind ____________.
6. Der Vater von meiner Mutter ist mein ____________, aber der Bruder von meiner Mutter ist mein ____________.
7. Zum Schreiben braucht man einen ____________ oder einen ____________ und ein Stück ____________.
8. Im Winter braucht man einen ____________ oder eine ____________.
9. Hier essen die Studenten: ____________.
10. Hier essen die Leute Kuchen und trinken Kaffee oder Tee: ____________.
11. Hier kauft man Röcke und Blusen, Jacken und Hosen, auch Schuhe: ____________.

STRUKTURWIEDERHOLUNG

D. Verben Variieren Sie die Sätze auf Deutsch!

1. **Ich trinke Saft.**
   We drink juice. Do you **(ihr)** *drink juice? She doesn't drink juice.*

   ____

   ____

2. **Sie antwortet den Leuten.**
I'm answering the people. They answer the people. Does she answer the people? Answer (formal) *the people. Don't* (formal) *answer the people. Why aren't you* **(ihr)** *answering the people?*

3. **Er fährt nach Stuttgart.**
They're driving to Stuttgart. Why is she driving to Stuttgart? I'm not going to drive to Stuttgart. Are you **(ihr)** *driving to Stuttgart? Drive* (formal) *to Stuttgart. Don't* (formal) *drive to Stuttgart.*

4. **Wir essen Fisch.**
Who's eating fish? Are you **(ihr)** *eating fish? They don't eat fish. Eat* (formal) *fish.*

5. **Sie werden müde.**
I'm getting tired. She's not getting tired. Don't (formal) *get tired. Who's getting tired? We're getting tired, too.*

6. **Er hat Hunger.**
I'm hungry. Are you **(ihr)** *hungry? Who's hungry? They're hungry. They're not hungry. We're hungry.*

7. **Sie ist sehr groß.**
You're **(ihr)** *very tall. They're not very tall. I'm very tall. Isn't he tall?*

E. Nominativ, Akkusativ und Dativ Variieren Sie die Sätze auf Deutsch!

1. **Herr Díaz ist Spanier.**
Mr. Schmidt is (an) Austrian. No, he's from Switzerland. Is Ms. Bayer an Austrian? She's not an Austrian either. (She's also not an Austrian.) They say Ms. Klein is an American. Joe is an American, too.

2. **Hier gibt es einen Supermarkt.**
There's a river here (a restaurant, no cafeteria, no lake). There are mountains here (bakeries, lakes, no stores, no cafés).

____

____

3. **Das Geschäft gehört den Großeltern.**
Who does the store belong to? (To whom does the store belong?) What belongs to the grandfather? She says it doesn't belong to the brother. It doesn't belong to the aunt.

____

____

____

____

4. **Der Herr bringt der Freundin Blumen.**
What is he bringing to the girlfriend? Who's he bringing flowers to? (To whom is he bringing flowers?) Who's bringing flowers? Why is he bringing flowers? Isn't he bringing flowers to the girlfriend? They're bringing the children some cookies. Is she bringing the friends a bottle of wine? He's bringing the neighbors apples. I'm bringing the sisters some books.

____

____

____

____

____

F. Präpositionen Kombinieren Sie die Präpositionen mit den Wörtern!

BEISPIEL durch / Land
durch das Land

durch: _____ Stadt, _____ Kaufhaus, _____ Supermarkt

für: _____ Kuchen, _____ Vater, _____ Junge_____ *(sg.)*, _____ Eltern, _____ Familie

gegen: _____ Leute, _____ Restaurant, _____ Bedienung, _____ Ober, _____ Mensch_____ *(pl.)*

ohne: _____ Essen, _____ Speisekarte, _____ Pudding, _____ Herr _____ *(sg.)*, _____ Geschwister

um: _____ Geschäft, _____ Markt, _____ Mensa, _____ Tisch

aus: _____ Flasche, _____ Gläser_____, _____ Supermarkt, _____ Bäckerei, _____ Café

außer: _____ Bruder, _____ Eltern, _____ Schwester, _____ Leute_____, _____ Student_____ *(sg.)*

bei: _____ Supermarkt, _____ Apotheke, _____ Nachbar_____ *(sg.)*, _____ Familie

mit: _____ Herr_____ *(sg.)*, _____ Freundin, _____ Löffel, _____ Messer, _____ Gabel

nach: _____ Frühstück, _____ Mittagessen, _____ Vorlesung, _____ Kaffee

seit: _____ Abendessen, _____ Frühling, _____ Zeit

von: _____ Ober, _____ Tante, _____ Kinder_____, _____ Mutter, _____ Studentin

zu: _____ Restaurant, _____ Mensa, _____ Markt, _____ Apotheke

G. Beantworten Sie alle Fragen mit *kein* oder *nicht!*

1. Gibt es heute Schokoladenpudding? ____________________
2. Hilft der Junge dem Vater? ____________________
3. Sehen Sie den Ober? ____________________
4. Haben Sie ein Messer? ____________________
5. Brauchen wir heute Milch? ____________________
6. Geht ihr nach Hause? ____________________
7. Haben Sie Rindsrouladen? ____________________
8. Trinkt er Kaffee? ____________________
9. Isst sie gern Eis? ____________________
10. Ist Max dein Freund? ____________________
11. Hast du Durst? ____________________
12. Ist es heute sehr kalt? ____________________

H. Was fehlt?

1. Heute geht Frau Müller ____________ (*from the*) Drogerie ____________ (*to the*) Bäckerei und ____________ (*to the*) Supermarkt. 2. Dann geht sie ____________ (*to the*) Markt. 3. Da kauft sie Blumen ____________ (*for the*) Großmutter, denn sie hat Geburtstag *(birthday)*. 4. Frau Müller braucht auch ein paar Flaschen Wein, denn Freunde ____________ (*from*) Wien kommen. 5. Dann geht sie wieder ____________ (*to*) Hause und macht das Mittagessen ____________ (*for the*) Familie: ____________ (*for the*) Vater und ____________ (*for the*) Kinder. 6. ____________ (*at*) eins sind alle ____________ (*at*) Hause. 7. ____________ (*for the*) Mittagessen gibt es heute Schnitzel, Kartoffelsalat und Bohnen. 8. ____________ (*after the*) Mittagessen machen die Kinder Hausaufgaben. 9. ____________ (*at*) halb fünf geht Frau Müller ____________ (*with the*) Kindern ____________ (*to the*) Großmutter. 10. ____________ (*at the*) Großeltern feiern *(celebrate)* sie ____________ (*with*) Kaffee und Kuchen. 11. ____________ (*after the*) Kaffee gehen Müllers ____________ (*through the*) Stadt ____________ (*to*) Hause. 12. Die Kinder essen abends ____________ (*without the*) Eltern, denn sie gehen früh *(early)* schlafen. 13. Die Eltern lesen und sprechen noch etwas ____________ (*after the*) Abendessen, aber nicht lange, denn sie sind schon *(already)* ____________ (*since*) halb sieben auf. 14. ____________ (*at*) zehn gehen sie auch schlafen.

I. Was ist richtig?

1. _____ gehört die Apotheke?
   a. Wer b. Was c. Wen d. Wem
2. Dieser Herr ist _____ Amerikaner.
   a. — b. ein c. einen d. einem
3. Wie gefällt Ihnen _____?
   a. der See b. den See c. dem See d. die Seen
4. _____ ihr noch nicht fertig?
   a. Sein b. Seid c. Sind d. Bist
5. _____ du die Landkarte?
   a. Hat b. Habt c. Hast d. Habe
6. Ist das Buch für _____ Vater?
   a. Ihr b. Ihren c. Ihrem d. Ihre
7. Mein Cousin _____ morgen nach Berlin.
   a. fahre b. fährst c. fährt d. fahrt
8. Außer _____ Studentin sind alle hier.
   a. der b. die c. dem d. den
9. _____ ihr auch Hunger?
   a. Hast b. Hat c. Habt d. Habe
10. _____ du gern Äpfel?
    a. Esse b. Isst c. Esst d. Ist
11. Die Uhr ist von _____ Großeltern.
    a. mein b. meine c. meinem d. meinen
12. Rotkäppchen bringt _____ Großmutter _____ Kuchen.
    a. die / dem b. der / den c. der / dem d. die / den
13. Der Kellner empfiehlt _____ Herrn _____ Fisch.
    a. dem / den b. den / dem c. der / dem d. die / den
14. Hier gibt es _____ Supermarkt.
    a. kein b. keinem c. keine d. keinen
15. Ich gehe jetzt zu _____ Freundin.
    a. meine b. meinem c. mein d. meiner
16. Das Kind wohnt _____ seiner Tante.
    a. mit b. ohne c. zu d. bei
17. Geht ihr noch nicht _____ Hause?
    a. — b. nach c. zu
18. _____ die Kusine nicht Englisch?
    a. Sprecht b. Spricht c. Spreche d. Sprechen
19. Ich nehme Käsekuchen. Was _____ du?
    a. nehmt b. nehme c. nimmt d. nimmst
20. Außer _____ Bruder essen alle Suppe.
    a. mein b. meiner c. meinen d. meinem

J. Auf Deutsch bitte!

1. *Mr. and Mrs. Schmidt are coming for dinner.*

2. *Axel and I are helping at home.*

3. *He's carrying the plates and I'm carrying the knives and forks.*

4. *What's for dessert, pudding or ice cream?*

5. *I have no pudding and no ice cream.*

6. *But I would like something for dessert!*

7. *They don't like to eat dessert.*

8. *My goodness, they are already here!*

Kapitel 4 Feiertage und Feste

Zum Hören

GESPRÄCHE

CD 4, Track 1

A. Am Telefon Hören Sie zu und wiederholen Sie!

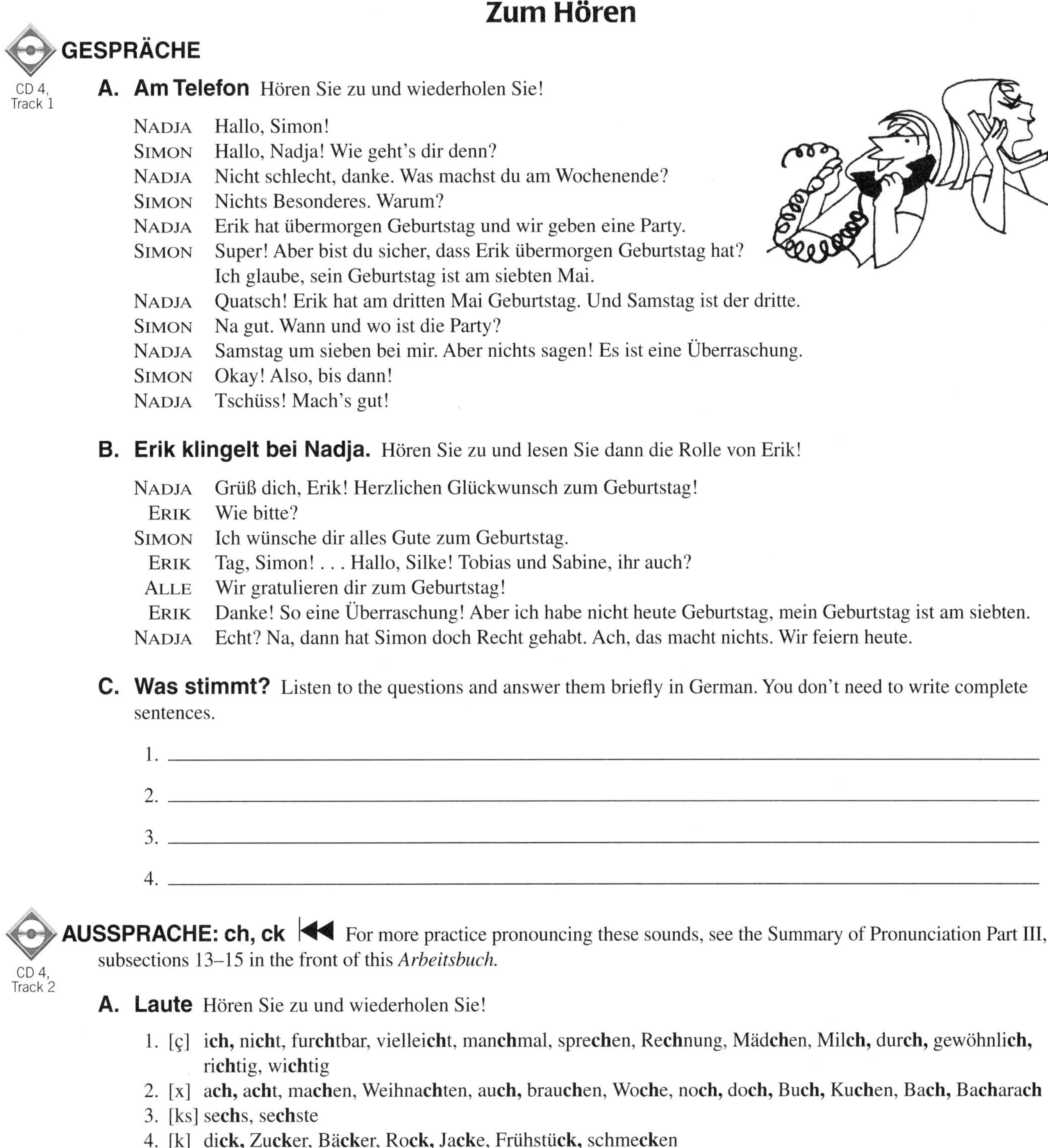

NADJA Hallo, Simon!
SIMON Hallo, Nadja! Wie geht's dir denn?
NADJA Nicht schlecht, danke. Was machst du am Wochenende?
SIMON Nichts Besonderes. Warum?
NADJA Erik hat übermorgen Geburtstag und wir geben eine Party.
SIMON Super! Aber bist du sicher, dass Erik übermorgen Geburtstag hat? Ich glaube, sein Geburtstag ist am siebten Mai.
NADJA Quatsch! Erik hat am dritten Mai Geburtstag. Und Samstag ist der dritte.
SIMON Na gut. Wann und wo ist die Party?
NADJA Samstag um sieben bei mir. Aber nichts sagen! Es ist eine Überraschung.
SIMON Okay! Also, bis dann!
NADJA Tschüss! Mach's gut!

B. Erik klingelt bei Nadja. Hören Sie zu und lesen Sie dann die Rolle von Erik!

NADJA Grüß dich, Erik! Herzlichen Glückwunsch zum Geburtstag!
ERIK Wie bitte?
SIMON Ich wünsche dir alles Gute zum Geburtstag.
ERIK Tag, Simon! . . . Hallo, Silke! Tobias und Sabine, ihr auch?
ALLE Wir gratulieren dir zum Geburtstag!
ERIK Danke! So eine Überraschung! Aber ich habe nicht heute Geburtstag, mein Geburtstag ist am siebten.
NADJA Echt? Na, dann hat Simon doch Recht gehabt. Ach, das macht nichts. Wir feiern heute.

C. Was stimmt? Listen to the questions and answer them briefly in German. You don't need to write complete sentences.

1. ______________________________
2. ______________________________
3. ______________________________
4. ______________________________

AUSSPRACHE: ch, ck

CD 4, Track 2

For more practice pronouncing these sounds, see the Summary of Pronunciation Part III, subsections 13–15 in the front of this *Arbeitsbuch.*

A. Laute Hören Sie zu und wiederholen Sie!

1. [ç] **ich,** n**ich**t, fur**ch**tbar, viellei**ch**t, man**ch**mal, spre**ch**en, Re**ch**nung, Mäd**ch**en, Mil**ch,** dur**ch,** gewöhnli**ch,** ri**ch**tig, wi**ch**tig
2. [x] **ach,** a**ch**t, ma**ch**en, Weihna**ch**ten, au**ch,** brau**ch**en, Wo**ch**e, no**ch,** do**ch,** Bu**ch,** Ku**ch**en, Ba**ch,** Ba**ch**ara**ch**
3. [ks] se**chs,** se**ch**ste
4. [k] di**ck,** Zu**ck**er, Bä**ck**er, Ro**ck,** Ja**ck**e, Frühstü**ck,** schme**ck**en

B. Wortpaare Hören Sie zu und wiederholen Sie!

1. mich / misch
2. Kirche / Kirsche
3. nickt / nicht
4. lochen / locken
5. Nacht / nackt
6. möchte / mochte

Was hören Sie jetzt? ....

STRUKTUR

CD 4, Track 3

Ordinals

A. Daten Lesen Sie die folgenden Daten laut!

1.11.
der erste November

1. 11.   12. 4.   31. 12.   12. 7.   22. 3.   18. 5.   11. 11.   1. 8.   30. 1.

4.1 The present perfect with *haben*

B. Essen und Einkaufen Ersetzen Sie das Subjekt!

1. Ich habe Obst gekauft. (wir)
   Wir haben Obst gekauft.
   ....
2. Hat sie schon gegessen? (ihr)
   Habt ihr schon gegessen?
   ....

C. Kevin und Vera Ersetzen Sie das Verb!

1. Ich habe Kevin ein Buch gekauft. (geben)
   Ich habe Kevin ein Buch gegeben.
   ....
2. Wir haben Vera nicht gesehen. (finden)
   Wir haben Vera nicht gefunden.
   ....

D. Was haben Sie am Wochenende gemacht? Bilden Sie Sätze!

eine Party geben
Ich habe eine Party gegeben.
....

4.2 The present perfect with *sein*

E. Nach Hause Ersetzen Sie das Subjekt!

Sie ist nach Hause gegangen. (wir)
Wir sind nach Hause gegangen.
....

F. Jetzt und früher Sagen Sie es im Perfekt!

Sie laufen um den See.
Sie sind um den See gelaufen.
....

4.3 Subordinating conjunctions

G. Fragen Beginnen Sie mit **Er fragt, . . . !**

Wie viel Uhr ist es?
Er fragt, wie viel Uhr es ist.
....

H. Briefe Beginnen Sie mit **Sie schreibt, dass . . . !**

Erik hat Geburtstag gehabt.
Sie schreibt, dass Erik Geburtstag gehabt hat.
....

EINBLICKE

CD 4, Track 4

Deutsche Feste

....

VERSTEHEN SIE?

CD 4, Track 5

Der Geburtstag

....

Richtig oder falsch?

1. richtig falsch
2. richtig falsch
3. richtig falsch
4. richtig falsch
5. richtig falsch

NOT PART OF THE ↓

Video-aktiv

MINIDRAMA: Das hat es bei uns nicht gegeben.

Vor dem Sehen

Zum Erkennen: die Omi, -s *(grandma);* Strohsterne basteln *(to make straw stars);* die Schachtel, -n *(box);* der Glühwein *(mulled wine);* der Karpfen, - *(carp);* die Gans, ¨-e *(goose)*

A. Mal sehen!

1. Wann ist Weihnachten oder Hannukah?
2. Gibt es da bei euch *(at your house)* Geschenke?
3. Was habt ihr letztes *(last)* Jahr zu Weihnachten / Hannukah bekommen?
4. Habt ihr gewöhnlich einen Weihnachtsbaum?
5. Wann beginnen die Geschäfte mit Weihnachtsmusik?
6. Von wann bis wann sieht man Weihnachtsbäume in den Geschäften?
7. Ist für euch *(you)* Weihnachten / Hannukah ein Familienfest?
8. Wie sagt man „Merry Christmas" auf Deutsch?
9. Was sagt man zu Silvester?
10. Was sagt man, wenn jemand Geburtstag hat?

Nach dem Sehen

B. Richtig oder falsch?

F 1. Familie Winter dekoriert den Weihnachtsbaum, denn es ist der 1. Advent.

R 2. Martin hilft nicht, weil er am Computer arbeitet.

R 3. Die Eltern sagen, dass sie Weihnachten immer zu Hause gefeiert haben.

R 4. Die Oma hat immer viele Plätzchen gebacken.

F 5. Herr Winter hat keinen Karpfen bekommen, so hat er einen Truthahn gekauft. Gans

R 6. Die Kinder möchten nicht zur Oma gehen, weil sie Pläne haben.

F 7. Daniela möchte einkaufen gehen. Kino

F 8. Martin möchte in die Bibliothek.

R 9. Frau Winter findet das nicht so toll.

F 10. Sie möchte nach Mallorca fliegen. 1976 dort gewesen

C. Wenn du mich fragst, . . . Und du?

1. Ich finde Weihnachten / Hannukah . . .
2. Wir feiern Weihnachten / Hannukah gewöhnlich . . .
3. Zum Essen gibt es gewöhnlich . . .
4. Ich möchte zu Weihnachten / Hannukah gern . . .
5. Das geht . . . , weil . . .

D. Ferien und Feiertage

1. Welche Ferien und Feiertage gibt es in Deutschland?
2. Welche Ferien und Feiertage gibt es hier?
3. Was tun die Leute hier in den Ferien? Wohin fahren sie vielleicht?

Name ____________ Datum ____________ Kurs ____________

Zum Schreiben

A. Erweitern Sie Ihren Wortschatz!

German and English cognates have several very regular patterns of correspondence.

Give the German equivalents of the English words in each group and determine the particular consonant relationship as shown.

BEISPIEL *have*
haben v → b

1. *book* ____________ ____
   cake ____________
   milk ____________
   to make ____________
2. *thick* ____________ ____
   thin ____________
   brother ____________
   to thank ____________
3. *pound* ____________ ____
   pepper ____________
   penny ____________
   apple ____________
4. *water* ____________ ____
   hot ____________
   white ____________
   great ____________
5. *two* ____________ ____
   ten ____________
   time ____________
   salt ____________
6. *right* ____________ ____
   neighbor ____________
   eight ____________
   daughter ____________
7. *good* ____________ ____
   loud ____________
   cold ____________
   door ____________

B. Was fehlt? Fill in the blanks with forms of the present perfect.

Am Samstag ____________ mein Vater Geburtstag ____________ (*haben*) (1). Er ____________ fünfundfünfzig ____________ (*werden*) (2). Meine Großeltern, Onkel, Tanten, Cousins und Kusinen ____________ hier ____________ (*sein*) (3). Auch ein paar Freunde ____ ____________ (*kommen*) (4). Alle ______ meinem Vater ____________ (*gratulieren*) (5). Er ____ viele Geschenke ____________ (*bekommen*) (6). Wir ____ meinem Vater ein paar Flaschen Wein und eine DVD ____________ (*schenken*) (7). Wir ____ Kaffee ____________ (*trinken*) (8) und Kuchen ____________ (*essen*) (9). Meine Großeltern ____ zum Abendessen ____________ (*bleiben*) (10). Mutter ____ eine Flasche Sekt ____________ (*öffnen*) (11). Wir ____ ____________ (*singen*) (12) und auch etwas ____________ (*tanzen*) (13). Die Party ____ meinem Vater Spaß ____________ (*machen*) (14).

C. Pläne Bilden Sie Sätze!

1. Harald / sagen // dass / er / fahren / nach Hause / zu Weihnachten

____

2. ich / gehen / zu / Supermarkt // bevor / ich / komme / nach Hause

____

3. kommen / ihr // wenn / Katharina / haben / Geburtstag?

____

4. obwohl / Restaurant / sein / sehr / gut // es / nicht / sein / teuer

____

5. wenn / du / sein / fertig // wir / spielen / Tennis

____

6. sie *(sg.)* / fragen // ob / er / sprechen / Deutsch *(second clause present perfect)*

____

7. weil / wir / sein / müde // wir / nicht / tanzen *(both clauses present perfect)*

____

D. Nacht der 1000 Feuer *(Night of the 1000 fires)* Fill in the blanks with the words from the box.

Touristen	Wein	nach	Feuerwerk	beginnt	Leute
Weinmarkt	Oberwesel	nach	vierzig	bleiben	

Nacht der 1000 Feuer

Einmal am Rhein . . .
. . . und dann zur **Nacht der 1000 Feuer** in Oberwesel sein!

Großer Schiffskorso zum Großfeuerwerk am Samstag, dem **16.** September, mit über 40 Sonderschiffen.

Gleichzeitig traditioneller Weinmarkt Oberwesel auf dem historischen Marktplatz von Freitag, 15. bis Montag, 18. September sowie am Samstag, 23. September.

Informationen und Programme bei:
Tourist-Information Oberwesel,
Tel. 0 67 44/15 21, Fax 0 67 44/15 40

1. Mitte *(in the middle of)* September ist bei ______________ der Rhein in Flammen. 2. Da gibt es ein ______________. 3. Zu dem Fest kommen über *(over)* ______________ Sonderschiffe. 4. Das Feuerwerk ______________, wenn es dunkel wird. 5. Dann fährt der Schiffskorso *(convoy)* langsam auf dem Rhein entlang. 6. Für die ______________ auf den Schiffen ist das wunderschön, denn die Burgen *(castles)* am Rhein sind dann wie in Flammen. 7. Zu der Zeit ist dort auch ______________. 8. Nach dem Schiffskorso gehen viele noch etwas ______________ trinken und tanzen. 9. Oft ______________ sie dann in einem Hotel oder sie fahren mit dem Zug *(train)* ______________ Hause.

E. Christkindlmarkt Look at the photo in the *Fokus* section on "The Christmas Season" in your textbook. Then complete the statements.

1. Das Bild zeigt den Christkindlmarkt in ____.
   a. Leipzig b. Nürnberg c. Hamburg

2. Es ist ____.
   a. Morgen b. Mittag c. Abend

3. Auf dem Bild ____ es Hunderte von Buden und die Atmosphäre ist prima.
   a. geben b. gibt c. gebt

4. Die Leute verkaufen Weihnachtsdekorationen, Spielzeug und Lebkuchen, aber das ____ man hier nicht.
   a. sehen b. seht c. sieht

5. Wir sehen auch zwei Kirchen *(churches)*. Die eine Kirche ____ St. Sebaldus.
   a. heißen b. heiße c. heißt

6. Der Christkindlmarkt ____ gewöhnlich vier Wochen, vom 1. Advent bis Weihnachten.
   a. dauert b. feiert c. arbeitet

7. Über *(over)* zwei Millionen ____ kommen dann zu diesem Markt.
   a. Freunde b. Leute c. Nachbarn

F. Kreuzworträtsel Ergänzen Sie das Kreuzworträtsel auf Deutsch!

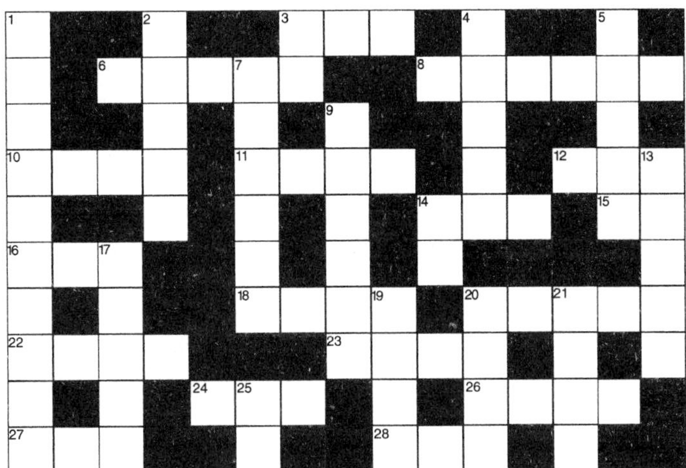

VERTIKAL

1. *understood*
2. *candle*
3. *pronoun for holiday*
4. *done*
5. *celebrations*
7. *although*
9. *sure*
13. *(the) first*
14. *around*
17. *sun*
19. *there*
20. *when?*
21. *skirt*
25. *whether*

HORIZONTAL

3. *ice cream*
6. *before*
8. *vacation*
10. *sentence*
11. *because*
12. *girl's name*
14. *and*
15. *pronoun for birthday*
16. *out of*
18. *song*
20. *you* (sg. fam.) *are becoming*
22. *because*
23. *pink*
24. *ago*
26. *still*
27. *never*
28. *to do*

G. Wann sagt man das? On a separate sheet, describe situations in which these expressions are appropriate responses.

BEISPIEL Ich gratuliere Ihnen!
Meine Musiklehrerin hat einen Musikpreis bekommen.

1. Gute Besserung!
2. Das ist nett von dir!
3. Das gibt's doch nicht!
4. Vielen Dank!
5. Herzlichen Glückwunsch!
6. Schönes Wochenende!
7. Bis später!
8. Viel Glück!
9. So eine Überraschung!
10. Bitte, bitte! Nichts zu danken!

H. Eine Postkarte: Grüße von. . . Write short note to your family or friends telling how you are and how you spent your weekend.

BEISPIEL Am Wochenende bin ich einkaufen gegangen . . .

Kapitel 5 In der Stadt

Zum Hören

GESPRÄCHE

CD 4, Track 6

A. Entschuldigen Sie! Wo ist . . . ? Hören Sie zu und wiederholen Sie!

TOURIST Entschuldigen Sie! Können Sie mir sagen, wo das Hotel Sacher ist?
WIENER Erste Straße links hinter der Staatsoper.
TOURIST Und wie komme ich von da zum Stephansdom?
WIENER Geradeaus, die Kärntner Straße entlang.
TOURIST Wie weit ist es zum Dom?
WIENER Nicht weit. Sie können zu Fuß gehen.
TOURIST Danke!
WIENER Bitte schön!

B. Da drüben! Hören Sie zu und lesen Sie dann die Rolle des Touristen!

TOURIST Entschuldigung! Wo ist das Burgtheater?
HERR Es tut mir Leid. Ich bin nicht aus Wien.
TOURIST Verzeihung! Ist das das Burgtheater?
DAME Nein, das ist nicht das Burgtheater, sondern die Staatsoper. Fahren Sie mit der Straßenbahn zum Rathaus! Gegenüber vom Rathaus ist das Burgtheater.
TOURIST Und wo hält die Straßenbahn?
DAME Da drüben links.
TOURIST Vielen Dank!
DAME Bitte sehr!

C. Was stimmt? Sie hören drei Fragen. Antworten Sie sie kurz *(briefly)* auf Deutsch!

1. ______________________________
2. ______________________________
3. ______________________________

AUSSPRACHE: ö

For more practice pronouncing these sounds, see the Summary of Pronunciation Part II, subsections 29–36 in the front of this *Arbeitsbuch*.

CD 4, Track 7

A. Laute Hören Sie zu und wiederholen Sie!

1. [ö:] **Ö**sterreich, Br**ö**tchen, G**oe**the, sch**ö**n, gew**öh**nlich, franz**ö**sisch, h**ö**ren
2. [ö] **ö**ffnen, **ö**stlich, k**ö**nnen, L**ö**ffel, zw**ö**lf, n**ö**rdlich, m**ö**chten

B. Wortpaare Hören Sie zu und wiederholen Sie!

1. kennen / können
2. Sehne / Söhne
3. große / Größe
4. schon / schön
5. Sühne / Söhne
6. Höhle / Hölle

Was hören Sie jetzt? ....

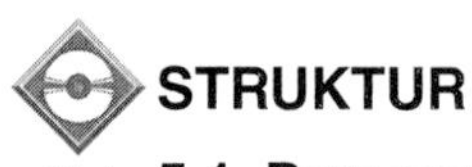

STRUKTUR

CD 4, Track 8

5.1 Personal pronouns

A. *Er, sie* oder *es* Ersetzen Sie das Subjekt mit einem Pronomen!

Da kommt Ihr Onkel.
Da kommt er.

....

B. Ja, das stimmt! Antworten Sie mit **ja** und ersetzen Sie das Objekt!

1. Fragt ihr den Großvater?
   Ja, wir fragen ihn.
   ....
2. Gehört es dem Touristen?
   Ja, es gehört ihm.
   ....
3. Ist das für Heidi?
   Ja, das ist für sie.
   ....
4. Fährst du mit den Touristen?
   Ja, ich fahre mit ihnen.
   ....

5.2 Modal auxiliary verbs

C. Müssen, können, wollen, mögen. Ersetzen Sie das Subjekt!

1. Wir müssen einen Stadtplan kaufen. (du)
   Du musst einen Stadtplan kaufen.
   ....
2. Sie können zu Fuß gehen. (man)
   Man kann zu Fuß gehen.
   ....
3. Ich will lange schlafen. (Erika)
   Erika will lange schlafen.
   ....
4. Ich möchte ihm glauben. (wir)
   Wir möchten ihm glauben.
   ....

5.3 Personal pronouns and modal auxiliaries

D. Wer bekommt was? Antworten Sie mit einem Akkusativpronomen!

Wem gibst du die Schokolade? (meiner Schwester)
Ich gebe sie meiner Schwester.

....

E. Was zeigst du ihnen? Ersetzen Sie das Dativobjekt!

Was zeigst du dem Amerikaner? (den Dom)
Ich zeige ihm den Dom.

....

EINBLICKE

CD 4, Track 9

Grüße aus Wien

....

VERSTEHEN SIE?

CD 4, Track 10

In Grinzing

Zum Erkennen: der Heurige *(new wine);* die Heurigenschenke, -n *(Viennese wine-tasting inn);* der Musikant, -en *(musician)*

....

Richtig oder falsch?

1. richtig falsch
2. richtig falsch
3. richtig falsch
4. richtig falsch
5. richtig falsch

Video-aktiv

MINIDRAMA: Wie komme ich zur Staatsoper?

Vor dem Sehen

Zum Erkennen: wissen *(to know [a fact]);* logisch *(coll., of course);* Na so was! *(coll., Well I never!);* ich flipp(e) aus *(I freak out)*

A. Mal sehen!

1. Seid ihr von hier?
2. Gibt es hier in der Nähe ein Museum oder einen Park? Wenn ja, wo?
3. Könnt ihr mir sagen, wo hier die Post und eine Bank sind?
4. Ist das weit von hier?
5. Wie kommt man dorthin?
6. Was sagt ihr, wenn ihr das nicht wisst?
7. Was sagt ihr, wenn jemand erklärt hat *(has explained),* wie man dorthin kommt? Und was sagt diese Person dann gewöhnlich?
8. Was ist das Gegenteil von „da drüben"?
9. Was ist das Gegenteil von „zu Fuß gehen"?
10. Was ist das Gegenteil von „Glück gehabt!"?

Nach dem Sehen

B. Was stimmt?

1. Jean Paul möchte gern ______.
   a. zum Burgtheater b. zur Staatsoper c. zur Hofburg
2. Er ist ______ und fragt eine Dame.
   a. am Bahnhof b. an einer Bushaltestelle c. in einer Fußgängerzone
3. Die Dame weiß aber nicht, ______ das ist.
   a. wo b. wohin c. woher
4. Dann fragt er einen T-Shirt-Verkäufer, aber der hat ______.
   a. keine Entschuldigung b. keine Zeit c. keinen Platz
5. Zum ______ kommt Daniela. Sie weiß, wo das ist.
   a. Pech b. Glück c. Spaß
6. Jean Paul möchte für seine ______ Karten für Pavarotti kaufen.
   a. Schwester b. Tante c. Mutter
7. Daniela glaubt, dass es keine Karten mehr ______.
   a. sind b. gibt c. hat
8. Da kommt der Verkäufer mit einer ______.
   a. Kerze b. Blume c. Überraschung
9. Er hat ein ______ mit „Ich liebe Pavarotti".
   a. T-Shirt b. Sweatshirt c. Hemd
10. Das findet Jean Paul ganz ______ und er kauft es.
    a. gemütlich b. toll c. verrückt

C. Fragen und Antworten

1. Warum nimmt Jean Paul nicht die U-Bahn zur Staatsoper?
2. Was will er eigentlich dort?
3. Ist Jean Paul ein Pavarotti-Fan?
4. Warum hat der Verkäufer zuerst *(first)* keine Zeit für Jean Paul?
5. Ist der Verkäufer gut? Warum (nicht)?
6. Wer zeigt Jean Paul den Weg zur Staatsoper?
7. Liebt ihr auch Pavarotti?
8. Was oder wen findet ihr prima?
9. Geht ihr viel zu Fuß? Wenn ja, wohin?
10. Gibt es hier eine Fußgängerzone? Wenn ja, was gibt's da?

D. Vokabelspiel mit Verben

One student silently says the alphabet to her/himself. Then someone else will say "Stop!" Wherever he/she happens to be in the alphabet, that will be the first letter of the German verbs that the others will try to name very quickly. How many verbs can you name?

BLICKUNKT: Besuch in Österreich

Vor dem Sehen

Zum Erkennen: die Geborgenheit *(security);* (Zeit) verbringen *(to spend [time];* der Schriftsteller, - *(writer);* der Künstler, - *(artist);* der Komponist, -en *(composer);* der Walzerkönig *(king of waltz);* die Steiermark *(Styria);* die enge Gasse, -n *(narrow little street)*

E. Mal sehen!

1. Was zeigt ihr Freunden, wenn sie hier in die Stadt kommen?
2. Was besichtigt ihr?
3. Gibt es hier einen Fluss? Wenn ja, wie heißt er und wie viele Brücken gehen über *(over)* den Fluss?
4. Wo liegt Österreich?
5. Welche Städte gibt es in Österreich? (Ohne Landkarte bitte!)
6. Liegen die Städte an *(at)* einem Fluss? Wenn ja, an welchem Fluss?
7. Kennt ihr *(do you know)* ein paar Speisen (Gerichte, Kuchen usw.) aus Österreich?
8. Welche Musik kommt aus Österreich?
9. Kennt ihr ein paar Komponisten, Künstler oder Schriftsteller aus Österreich?
10. Österreich hat Berge und Seen, aber was hat es nicht?

Nach dem Sehen

F. Richtig oder falsch?

R 1. Österreich ist nicht groß, aber es hat viel Geschichte und Kultur.
F 2. Das Video beginnt mit Innsbruck. Wien
F 3. Herr Scheurer arbeitet in einem Restaurant in Innsbruck. Wiener Koffehaus
R 4. Im Wiener Kaffeehaus kann man stundenlang gemütlich sitzen, ohne viel zu bestellen.
R 5. Das Kaffeehaus hat Tradition.
R 6. Hier sieht man nicht nur Studenten, sondern manchmal auch Wiener Künstler und Schriftsteller.
R 7. Manche *(some)* Leute bekommen auch ihre Post *(mail)* dorthin geschickt und lesen sie dann da.
F 8. Leider gibt es im Kaffeehaus nur Kaffee, keinen Kuchen und keine Plätzchen. Es gibt Kuchen und Plätzchen
F 9. Kuchen gibt es nur im Café.
F 10. Tee gibt es nur im Restaurant.

G. Fragen und Antworten

1. Was ist jedes Jahr im Februar in Wien?
2. Was kann man in der Spanischen Reitschule sehen?
3. Welche Farbe haben die Pferde *(horses)*, wenn sie klein sind?
4. Wann kommen sie von der Steiermark nach Wien?
5. Was kann man in Wien stundenlang tun?
6. Was kann man nehmen, wenn man nicht laufen will?
7. Wie heißen die Wiener Kutschen *(carriages)*?
8. Wo kann man gemütlich Wein trinken?
9. Für welche Musik ist Wien bekannt?
10. Welche Künstler, Komponisten oder Schriftsteller haben in Wien gelebt?
11. Wie heißt die Hauptstadt von Österreich?
12. Österreich hat viele Nachbarn. Wie heißen sie?

H. Wenn du mich fragst, . . . Und du?

1. Ich finde Wien . . .
2. Wenn ich einmal in Wien bin, möchte ich . . . sehen. (Drei Beispiele bitte!)
3. Dann gehe ich auch ins . . . und bestelle mir . . .
4. Wenn ich nicht mehr laufen will, nehme ich . . .
5. Wenn ich Zeit habe, fahre ich auch nach . . .
6. Mir gefällt Österreich, weil . . .

I. Genau gesehen

Mark all the things from the list that you saw in the video. What wasn't there? Compare your results with a classmate's list.

Bahnhof
Berge
Bibliothek
Burgtheater
Denkmal
Geschäftsschilder

Gondel
Hundertwasserhaus
Kutsche
Lipizzaner
Meer
Oper

Opernball
Post
Riesenrad
Schloss
Stephansdom
Theaterstück

Man sieht alles, außer . . .

J. Kulturell gesehen

Mention a few things that struck you as being culturally different from your own country in this video. This can be in English.

Name ______________________ Datum ______________________ Kurs ______________________

Zum Schreiben

A. Erweitern Sie Ihren Wortschatz!

Some cognates have changed their meaning over the centuries, although one can readily see the common element.

Match each German word on the left with its English cognate on the right. Then give the modern English equivalent of the German word. The first one is done as an example.

1. Hose ___*j*___ ___*pants*___
2. Tafel ______ ______________
3. Herbst ______ ______________
4. Zeit ______ ______________
5. Eltern ______ ______________
6. weit ______ ______________
7. fahren ______ ______________
8. Fleisch ______ ______________
9. Dom ______ ______________
10. Dame ______ ______________
11. Flasche ______ ______________
12. Mantel ______ ______________
13. Tisch ______ ______________
14. Blume ______ ______________
15. Stuhl ______ ______________

a. *bloom*
b. *dame*
c. *dish*
d. *dome*
e. *elders*
f. *fare*
g. *flesh*
h. *flask*
i. *harvest*
✓ j. *hose*
k. *mantle*
l. *stool*
m. *table*
n. *tide*
o. *wide*

B. Elisabeth schreibt ihren Eltern Was fehlt?

euch	euch	ihr	in der Nähe vom	kann	soll	Tage
möchte	mir	mir	könnt	nach Hause	sondern	wollen
			mir			zu

Graz, den 12. Juni

Liebe Eltern!

Jetzt bin ich schon drei ______________ (1) in Graz. Mein Hotel liegt ganz zentral, ______________ (2) Bahnhof. Ich bringe ______________ (3) einen Stadtplan, wenn ich ______________ (4) komme. Dann ______________ (5) ihr sehen, wo alles liegt. Graz gefällt ______________ (6) sehr gut. Von meinem Hotel ______________ (7) man nicht nur die Stadt, ______________ (8) auch den Fluss, den Dom und die Berge sehen. Ich gehe hier viel ______________ (9) Fuß. Erika, eine Studentin, hilft ______________ (10) viel. Wir ______________ (11) morgen ein Zimmer suchen. Ich ______________ (12) mit ______________ (13) am Sonntag zum Schlossberg gehen. Von dort ______________ (14) man Graz wunderbar sehen. Wie ihr seht, geht es ______________ (15) sehr gut. Ich schreibe ______________ (16) wieder. Viele Grüße,

Eure Elisabeth

C. In der Stadt Bilden Sie ganze Sätze!

1. heute / wir / wollen / bummeln / durch / Stadt

   ____

2. ich / nicht / wollen / fahren / mit / Bus // sondern / Fuß / gehen

   ____

3. ich / müssen / gehen / zu / Post

   ____

4. wir / können / einkaufen gehen / mit / Steffen // wenn / er / kommen / aus / Mensa

   ____

   ____

5. hier / es / geben / ein Schloss / und / ein Schlosspark

   ____

6. können / du / sagen / mir // ob / es / sein / offen / heute?

   ____

D. Fragen zum Stadtplan A tourist is asking you questions about how to get to certain places in Vienna. Refer to the map to help give directions by circling the correct word in parentheses. You are first prompted with the starting location.

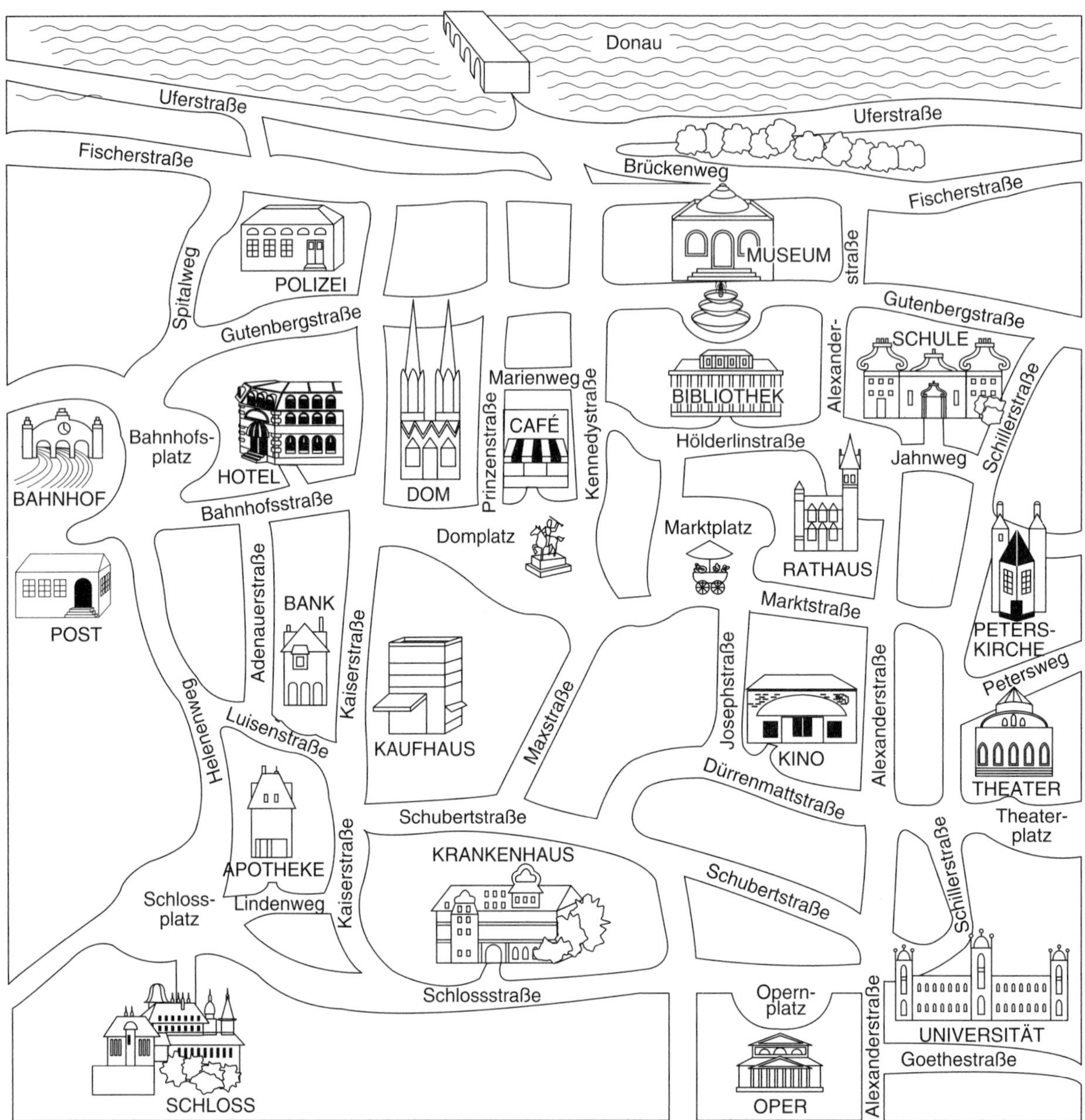

BEISPIEL am Bahnhof

—Entschuldigen Sie bitte! Wie komme ich von hier zum Hotel?

—Da drüben ist die Bahnhofsstraße. Gehen Sie immer geradeaus die Bahnhofsstraße entlang. Dann sehen Sie (links / rechts) das Hotel.

1. am Hotel

   —Entschuldigen Sie, bitte! Wie kommt man von hier zur Oper?

   —Sehen Sie den Dom? Beim Dom gehen Sie (links / rechts) in die Kaiserstraße und immer geradeaus bis zur Schlossstraße, am Krankenhaus vorbei, und dann kommen Sie direkt zum Opernplatz mit der Oper (links / rechts).

2. am Opernplatz

   —Bitte, wo ist das Rathaus?

   —Da drüben bei der Universität ist die Alexanderstraße. Gehen Sie die Alexanderstraße entlang, immer geradeaus. Dann sehen Sie (links / rechts) das Rathaus.

3. am Rathaus
   —Verzeihung! Können Sie mir sagen, wie ich von hier zum Museum komme?
   —Gehen Sie da drüben zum Domplatz und dann (links / rechts) neben dem Café in die Kennedystraße und immer geradeaus bis zur Gutenbergstraße! Auf der Gutenbergstraße gehen Sie (links / rechts) und dann sehen Sie (links / rechts) schon das Museum.

4. beim Museum
   —Ach, entschuldigen Sie! Wie weit ist es von hier zur Peterskirche?
   —Nicht weit. Die Peterskirche ist in der Nähe vom Theater. Gehen Sie die Gutenbergstraße entlang bis zur Schillerstraße, auf der Schillerstraße (links / rechts) und dann (links / rechts) in den Petersweg. Dann stehen Sie vor der Peterskirche.

5. bei der Peterskirche
   —Können Sie mir bitte sagen, wie man von hier zum Schloss kommt?
   —Gehen Sie die Schillerstraße entlang bis zur Universität. Dann gehen Sie etwas (links / rechts) weiter zum Opernplatz und die Schlossstraße immer geradeaus. Da kommen Sie direkt zum Schloss. Wenn das zu weit ist, können Sie auch mit dem Bus oder der U-Bahn fahren.

E. Verkehrszeichen Was bedeuten die folgenden Verkehrszeichen?

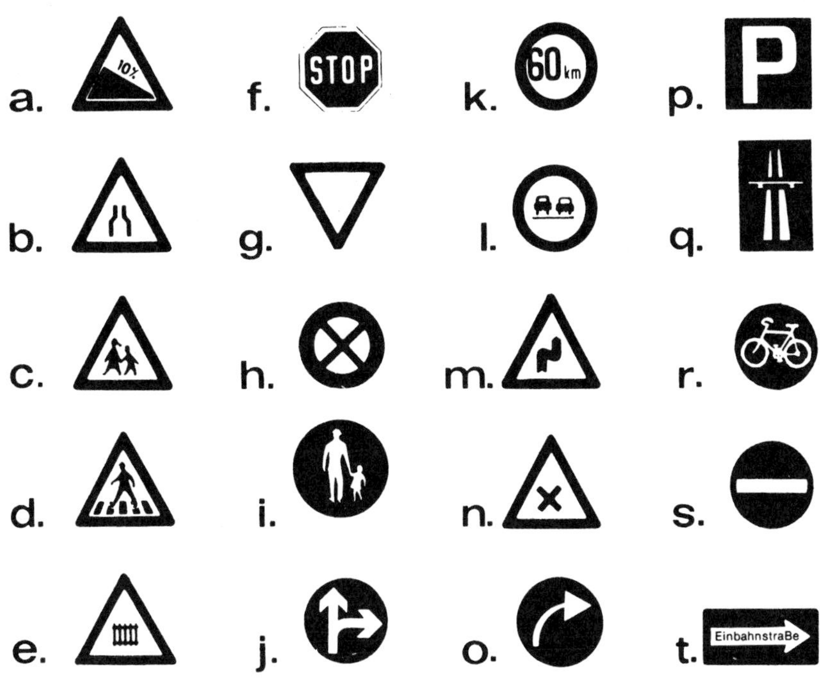

1. _____ Kinder
2. _____ Fußgängerweg
3. _____ Fußgängerüberweg *(pedestrian crossing)*
4. _____ Fahrradweg
5. _____ Autobahn *(freeway)*
6. _____ Bahnübergang *(railroad crossing)*
7. _____ Stop(p)schild
8. _____ Vorfahrt *(yield)*
9. _____ Kurve
10. _____ rechts
11. _____ geradeaus oder rechts
12. _____ Kreuzung *(crossing)*
13. _____ Gefälle *(decline)*
14. _____ Engpass *(street narrows)*
15. _____ Einbahnstraße *(one-way street)*
16. _____ keine Einfahrt *(do not enter)*
17. _____ Halteverbot *(no stopping or parking)*
18. _____ Überholverbot *(no passing)*
19. _____ Parkplatz
20. _____ Geschwindigkeitsbegrenzung *(speed limit)*

F. Österreich The small letters on the map of Austria represent rivers, lakes, mountains, or mountain passes; numbers stand for cities; capital letters around the map of Austria represent different countries. Create a key to the map by filling in the names in the spaces provided. You may wish to check the map in your textbook.

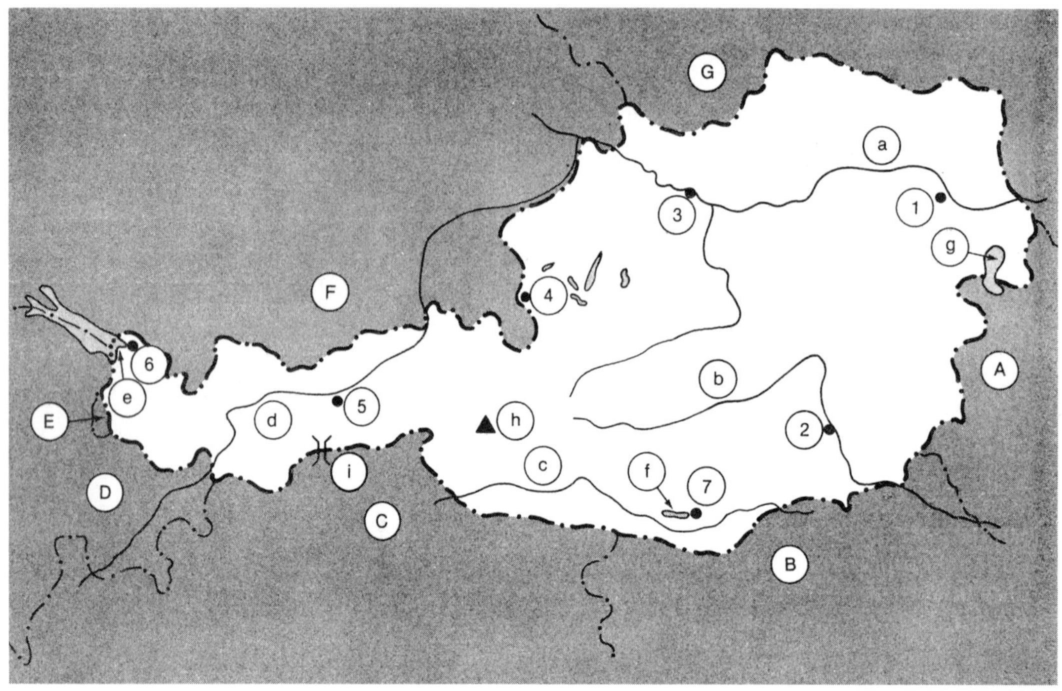

LÄNDER	STÄDTE	FLÜSSE / SEEN / BERGE
A. ______	1. ______	a. ______
B. ______	2. ______	b. ______
C. ______	3. ______	c. ______
D. ______	4. ______	d. ______
E. ______	5. ______	e. ______
F. ______	6. ______	f. ______
G. ______	7. ______	g. ______
		h. ______
		i. ______

G. Brief: Gruß aus Amerika Pretend you are a German exchange student in the United States or Canada. Write eight to ten sentences to your family in Germany telling them about what's going on in your life and how you like it there.

Kapitel 6 Wohnen

Zum Hören

GESPRÄCHE

CD 5, Track 1

A. Wohnung zu vermieten Hören Sie zu und wiederholen Sie!

ANNA Hallo, mein Name ist Anna Moser. Ich habe gehört, dass Sie eine Zweizimmerwohnung zu vermieten haben. Stimmt das?
VERMIETER Ja, in der Nähe vom Dom, mit Blick auf den Marktplatz.
ANNA Wie alt ist die Wohnung?
VERMIETER Ziemlich alt, aber sie ist renoviert und schön groß und hell. Sie hat sogar einen Balkon.
ANNA Einen Balkon? Das ist ja toll. Ich habe viele Pflanzen. In welchem Stock liegt sie?
VERMIETER Im dritten Stock.
ANNA Ist sie möbliert oder unmöbliert?
VERMIETER Unmöbliert.
ANNA Und was kostet die Wohnung?
VERMIETER € 550.
ANNA Ist das kalt oder warm?
VERMIETER Kalt.
ANNA Oje, das ist mir ein bisschen zu teuer. Na ja, vielen Dank! Auf Wiederhören!
VERMIETER Auf Wiederhören!

B. In der WG (Wohngemeinschaft) Hören Sie zu und lesen Sie dann Annas Rolle!

ANNA Euer Haus gefällt mir!
JÖRG Wir haben noch Platz für dich. Komm, ich zeige dir alles! . . . Hier links ist unsere Küche. Sie ist klein, aber praktisch.
ANNA Wer kocht?
JÖRG Wir alle: Benno, Verena und ich.
ANNA Und das ist das Wohnzimmer?
JÖRG Ja. Es ist ein bisschen dunkel, aber das ist okay.
ANNA Eure Sessel gefallen mir.
JÖRG Sie sind alt, aber echt bequem. . . . So, und hier oben sind dann vier Schlafzimmer und das Bad.
ANNA Mm, das Schlafzimmer ist sehr gemütlich, aber nur ein Bad?
JÖRG Ja, leider! Aber unten ist noch eine Toilette.
ANNA Was bezahlt ihr im Monat?
JÖRG Jeder 200 Euro.
ANNA Nicht schlecht! Und wie kommst du zur Uni?
JÖRG Kein Problem. Ich gehe zu Fuß.
ANNA Klingt gut!

C. Was stimmt? Sie hören vier Fragen über *(about)* den Dialog. Welche Antwort ist richtig?

1. Warum kann Anna die Wohnung am Dom nicht nehmen?
   a. Sie ist ziemlich alt.
   b. Sie ist schön groß und hell.
   c. Sie ist unmöbliert.
   d. Sie kostet zu viel.
2. Welche Leute wohnen in der WG?
   a. Benno, Verena und Jörg
   b. Anna
   c. der Vermieter
   d. acht Studenten
3. Wie viele Schlafzimmer hat das Haus?
   a. eins
   b. vier
   c. 200
   d. viele
4. Wie sind die Sessel?
   a. klein, aber praktisch
   b. ein bisschen dunkel
   c. schön groß und hell
   d. alt, aber sehr bequem

AUSSPRACHE: ei, au, eu, äu

For more practice pronouncing these sounds, see the Summary of Pronunciation Part II, subsections 37–39 in the front of this *Arbeitsbuch.*

CD 5, Track 2

A. Laute Hören Sie zu und wiederholen Sie!

1. [ai] w**ei**t, l**ei**der, **ei**gentlich, z**ei**gen, f**ei**ern, bl**ei**ben
2. [au] **au**f, bl**au**gr**au**, B**au**m, K**au**fh**au**s, br**au**chen, l**au**fen
3. [oi] **eu**ch, h**eu**te, t**eu**er, L**eu**te, Fr**eu**nde, H**äu**ser, B**äu**me

B. Wortpaare Hören Sie zu und wiederholen Sie!

1. *by* / bei
2. *Troy* / treu
3. *mouse* / Maus
4. Haus / Häuser
5. aus / Eis
6. euer / Eier

Was hören Sie jetzt? by... treu... Maus Häuser Eis... euer

STRUKTUR

CD 5, Track 3

6.1 Two-way prepositions

A. *Wo* oder *wohin*? Ersetzen Sie die Präposition!

1. Die Jungen spielen vor dem Haus. (an / See)
   Die Jungen spielen am See.
   ....
2. Stellen Sie das Fahrrad vor das Haus! (in / Garage)
   Stellen Sie das Fahrrad in die Garage!
   ....

B. In der Stadtmitte oder zu Hause Antworten Sie mit der neuen Präposition!

1. Wo ist die Bank? (neben / Hotel)
   Neben dem Hotel.
   ....
2. Wohin sollen wir die Kommode stellen? (in / Schlafzimmer)
   Ins Schlafzimmer!
   ....

6.2 Imperatives

C. Wünsche und Befehle Bilden Sie den Imperativ!

1. Sagen Sie Frau Meier, was sie tun soll! (gut schlafen)
   Schlafen Sie gut!
   ....
2. Sagen Sie Detlef, was er tun soll! (Deutsch sprechen)
   Sprich Deutsch!
   ....

6.3 *Wissen* vs. *kennen*

D. Wer weiß? Ersetzen Sie das Subjekt!

Sie wissen die Antwort. (er)
Er weiß die Antwort.
....

E. Ich weiß, dass . . . Antworten Sie mit *Nein, aber ich weiß, dass* . . . und ersetzen Sie das Pronomen!

Kennst du Jutta? (interessant)
Nein, aber ich weiß, dass sie interessant ist.
....

EINBLICKE

CD 5, Track 4

Schaffen, sparen, Häuschen bauen

....

VERSTEHEN SIE?

CD 5,
Track 5

Beate in Freiburg

....

Was stimmt?

1. a. auf einem Fahrradweg b. mitten auf der Straße c. über eine Brücke
2. a. eine Lampe b. ein Teppich c. eine Uhr
3. a. vor einem Haus b. in der Garage c. im Garten
4. a. aus einem Café b. um die Ecke c. in die Wohnung
5. a. ersten b. zweiten c. dritten

Video-aktiv

MINIDRAMA: Kein Zimmer für Studenten

Vor dem Sehen

Zum Erkennen: Na, dann auf! *(Well, let's go!);* daheim *(at home);* teilmöbliert *(partly furnished);* der Flohmarkt, ¨-e *(fleamarket);* Überleg doch mal! *(Just think!)*; der Elektroherd, -e *(electric range);* der Strom *(electricity);* die Nebenkosten *(pl.) (other costs);* die Kochnische, -n *(kitchenette);* der Eingang, ¨-e *(entrance)*

A. Mal sehen!

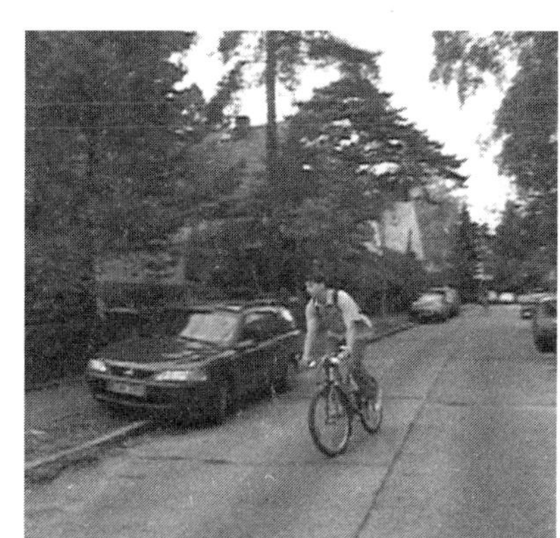

1. Wo wohnt ihr?
2. Wie gefällt es euch dort?
3. Wohnt ihr allein *(alone)* oder habt ihr Zimmerkollegen?
4. Was bezahlt ihr im Monat?
5. Ist das kalt oder warm?
6. Wie weit ist es zur Uni?
7. Geht ihr zu Fuß oder wie kommt ihr zur Uni?
8. Ist da in der Nähe ein Supermarkt?
9. Wie weit ist es zur Bibliothek?
10. Was gibt es noch in der Nähe?

Nach dem Sehen

B. Richtig oder falsch?

_____ 1. Martin und Günther suchen ein Haus.
_____ 2. In der Zeitung finden sie viel zu viele Wohnungen. Sie wissen nicht, welche sie nehmen sollen.
_____ 3. Da gibt es ein Studioapartment mit zwei Schlafzimmern.
_____ 4. Es liegt im 1. Stock und hat einen Balkon.
_____ 5. Martin gefällt das Apartment, weil es viel Platz hat.
_____ 6. Günther gefällt es nicht, weil es nur teilmöbliert ist.
_____ 7. Teilmöbliert bedeutet keine Möbel und keine Lampen.
_____ 8. Es hat keine Möbel, aber ein Telefon.
_____ 9. Martin denkt, dass er Möbel von den Eltern bekommen kann.
_____ 10. Für Günther ist das Apartment einfach zu teuer.

C. Fragen und Antworten

1. Ist das Studioapartment in der Stadt oder auf dem Land? Was denkt ihr?
2. Warum braucht Martin so viel Platz?
3. Warum ist Günther so pessimistisch?
4. Was haben wir hier gewöhnlich in einer Küche?
5. Was hat die Küche in dem Studioapartment?
6. Wo liegt die zweite Wohnung?
7. Was gefällt Martin und Günther an der Wohnung?
8. Warum mieten sie die Wohnung nicht? Was denkt ihr?

D. Wenn du mich fragst, . . . Und du?

1. Ich wohne . . .
2. Mein Zimmer / meine Wohnung liegt . . .
3. Das Schlafzimmer hat . . .
4. Das Wohnzimmer hat . . .
5. Im Bad gibt es ein(e) . . .
6. Ich wohne da seit . . .
7. Mir gefällt es . . . , weil . . .

BLICKPUNKT: Bei Viktor zu Hause

Vor dem Sehen

Zum Erkennen: der Radweg, -e *(bike trail);* der Bürgersteig, -e *(sidewalk);* die Harfe, -n *(harp);* die Querflöte, -n *(flute);* das Abendbrot *(evening meal)*

E. Mal sehen!

1. Habt ihr ein Fahrrad? Fahrt ihr viel mit dem Fahrrad?
2. Gibt es hier Fahrradwege?
3. Gibt es hier eine U-Bahn, eine Straßenbahn oder einen Bus?
4. Fahrt ihr viel mit dem Bus?
5. Gehen hier viele Leute zu Fuß?
6. Gibt es Bürgersteige für Fußgänger?
7. Wo kann man hier schön spazieren gehen oder bummeln?
8. Hier fahren viele Leute mit dem Auto. Wie geht man hier einkaufen, wenn man nicht mehr Auto fahren kann?

Nach dem Sehen

F. Was stimmt?

1. Viktor wohnt in Berlin-Zehlendorf. Wenn er in die Stadt will, fährt er mit ______ zur U-Bahnstation.
   a. dem Bus b. der Straßenbahn c. dem Fahrrad
2. Im Video kommt Viktor gerade aus der U-Bahnstation und fährt dann mit dem Fahrrad ______ Hause.
   a. zu b. nach
3. Das ist nicht weit. Sein Freund Matthias wohnt ______.
   a. ganz in der Nähe b. gegenüber c. immer geradeaus
4. Die Straße, wo er wohnt, ist relativ klein und die Autos parken ______.
   a. links und rechts auf der Straße b. überall c. in Garagen
5. Viktor geht ins Haus und macht ______ zu *(closes)*.
   a. das Fenster b. den Flur c. die Tür
6. Der Vater ist ______ und sagt, dass das Essen in ein paar Minuten fertig ist.
   a. im Badezimmer b. in der Küche c. im Keller
7. Viktor nennt ihn ______.
   a. Vater b. Vati c. Papa
8. Im ______ sehen wir einen Bruder und eine Schwester.
   a. Wohnzimmer b. Musikzimmer c. Kinderzimmer
9. Der Bruder spielt Querflöte und die Schwester ______.
   a. Klavier b. Gitarre c. Harfe
10. Dann sehen wir den Bruder, wie er mit seinem CD-Spieler ______ sitzt.
    a. auf dem Bett b. in der Badewanne c. auf dem Balkon

G. Fragen und Antworten

1. Welche Farbe haben die Küchenschränke?
2. Wer sitzt im Wohnzimmer mit der Mutter auf dem Sofa?
3. Was für Möbel stehen im Wohnzimmer?
4. Wie gefällt euch das Wohnzimmer?
5. Welches Zimmer ist oben unterm Dach?
6. Was gibt es da?
7. Wie findet Viktor das Zimmer? Wie findet ihr es?
8. Wohin gehen sie alle zum Abendessen?
9. Was gibt's zu essen?
10. Wie viele Geschwister hat Viktor?

H. Wenn du mich fragst, . . . Und du?

1. Wenn man bei uns ins Haus / in die Wohnung kommt, kommt man zuerst *(first)* in . . .
2. Bei uns ist die Küche nicht neben der Eingangstür, sondern . . .
3. Die Küchenschränke sind . . .
4. In meinem Zimmer gibt es . . .
5. Im Wohnzimmer gibt es . . .
6. Wenn wir essen, essen wir gewöhnlich in der/im . . .
7. Abends essen wir gewöhnlich . . .
8. Ich habe . . . Bruder und . . . Schwester. (Sie heißen . . .)

I. Genau gesehen Mark all the things from the list that you saw in the video. What wasn't there? Compare your results with a classmate's list.

	Apotheke		Haltestelle		Schreibtisch
	Badewanne		Keller		Sessel
	Fernseher		Kommode		Stühle
	Betten		Kühlschrank		Telefon
	Blumen		Radio		Tische
	Bus		Regale		U-Bahn

Man sieht alles, außer . . .

J. Kulturell gesehen Mention a few things that struck you as being culturally different from your own country in this video. This can be in English.

Name ______________________ Datum ______________________ Kurs ______________________

Zum Schreiben

A. Erweitern Sie Ihren Wortschatz!

Both German and English have a large amount of vocabulary based on Greek and Latin. However, the pronunciation and syllable stress are different in German and English.

For each word below, put a stress mark (') at the end of the stressed syllable. If you don't remember, look the word up in the end vocabulary of your textbook. The first one is done for you as an example.

1. Atmosphä're
2. Biologie
3. Bibliothek
4. Dialekt
5. Information
6. Konsulat
7. Medizin
8. Museum
9. Republik
10. Theater
11. Universität
12. Zentrum
13. diskutieren
14. reservieren
15. studieren
16. demokratisch
17. interessant
18. privat
19. modern
20. typisch

B. Reisepläne Bilden Sie ganze Sätze!

1. wohin / ihr / fahren / Sommer?

   ____

2. ich / fahren / in / Schweiz // weil / mein Bruder / leben / in / Schweiz

   ____

   ____

3. wir / können / schwimmen / in / See / oder / gehen / in / Wald

   ____

   ____

4. Sie / kennen / Hermann?

   ____

   ____

5. Sie / wissen // wo / er / arbeiten?

   ____

6. ich / glauben // in / Geschäft / zwischen / Drogerie / und / Supermarkt

   ____

   ____

C. Wohin? Auf Deutsch bitte!

1. *Put* (formal) *the plates in the kitchen.*

____

2. *Put* (pl. fam.) *the carpet in the living room.*

____

3. *Where am I supposed to hang the picture?*

____

4. *I don't know. Hang* (sg. fam.) *it over the sofa.*

____

5. *Where is the bathroom? Go* (formal) *into the hallway. It's next to the bedroom.*

____

D. Wohnungssuche Read through the rental ads and then write your own.

Holger (24) sucht WG-Zimmer bis € 225, — warm, ab 15.12., Tel.: 29 88 23.	Mein Hund und ich (27) suchen ein Zuhause zum 1.12., hell, ruhig, mit Garten. Tel.: 43 56 91.
Suche 2-Zimmer, Küche, Bad, möglichst zentral und billig. Steffi: 86 29 58.	Paar (Nichtraucher) sucht 3–4 Zimmerwohnung, U-Bahn-Nähe, sind so gut wie nie da, zahlen pünktlich unsere Miete. Tel.: 59 52 21.
Studentin (23) sucht ruhiges Zimmer oder Wohnung, max. € 400,– zum 15.11., Tel.: 72 35 55 (ab 17 Uhr).	Familie mit 3 Kindern sucht Haus oder Wohnung, mindestens 4 1/2 Zimmer, Balkon oder Garten. Tel.: 83 32 48.

____

____

____

E. Ferienwohnung zu verkaufen Look at the following floor plan and complete the statements about it.

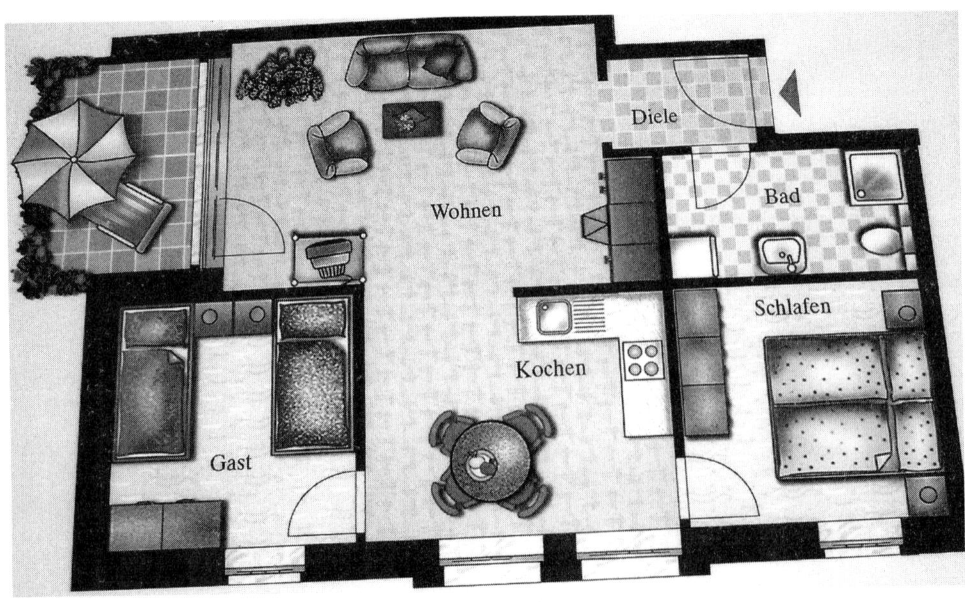

1. Hier sieht man den Grundriss *(floor plan)* von einer ______________ in d___ Ferienparadies *(n.)* Zingst. 2. Das Städtchen liegt auf ein___ Halbinsel *(f. peninsula)* an d___ Ostsee *(f.)*. 3. Die Wohnung ist i___ ersten ______________ und ______________ 129.920,— Euro. 4. Am Eingang *(entrance)* gibt es eine Diele und neben d___ Diele ein ______________ mit Dusche und Waschmaschine. 5. Von der Diele geht es weiter in___ ______________. 6. Gegenüber vom Wohnzimmer sieht man einen ______________ mit vier______________. 7. Diese Essecke ist nicht separat in ein___ ______________, sondern mitten in d___ ______________. 8. Von da geht es links und rechts in ein___ ______________. 9. Sie haben kein Bad, aber es gibt ja das Bad neben d___ ______________! 10. Vom Wohnzimmer kommt man auf ein___ ______________ mit einem Sonnenschirm *(m., umbrella)* und einer Liege *(f., lounge chair)*. 11. Auf d___ Liege unter d___ Sonnenschirm kann man schön schlafen. 12. Die Wohnung liegt ganz in d___ Nähe vom Stadtzentrum, nur zehn Minuten zu Fuß. 13. Der Strand *(m., beach)* ist auch nicht weit. 14. Man muss nur über d___ Straße und über ein___ Fahrradweg gehen und da ist man schon a___ Strand. 15. Wer gern Fahrrad fährt, kann auf d___ Weg stundenlang durch die Natur fahren. Das macht Spaß!

F. Wie geht's weiter?

1. Zimmer / Wohnung zu vermieten
   You have decided to rent out the place you are currently living in because you will be in a foreign studies program for a year. On a separate sheet of paper, write a newspaper ad in German in the most appealing way. Make sure to include a photo of your place to make the ad more interesting!
2. Mein Traumhaus
   What is your dream house? If you had all the money in the world, what would the real estate ad say so that you would be compelled to respond to it instantly? Write a German ad for your dream house.

Kapitel 7 Auf der Bank und im Hotel

Zum Hören

GESPRÄCHE

CD 5, Track 6

A. Auf der Bank Hören Sie zu und wiederholen Sie!

TOURISTIN Guten Tag! Können Sie mir sagen, wo ich Geld umtauschen kann?
ANGESTELLTE Am Schalter 1.
TOURISTIN Vielen Dank! *(Sie geht zum Schalter 1.)* Guten Tag! Ich möchte Dollar in Euro umtauschen. Hier sind meine Reiseschecks.
ANGESTELLTE Darf ich bitte Ihren Pass sehen?
TOURISTIN Hier.
ANGESTELLTE Unterschreiben Sie bitte hier, dann gehen Sie dort zur Kasse! Da bekommen Sie Ihr Geld.
TOURISTIN Danke! *(Sie geht zur Kasse.)*
KASSIERER 324 Euro 63: einhundert, zweihundert, dreihundert, zehn, zwanzig, vierundzwanzig Euro und dreiundsechzig Cent.
TOURISTIN Danke! Auf Wiedersehen!

B. An der Rezeption im Hotel Hören Sie zu und lesen Sie dann die Rolle vom Gast!

EMPFANGSDAME Guten Abend!
GAST Guten Abend! Haben Sie ein Einzelzimmer frei?
EMPFANGSDAME Für wie lange?
GAST Für zwei oder drei Nächte; wenn möglich ruhig und mit Bad.
EMPFANGSDAME Leider haben wir heute nur noch ein Doppelzimmer, und das nur für eine Nacht. Aber morgen wird ein Einzelzimmer frei. Wollen Sie das Doppelzimmer sehen?
GAST Ja, gern.
EMPFANGSDAME Zimmer Nummer 12, im ersten Stock rechts. Hier ist der Schlüssel.
GAST Sagen Sie, kann ich meinen Koffer einen Moment hier lassen?
EMPFANGSDAME Ja, natürlich. Stellen Sie ihn da drüben in die Ecke!
GAST Danke! Noch etwas, wann machen Sie abends zu?
EMPFANGSDAME Um 24.00 Uhr. Wenn Sie später kommen, müssen Sie klingeln.

C. Richtig oder falsch? Sie hören sechs Sätze. Stimmt das?

1. richtig falsch
2. richtig falsch
3. richtig falsch
4. richtig falsch
5. richtig falsch
6. richtig falsch

AUSSPRACHE: ei, ie

For more practice pronouncing these sounds, see the Summary of Pronunciation Part II, subsections 37, 40–41 in the front of this *Arbeitsbuch.*

CD 5, Track 7

A. Laute Hören Sie zu und wiederholen Sie!

1. [ei] seit, weißt, bleibst, leider, frei, Rainer, Meyer, Bayern
2. [ie] wie, wie viel, nie, lieben, liegen, mieten, lies, sieh, Dienstag
3. vielleicht, Beispiel, bleiben / blieben, heißen / hießen, Wien / Wein, Wiese / weiß

B. Wortpaare Hören Sie zu und wiederholen Sie!

1. See / Sie
2. beten / bieten
3. biete / bitte
4. Miete / Mitte
5. leider / Lieder
6. Mais / mies

Was hören Sie jetzt? ....

STRUKTUR

CD 5, Track 8

Formal time

A. Wie spät ist es? Lesen Sie die Uhrzeiten laut!

BEISPIEL 22.10 Uhr
Es ist zweiundzwanzig Uhr zehn.

13.35 Uhr / 4.28 Uhr / 9.15 Uhr / 16.50 Uhr / 19.45 Uhr / 12.12 Uhr

7.1 *Der-* and *ein-* words

B. Mein oder dein? Ersetzen Sie den Artikel!

1. dieser Ausweis *(every)*
   jeder Ausweis
   ....
2. in meiner Tasche *(her)*
   in ihrer Tasche
   ....

C. Das Gepäck Beantworten Sie die Fragen!

1. In welchem Zimmer ist das Gepäck? (sein)
   In seinem Zimmer.
   ....
2. Trägst du keinen Koffer? (ihr)
   Doch, ich trage ihren Koffer.
   ....

7.2 Separable-prefix verbs

D. Wer geht heute aus? Ersetzen Sie das Subjekt!

Robert geht heute aus. (ich)
Ich gehe heute aus.
....

E. Hans' Stundenplan Ersetzen Sie das Verb!

1. Wann steht Hans auf? (ankommen)
   Wann kommt Hans an?
   ....
2. Ich weiß, dass du heute ausgehst. (abfahren)
   Ich weiß, dass du heute abfährst.
   ....

F. Was soll ich machen? Antworten Sie mit *ja*!

Soll ich den Scheck einlösen?
Ja, lös den Scheck ein!
....

EINBLICKE

CD 5, Track 9

Übernachtungsmöglichkeiten

....

VERSTEHEN SIE?

CD 5, Track 10

Im Hotel

....

Welche Antwort ist richtig?

1. Wie heißt das Hotel?
   a. Parkhotel b. Schlosshotel c. Hotel am See
2. Wo liegt das Elternschlafzimmer?
   a. im Parterre b. im ersten Stock c. im zweiten Stock
3. Wann macht das Restaurant mittwochs auf?
   a. um halb sieben b. um sieben c um acht
4. Warum frühstücken sie nicht so früh?
   a. Sie müssen erst lange duschen. b. Sie schlafen gern lange. c. Das Frühstück schmeckt nicht.
5. Wann nehmen sie einen Hausschlüssel vom Hotel mit?
   a. Wenn sie abfahren. b. Wenn sie lange schlafen c. Wenn sie nach zwölf nach Hause kommen.

Video-aktiv

MINIDRAMA: Ihren Ausweis bitte!

Vor dem Sehen

Zum Erkennen: weg *(gone);* der Turm, ¨-e *(tower);* der Flug, ¨-e *(flight);* der Flughafen, ¨ *(airport)*

A. Mal sehen!

1. Reist ihr viel?
2. Wann reist ihr gewöhnlich?
3. Fliegt ihr dann oder fahrt ihr mit dem Auto?
4. Was nehmt ihr mit, wenn ihr ans Meer *(ocean)* fahrt? Fünf bis acht Sachen *(things)* bitte!
5. Was nehmt ihr mit, wenn ihr in die Berge fahrt? Fünf bis acht Sachen bitte!
6. Wohin tut ihr die Sachen?
7. Wo übernachtet ihr gewöhnlich, wenn ihr reist?
8. Seid ihr schon mal im Ausland *(abroad)* gewesen? Wenn ja, wo? Wenn nein, wohin möchtet ihr gern mal reisen?
9. Was braucht man, wenn man nach Europa fliegt?
10. Braucht man einen Pass, wenn man von Deutschland nach Österreich oder Frankreich reisen will? Warum (nicht)?

Nach dem Sehen

B. Was stimmt?

1. Der Tourist ist an der Rezeption in ____.
   a. einem Hotel b. einer Jugendherberge c. einem Gasthof
2. Er möchte ____ umtauschen.
   a. Bargeld b. einen Reisescheck c. eine Kreditkarte
3. Wir wissen, dass er aus Amerika kommt, weil er ____ umtauschen will.
   a. Franken b. Euros c. Dollar
4. Wir wissen, dass er mit einem Taxi gekommen ist, weil der Taxifahrer ____.
   a. neben ihm steht b. uns das sagt c. die Dame fragt
5. Der Taxifahrer wartet auf *(is waiting for)* ____.
   a. sein Geld b. seine Freundin c. ein paar Gäste
6. Herr Turner kann sein ____ nicht finden.
   a. Adressbuch b. Portemonnaie c. Gepäck

7. Es ist in der _____ auf der Tasche.
   a. Jacke   b. Hose   c. Kasse

8. Auch seine(n) _____ und seine Flugkarte kann er nicht finden.
   a. Kreditkarte   b. Pass   c. Schlüssel

9. Er hat _____, denn der Taxifahrer bringt sie ihm.
   a. Glück   b. Pech   c. Spaß

10. Herr Turner ist sehr _____.
   a. müde   b. lustig   c. nervös

C. Fragen und Antworten

1. Warum ist Herr Turner so nervös? Was denkt ihr?
2. Glaubt ihr, dass er immer so ist?
3. Was möchte er für die Nacht?
4. Haben sie noch ein Zimmer für ihn? Wenn ja, wo ist es?
5. Wie soll dieses Zimmer sein?
6. Warum nimmt er es nicht?
7. Warum läuft er weg *(away)* und ruft ein Taxi?
8. Was hat er jetzt vergessen *(did forget)*?
9. Kommt er zurück?
10. Was sagt ihr euch *(to yourself)*, wenn jemand so ist wie Herr Turner?

D. Verbinden Sie die Wörter und ergänzen Sie *(add)* den Artikel!

1. das Taxi + der Fahrer = ______________________
2. der Flug + die Karte = ______________________
3. der Eingang + die Tür = *die Eingang(s)tür*
4. das Hotel + der Gast = ______________________
5. die Hand + das Gepäck = ______________________
6. der Wald + die Pension = ______________________
7. die Jugendherberge + der Ausweis = ______________________
8. die Reise + der Scheck + die Nummer = ______________________
9. der Turm + das Zimmer + das Fenster = ______________________
10. das Hotel + das Frühstück + die Bar = ______________________

Name ______________________ Datum ______________________ Kurs ______________________

Zum Schreiben

A. Erweitern Sie Ihren Wortschatz!

The first element in a compound noun is not always a noun. It may be a verb or an adjective.

1. Bilden Sie Hauptwörter! Geben Sie die Artikel und die Pluralformen! Was bedeuten die Wörter auf Englisch?

BEISPIEL essen + Zimmer = das Esszimmer; *(dining room)*
baden + Zimmer = das Badezimmer; *(bathroom)*

a. reisen + Wetter ______________________
b. duschen + Vorhang ______________________
c. kaufen + Haus ______________________
d. kochen + Buch ______________________
e. lesen + Ecke ______________________
f. liegen + Stuhl ______________________
g. parken + Platz ______________________
h. tanzen + Stunde ______________________
i. tragen + Tasche ______________________
j. wechseln + Geld ______________________

2. Welches Adjektiv ist in dem Wort? Was bedeutet das auf Englisch?

Separate the adjective and the noun by drawing a line between the two elements in the following compound words. Then find the English equivalent of the compound.

BEISPIEL Schwarz|wald *Black Forest*

breakfast · change · express route · leisure time · marinated pot roast · old (part of the) town · prefabricated house · refrigerator · regular mail · white bread

a. Altstadt ______________________
b. Fertighaus ______________________
c. Freizeit ______________________
d. Frühstück ______________________
e. Kleingeld ______________________
f. Kühlschrank ______________________
g. Normalpost ______________________
h. Sauerbraten ______________________
i. Schnellweg ______________________
j. Weißbrot ______________________

B. Reisepläne Bilden Sie ganze Sätze!

1. Karl // bitte aufschreiben / dein / Hausnummer!
   ich / wollen vorbeibringen / morgen / mein / Scheck

   ____

   ____

2. ihr / ausgehen / heute?
   ja // wir / wollen / besuchen / unser / Freunde

   ____

   ____

3. in / welch- / Hotel / ihr / übernachten?
   wir / übernachten / in / Pension / gegenüber von / Bahnhof

   ____

   ____

4. wissen / du // wann / Geschäft / aufmachen?
   dies- / Geschäft / aufmachen / 10 Uhr

   ____

   ____

5. ich / mögen / bezahlen / mein / Rechnung
   hier / sein / mein / Reisescheck

   ____

   ____

6. dürfen / ich / sehen / Ihr / Ausweis / oder / Ihr / Pass?

   ____

   ____

C. Am Bankautomaten Was fehlt?

1. Auf dies_______ Bild sehen wir ein paar Leute vor ein_______ Bankautomaten *(m.)*. 2. Die Dame links geht an d_______ Automaten vorbei. 3. Die zwei_______ Frauen neben dies_______ Dame haben ihr_______ Geld schon bekommen, denn die eine hat ihr_______ Portemonnaie *(n.)* noch in d_______ Hand. 4. Ein Mann mit ein_______ Mantel steht gerade an d_______ Automaten und bekommt wohl sein_______ Geld. 5. Die Dame hinter d_______ Mann muss warten *(wait)*. 6. Wie wir wissen, ist dies_______ Automat Tag und _______________ offen. 7. So ein_______ Automat ist sehr praktisch, denn _______ ist ja auch Geld. 8. Solch_______ Automaten gibt es heute in jed_______ Stadt. 9. Das heißt aber nicht, dass all_______ Leute sie benutzen *(use)*. 10. Manch_______ Leute gehen einfach gern in d_______ Bank an ein_______ _______________.

D. Im Hotel Auf Deutsch bitte!

1. *Shall I bring your* (sg. fam.) *luggage to (in) your room?*

____

2. *For which door is this key?*

____

3. *Is it for all doors and also for this entrance?*

____

4. *Do you* (pl. fam.) *know your room number?*

____

5. *We're taking our keys along because some hotels close at 11 o'clock.*

____

E. Wie spät ist es jetzt dort? Sehen Sie auf die Karte!

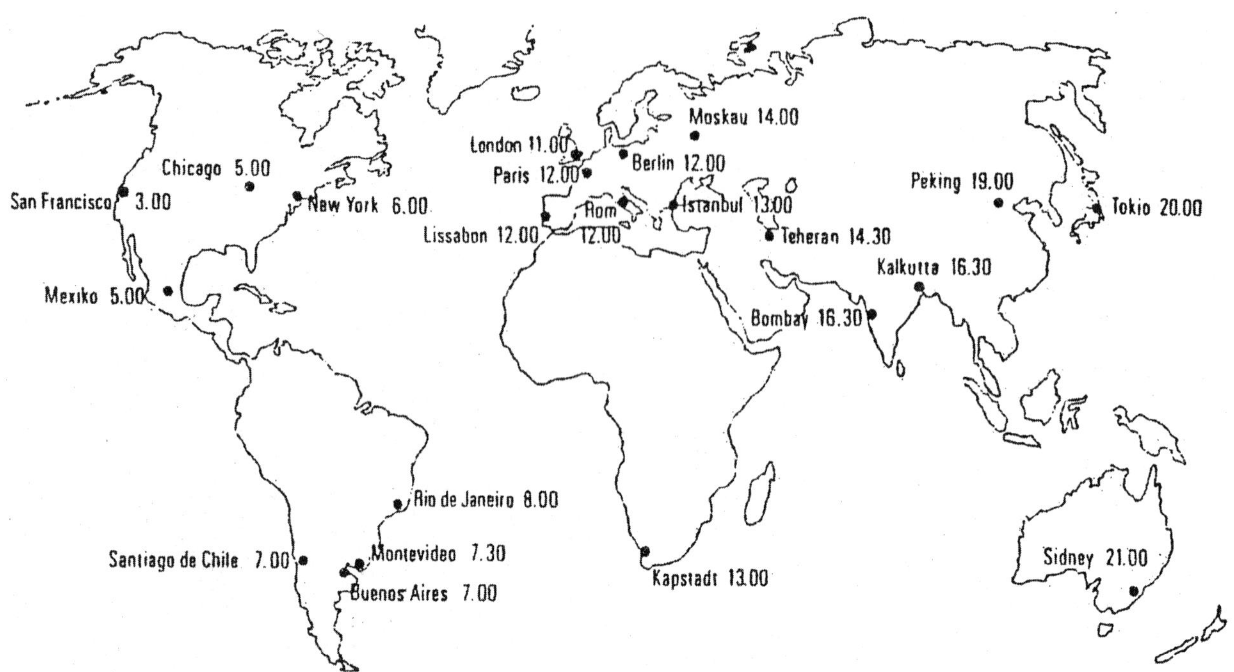

1. Wenn es in Berlin zwölf Uhr ist, wie spät ist es dann in . . . ?

   a. Mexiko: ______________
   b. New York: ______________
   c. Kapstadt: ______________
   d. Kalkutta: ______________
   e. Tokio: ______________
   f. Sidney: ______________

2. Wo ist es so spät wie in Berlin?

   ______________ ______________ ______________

3. Wie viele Stunden später ist es in . . . ?

   a. Istanbul: ______________
   b. Moskau: ______________
   c. Peking: ______________

4. Wie viele Stunden früher *(earlier)* ist es in . . . ?

   a. Chicago: ______________
   b. San Francisco: ______________
   c. Rio de Janeiro: ______________
   d. Santiago de Chile: ______________

F. **Kreuzworträtsel** Ergänzen Sie *(complete)* das Kreuzworträtsel auf Deutsch!

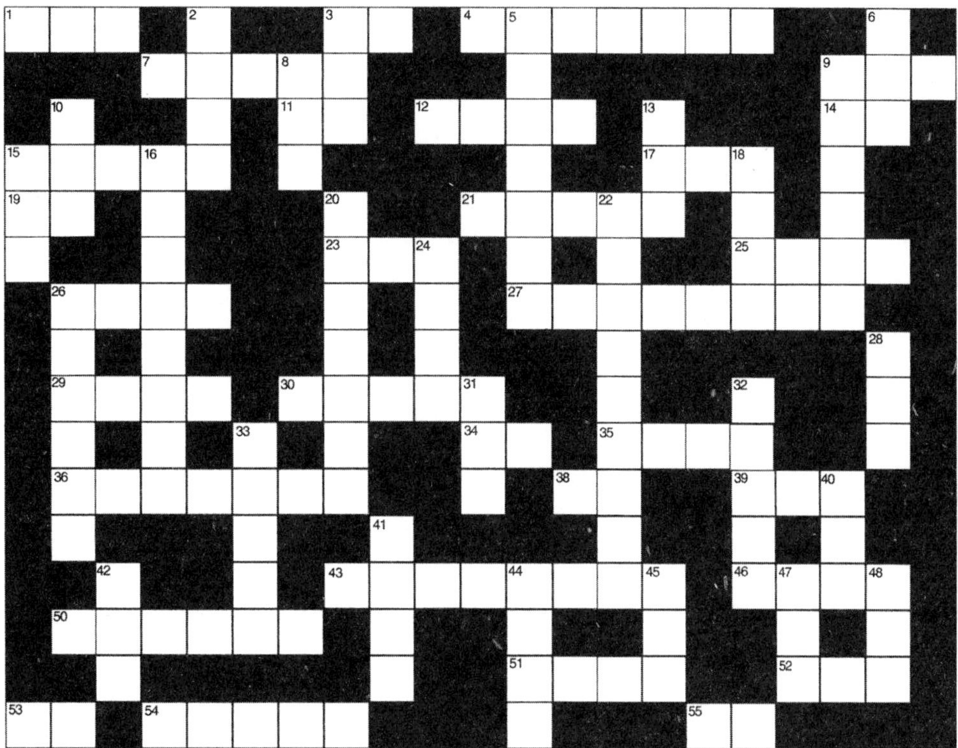

HORIZONTAL

1. *her* (dat.) 3. *you* 4. *cash* 7. *my* (attr. pl.) 9. *only* 11. *he* 12. *guest* 14. *around* 15. *to go swimming* 17. *ice cream* 19. *into* 21. *trip* 23. *and* 25. *free* 26. *cold* 27. *counter* 29. *almost* 30. *night* 34. *off* (prefix) 35. *couch* 36. *entrance* 38. *it* 39. *with* 43. *to change* 46. *your* (pl. fam.) 50. *banks* 51. *after* 52. *red* 53. *closed* 54. *our* 55. *egg*

VERTIKAL

2. *not a* 3. *the* (m.) 5. *ID card* 6. *to the* 8. *new* 9. *number* 10. *one* (pronoun) 13. *lake* 15. *until* 16. *to cash* 18. *juice* 20. *exit* 22. *key* 24. *Sure I do.* 26. *suitcase* 28. *has* 31. *day* 32. *lamp* 33. *Thank you!* 40. *tea* 41. *bed* 42. *the* (n.) 44. *are* 45. *near* 47. *watch* 48. *red*

G. Was tun? You're traveling during summer vacation and have run into a problem with accommodations. React to the information given with different expressions of disbelief, such as the ones below.

Ach du liebes bisschen!	Du bist wohl verrückt!
Das gibt's doch nicht!	Nein danke!
Das glaube ich nicht.	Quatsch!
Das kann doch nicht wahr sein!	Vielleicht du, aber ich nicht.
Du bist lustig.	Wenn's sein muss.

BEATE Du, die Jugendherberge ist diese Woche geschlossen.

SIE ____

BEATE Ich habe überall gefragt, aber es gibt kein Hotelzimmer und kein Gästezimmer mehr.

SIE ____

BEATE Vielleicht müssen wir im Park schlafen.

SIE ____

BEATE Sollen wir einfach wieder nach Hause fahren?

SIE ____

BEATE Oder wir fahren in der Nacht mit dem Zug *(train)* irgendwohin und sind am Morgen wieder hier.

SIE ____

BEATE Nein, nein, nein! Zu allem sagst du nein. Vielleicht können wir bei der Polizei schlafen.

SIE ____

BEATE Du, ich glaube, ich habe mein Portemonnaie in der Telefonzelle gelassen *(left)*.

SIE ____

H. Aufsatz: Reisen in Nordamerika Pretend you are a German tourist traveling in the United States or Canada. Write a short travelogue for your hometown newspaper in Germany. What is special about traveling in North America? How do people travel and which destinations are especially popular? Include brief comments about your own personal insights or preferences.

Rückblick: Kapitel 4–7

I. Verbs

1. **Wissen**

   Wissen, like the modals below, is irregular in the singular of the present tense. It means *to know a fact,* as opposed to **kennen,** which means *to be acquainted with a person or thing.*

singular	plural
ich weiß	wir wissen
du weißt	ihr wisst
er weiß	sie wissen

2. Modals

	dürfen	können	müssen	sollen	wollen	mögen	möchten
ich	darf	kann	muss	soll	will	mag	möchte
du	darfst	kannst	musst	sollst	willst	magst	möchtest
er	darf	kann	muss	soll	will	mag	möchte
wir	dürfen	können	müssen	sollen	wollen	mögen	möchten
ihr	dürft	könnt	müsst	sollt	wollt	mögt	möchtet
sie	dürfen	können	müssen	sollen	wollen	mögen	möchten

   The modal is the second sentence element (V1); the infinitive of the main verb (V2) stands at the end of the sentence.

   Sie **sollen** ihr den Kaffee **bringen.** *You're **supposed to bring** her the coffee.*
   V1 V2

3. Imperatives

   The forms of the familiar imperative have no pronouns; the singular familiar imperative has no **-st** ending.

formal sg + pl.	fam. sg. (du)	fam. pl. (ihr)	1st pers. pl. *(let's . . .)*
Schreiben Sie!	Schreib!	Schreibt!	Schreiben wir!
Antworten Sie!	Antwort**e!**	Antwortet!	Antworten wir!
Fahren Sie!	**Fahr!**	Fahrt!	Fahren wir!
Nehmen Sie!	**Nimm!**	Nehmt!	Nehmen wir!

4. Present perfect

   a. Past participles

t-verbs (weak and mixed verbs)	n-verbs (strong verbs)
(ge) + stem(change) + (e)t	(ge) + stem(change) + en
gekauft	geschrieben
gearbeitet	
gebracht	
eingekauft	mitgeschrieben
verkauft	unterschrieben
reserviert	

b. Most verbs use **haben** as the auxiliary. Those that use **sein** are intransitive (take no object) and imply a change of place or condition; **bleiben** and **sein** are exceptions to the rule.

Wir haben Wien gesehen.
Wir sind viel gelaufen.
Abends sind wir müde gewesen.

5. Verbs with inseparable and separable prefixes

a. Inseparable-prefix verbs (verbs with the unstressed prefixes **be-, emp-, ent-, er-, ge-, ver-** and **zer-**) are never separated.

Was bedeutet das?
Das verstehe ich nicht.
Was empfehlen Sie?
Wer bezahlt das Mittagessen?

The prefixes **über-, unter-,** and **wieder-** can be used as separable or inseparable prefixes, depending on the particular verb and meaning.

Übernach'tet ihr in der Jugendherberge?
Unterschrei'ben Sie bitte hier!
Wiederho'len Sie bitte! BUT Hol das bitte wieder!

b. Separable-prefix verbs (verbs where the prefix is stressed) are separated in statements, questions, and imperatives.

Du **bringst** deine Schwester **mit.**
Bringst du deine Schwester **mit?**
Bring doch deine Schwester **mit!**

They are not separated when used with modals in the present perfect or in dependent clauses.

Du **sollst** deine Schwester **mitbringen.**
Hast du deine Schwester **mitgebracht?**
Sie will wissen, ob du deine Schwester **mitbringst.**

II. Cases

1. Interrogative pronouns

nom.	wer?	was?
acc.	wen?	was?
dat.	wem?	—

2. **Der-**words and **ein-**words
Der-words have the same endings as the definite article **der;** and **ein-**words (or possessive adjectives) have the same endings as **ein** and **kein.**

dieser	solcher (so ein)
jeder	welcher
mancher	alle

mein	unser
dein	euer
sein, sein, ihr	ihr, Ihr

3. Two-way prepositions: accusative or dative?

an, auf, hinter, in, neben, über, unter, vor, zwischen

The nine two-way prepositions take either the dative or the accusative, depending on the verb.

wo? LOCATION, activity within a place → dative
wohin? DESTINATION, motion to a place → accusative

Remember the difference between these two sets of verbs:

to put (upright)	Er **stellt** den Koffer neben den Ausgang.
to stand	Der Koffer **steht** neben dem Ausgang.
to put (flat), lay	**Legen** Sie den Ausweis auf den Tisch!
to lie (flat)	Der Ausweis **liegt** auf dem Tisch.

4. Summary of the three cases

	use	follows ...	masc.	neut.	fem.	pl.
nom.	Subject, Predicate Noun	**heißen, sein, werden**	der dieser ein mein	das dieses ein mein	die diese eine meine	die diese keine meine
acc.	Direct Object	**durch, für, gegen, ohne, um** **an, auf, hinter, in, neben, über, unter, vor, zwischen**	den diesen einen meinen			
dat.	Indirect Object	**aus, außer, bei, mit, nach, seit, von, zu** **antworten, danken, gefallen, gehören, helfen, zuhören**	dem diesem einem meinem	dem diesem einem meinem	der dieser einer meiner	den diesen keinen meinen

5. Personal pronouns

	singular					plural			sg. / pl.
nom.	ich	du	er	es	sie	wir	ihr	sie	Sie
acc.	**mich**	**dich**	**ihn**	**es**	**sie**	**uns**	**euch**	**sie**	**Sie**
dat.	**mir**	**dir**	**ihm**	**ihm**	**ihr**	**uns**	**euch**	**ihnen**	**Ihnen**

Don't confuse these pronouns with the **ein**-words or possessive adjectives which are always followed by a noun.

III. Sentence structure

1. Verb position

a. V1—V2

In declarative sentences, yes/no questions, and imperatives, two-part verb phrases are split:

- the inflected part (V1) is the first or second sentence element.
- the other part (V2) appears at the end of the clause.

Er **ist** hier an der Uni **Student.**
Er **ist** wirklich sehr **interessant.**
Hast du ihn schon **kennen gelernt?**
Ich **kann** jetzt nicht lange **sprechen.**
Komm doch später bei uns **vorbei!**
V1 V2

b. Subordinate clauses

- Subordinate clauses are introduced by subordinating conjunctions or interrogatives:

bevor, dass, ob, obwohl, weil, wenn, etc.

wer? wen? wem? was? was für ein(e)? wohin? woher? wo?
wann? warum? wie? wie lange? wie viel? wie viele? etc.

- In subordinate clauses, the subject usually comes right after the conjunction, and the inflected verb (V1) is at the end of the clause.

Sie sagt, **dass** sie das Einzelzimmer **nimmt.**
Er sagt, **dass** er den Zimmerschlüssel **mitbringt.**

- Two-part verb phrases appear in the order V2 V1.

Sie sagt, **dass** er den Koffer **mitbringen soll.**

- If a subordinate clause is the first sentence element, then the inflected part of the verb in the main clause comes right after the comma, retaining second position in the overall sentence.

Ich **habe** den Schlüssel **mitgenommen,** weil das Hotel um 24.00 Uhr zumacht.
Weil das Hotel um 24.00 Uhr zumacht, **habe** ich den Schlüssel **mitgenommen.**

2. Sequence of objects

The indirect object usually precedes the direct object, unless the direct object is a pronoun.

Sie gibt **dem Herrn** den Reisescheck.
Sie gibt **ihm** den Reisescheck.
Sie gibt ihn **dem Herrn.**
Sie gibt ihn **ihm.**

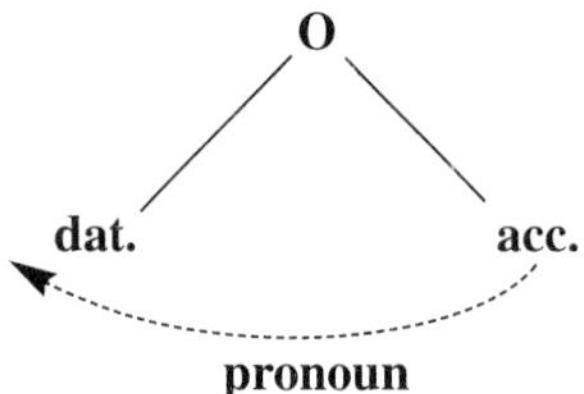

3. **Sondern** vs. **aber**

Sondern must be used when the first clause is negated AND the meaning *but on the contrary* is implied.

Er wohnt hier, **aber** er ist gerade nicht zu Hause.
Heinz ist nicht hier, **aber** er kommt in zehn Minuten zurück.
Heinz ist nicht hier, **sondern** bei Freunden.

Wer den Pfennig nicht ehrt, ist den Taler nicht wert.
He who doesn't value a penny, isn't worth a dollar.
Take care of the pennies, and the pounds will look after themselves.

Name ______________________ Datum ______________________ Kurs ______________________

WORTSCHATZWIEDERHOLUNG

A. Nennen Sie das Gegenteil!

1. der Ausgang ____________
2. der Tag ____________
3. antworten ____________
4. fahren ____________
5. Glück haben ____________
6. mieten ____________
7. zumachen ____________
8. alt ____________
9. bequem ____________
10. furchtbar ____________
11. geöffnet ____________
12. hell ____________
13. hier ____________
14. immer ____________
15. leicht ____________
16. links ____________
17. ruhig ____________
18. sauber ____________
19. unten ____________
20. weit ____________

B. Was ist der Artikel und der Plural?

1. ____ Ausweis ____________
2. ____ Bank ____________
3. ____ Bibliothek ____________
4. ____ Fest ____________
5. ____ Garten ____________
6. ____ Gast ____________
7. ____ Gasthof ____________
8. ____ Haus ____________
9. ____ Lied ____________
10. ____ Koffer ____________
11. ____ Nacht ____________
12. ____ Radio ____________
13. ____ Reise ____________
14. ____ Sessel ____________
15. ____ Tasche ____________
16. ____ Weg ____________

C. Was passt? More than one response is possible.

____ 1. Können Sie mir sagen, wo das Hotel ist?
____ 2. Wie komme ich dorthin *(to it)*?
____ 3. Wie lange dauert das?
____ 4. Wo kann ich das Gepäck lassen?
____ 5. Einen Moment! Das gehört mir!
____ 6. Wann machen Sie zu?
____ 7. Wo ist das Zimmer?
____ 8. Haben Sie kein Zimmer mit Bad?
____ 9. Das Zimmer ist zu klein.
____ 10. Nehmen Sie Reiseschecks an?

a. An der Rezeption.
b. Da drüben.
c. Das macht nichts.
d. Das stimmt nicht.
e. Doch!
f. Ein paar Minuten.
g. Entschuldigen Sie!
h. Fahren Sie immer geradeaus!
i. In ein paar Minuten.
j. Ja, gern.
k. Ja, natürlich.
l. Leider nicht.
m. Mit dem Bus.
n. Neben dem Rathaus.
o. Ich weiß nicht.
p. Schade.
q. Sind Sie sicher?
r. Um 23.00 Uhr.
s. Wirklich?
t. Zu Fuß!

STRUKTURWIEDERHOLUNG

D. *Wissen* oder *kennen*?

1. Ich möchte _______________, für wen das Geschenk ist.
2. _______________ du einen Herrn Mayerhofer?
3. _______________ ihr eure Nachbarn nicht?
4. Nein, ich _______________ sie nicht, aber ich _______________, dass sie aus Österreich sind.
5. _______________ du, wann sie zurückkommen sollen?

E. Geben Sie alle Imperative!

1. Tun wir die Milch in den Kühlschrank!

   ____

2. Stellen wir die Teller auf den Tisch!

   ____

3. Gehen wir ins Wohnzimmer!

   ____

4. Sprechen wir ein bisschen!

   ____

5. Lassen wir alles liegen und stehen!

   ____

6. Nehmen wir ein paar Gläser mit!

   ____

7. Essen wir ein paar Kartoffelchips!

   ____

8. Bleiben wir noch ein bisschen!

   ____

9. Fahren wir später!

   ____

F. Sagen Sie es im Perfekt!

1. Wohin geht ihr? — Wir fahren zum Museum.

   ____

2. Was machst du heute? — Ich packe meinen Koffer.

   ____

3. Wie feiert ihr seinen Geburtstag? — Wir überraschen ihn mit einer Party.

   ____

4. Wie gefällt Ihnen die Landshuter Fürstenhochzeit? — Sie macht mir viel Spaß.

   ____

5. Vermieten Sie die Wohnung? — Ja, eine Studentin nimmt sie.

6. Weißt du, wo der Scheck ist? — Ja, er liegt auf dem Schreibtisch.

7. Wie lange dauert die Party? — Sie ist um 12.00 Uhr vorbei.

8. Wo sind Paula und Robert? — Sie kaufen ein.

G. Verben und Personalpronomen Variieren Sie die Sätze!

1. **Ihr dürft das Geschenk aufmachen.**
   May we open the present? We want to open it. I can't open it. He has to open it. Why am I not supposed to open it? Wouldn't you (3x) *like to open it?*

2. **Wir kommen morgen an.**
   I arrived yesterday. She's arriving today. When are they arriving? When did he arrive? Is he arriving, too? I know that they're not arriving tomorrow. They're supposed to arrive the day after tomorrow. Has she arrived yet **(schon)**?

3. **Ich frage sie.**
   He's asking you (formal). *She's asking him. Are they asking us? Yes, they are asking you* (sg. fam.). *We're asking you* (pl. fam.). *Don't* (pl. fam.) *ask them! Did you* (sg. fam.) *ask them? Weren't they asking you* (sg. fam.)? *Have you* (pl. fam.) *asked me?*

4. **Mir gefällt dieses Museum.**
   He likes our museum. Do you (formal) *like this museum? They don't like their museum. Which museum do you* (sg. fam.) *like? I like such a museum. Why don't you* (pl. fam.) *like any museum? I never liked such museums. He likes every museum.*

5. **Es tut mir Leid.**
   She's sorry. He isn't sorry. Are you (3x) *sorry? I was sorry. They were sorry.*

H. Präpositionen Bilden Sie Sätze wie in den Beispielen!

1. BEISPIEL Wo ist der Koffer? *An der Tür!*
   Wohin soll ich den Koffer stellen? *An die Tür!*

vor / Haus ______________ ______________

in / Gästezimmer ______________ ______________

neben / Sofa ______________ ______________

hinter / Sessel ______________ ______________

unter / Tisch ______________ ______________

zwischen / Stuhl / und / Bett ______________ ______________

2. BEISPIEL Wohin soll ich das Messer legen? *Auf den Tisch!*
   Wo liegt das Messer? *Auf dem Tisch!*

neben / Gabel ______________ ______________

auf / Teller ______________ ______________

in / Küche ______________ ______________

in / Esszimmer ______________ ______________

zwischen / Butter / und / Käse ______________ ______________

I. Konjunktionen Verbinden Sie die Sätze! *(Note that both coordinating and subordinating conjunctions are used.)*

1. Ich lerne Deutsch. Meine Großeltern sind aus Deutschland. *(because)*

   ____

2. Sie möchte wissen. Bist du schon einmal in Deutschland gewesen? *(whether)*

   ____

3. Ich sage (es) ihr. Ich bin im Sommer dort gewesen. *(that)*

   ____

4. Ich möchte gern wieder einmal nach Deutschland. So eine Reise ist nicht billig. *(but)*

   ____

5. Braucht man Hotelreservierungen? Man fährt nach Deutschland. *(when)*

   ____

6. *(although)* Man braucht keine Reservierung. Es hat manchmal lange gedauert, bis ich ein Zimmer gefunden habe.

   ____

7. Einmal habe ich bei einer Kusine übernachtet. Eine Nacht habe ich im Zug *(train)* geschlafen. *(and)*

   ____

   ____

8. Man muss alles gut planen. Man möchte nach Deutschland fahren. *(if)*

   ____

J. *Sondern* oder *aber*?

1. Momentan habe ich kein Kleingeld, ______________ später gehe ich zur Bank.
2. Die Bank ist um diese Zeit geschlossen, ______________ sie macht in einer Stunde auf.
3. Wir möchten nicht in die Stadt gehen, ______________ hier bleiben.
4. In der Stadt kann man viel sehen, ______________ wir haben schon alles gesehen.
5. Das bedeutet nicht, dass die Stadt mir nicht gefällt, ______________ es bedeutet nur, dass ich müde bin.

K. Was fehlt?

1. ______________ (*on the*) Wochenende fahren Silvia und Jim ______________ (*by*) Auto ______________ (*to the*) Land. Dort wollen sie ein Picknick machen. 2. Sie halten ______________ (*in a*) Städtchen und gehen dann zu Fuß ______________ (*on a*) Feldweg ______________ (*into the*) Wald. 3. Sie bummeln gemütlich ______________ (*through the*) Wald und kommen ______________ (*to a*) See. 4. Jim stellt das Essen ______________ (*under a*) Baum, weil er und Silvia ______________ (*in the*) See baden wollen. 5. Aber was sehen sie, als *(when)* sie wieder ______________ (*out of the*) Wasser kommen? Ameisen *(ants)*, viele Ameisen! 6. Sie sind überall: ______________ (*between the*) Brötchen *(pl.)*, ______________ (*under the*) Käse, ______________ (*on the*) Butter, ______________ (*behind the*) Kuchen und ______________ (*in the*) Limonade. 7. Nicht nur das! Jetzt krabbeln *(crawl)* sie auch noch ______________ (*into the*) Kleidung: ______________ (*onto the*) Bluse, ______________ (*between the*) Hosenbeine *(pl.)* und ______________ (*under the*) Rock! Einfach furchtbar! 8. Da läuft Silvia ______________ (*with the*) Kleidung zurück ______________ (*to the*) See und schüttelt *(shakes)* die Ameisen ______________ (*into the*) Wasser. 9. Weg *(away)* ______________ (*with the*) Ameisen! 10. Jim fischt die Ameisen ______________ (*out of the*) Brötchen *(pl.)*, ______________ (*out of the*) Butter, ______________ (*out of the*) Kuchen und ______________ (*out of the*) Limonade.

Wie schön! Guten Appetit!

L. Was ist richtig?

1. Ach, das tut _____ furchtbar Leid.
   a. ich b. mich c. mir d. mein
2. Wie gefällt es _____ hier?
   a. Sie b. Ihnen c. Ihren d. Ihr
3. Wo ist der Park? Können Sie _____ zeigen?
   a. mich er b. ihn mich c. ihn mir d. mir ihn
4. Die Tür ist zu. Bitte öffnen Sie _____!
   a. sie mich b. mir sie c. sie mir d. mich sie
5. Wir wollen am Wochenende _____ Land fahren.
   a. auf dem b. aufs c. ins d. im
6. Wo ist der Kellner? Ich kann _____ nicht sehen.
   a. er b. ihn c. ihm d. ihr
7. Wir fahren nicht mit dem Bus, _____ wir gehen zu Fuß.
   a. aber b. sondern
8. Die Prüfung ist nicht lang, _____ sie ist schwer.
   a. aber b. sondern
9. Stell doch das Auto in _____ Garage!
   a. die b. der
10. Den Wein findet ihr in _____ Kühlschrank!
    a. den b. dem
11. Häng die Mäntel in _____ Schrank!
    a. den b. dem
12. Gehen Sie an _____ Tafel!
    a. die b. der
13. _____ hält der Bus?
    a. Wo b. Woher c. Wohin
14. _____ läufst du denn so schnell?
    a. Wo b. Woher c. Wohin
15. An _____ Haltestelle müssen wir aussteigen?
    a. welche b. welchen c. welcher d. welchem
16. Geht ihr heute Abend _____?
    a. ab b. aus c. ein d. zu
17. Wer _____ mitkommen?
    a. können b. kann c. könnt d. kannst
18. _____ Oskar auf die Party mit!
    a. Nehme b. Nimm c. Nimmt d. Nehmen
19. Gefallen _____ die Sessel nicht?
    a. dir b. ihn c. sie d. du
20. _____ du die Fenster zugemacht?
    a. Hast b. Bist
21. _____ Rita schon zurückgekommen?
    a. Hat b. Ist
22. Wer _____, wo Erika ist?

a. wisse b. wisst c. weißt d. weiß

23. Gerda sitzt zwischen _____ Vater und _____ Mutter.
    a. ihren/ihre b. ihrem/ihrer c. ihr/ihre d. ihrem/ihren

24. Wer kann _____ helfen?
    a. mich b. mir c. mein d. ich

25. _____ soll ich helfen?
    a. Wer b. Wen c. Was d. Wem

M. Auf Deutsch bitte! Unless you are instructed otherwise, use plural familiar forms in this exercise.

1. *How do you like your rooms?*

   ____

2. *I like my room.*

   ____

3. *One can see not only the city, but also the lake.*

   ____

4. *Do you know that my room even has a TV?*

   ____

5. *Which room do you* (sg. fam.) *have?*

   ____

6. *Look* (sg. fam.) *over there, the room next to the entrance!*

   ____

7. *What are we doing now?*

   ____

8. *Nothing. I have to talk with your father.*

   ____

9. *And you must go to* **(ins)** *bed, because we'll have to get up early* **(früh)** *tomorrow.*

   ____

10. *We only sit in the car and aren't allowed to do anything.*

    ____

11. *Where do you want to go?*

    ____

12. *I know a hotel near the lake where one can dance.*

    ____

13. *When are you coming back?*

    ____

14. *When are we supposed to come back?*

____

15. *Where are the car keys?*

____

16. *Give* (sg. fam.) *them to me.*

____

17. *Did you* (sg. fam.) *see my keys?*

____

18. *Who had them last* **(zuletzt)**?

____

19. *I didn't take them.*

____

20. *Where were you* (sg. fam) *last?— I don't know.*

____

Kapitel 8 Post und Reisen

Zum Hören

GESPRÄCHE

CD 6, Track 1

A. Auf der Post am Bahnhof Hören Sie zu und wiederholen Sie!

HERR Grüezi!
UTA Grüezi! Ich möchte dieses Paket nach Amerika schicken.
HERR Normal oder per Luftpost?
UTA Per Luftpost. Wie lange dauert das denn?
HERR Ungefähr eine Woche. Füllen Sie bitte diese Paketkarte aus! . . . Moment, hier fehlt noch Ihr Absender.
UTA Ach ja! . . . Noch etwas. Ich brauche eine Telefonkarte.
HERR Für fünf, zehn, zwanzig oder fünfzig Franken?
UTA Für zwanzig Franken. Vielen Dank!

B. Am Fahrkartenschalter in Zürich Hören Sie zu und lesen Sie dann Annes Rolle!

ANNE Wann fährt der nächste Zug nach Interlaken?
FRAU In 5 Minuten. Abfahrt um 11.28 Uhr, Gleis 2.
ANNE Ach du meine Güte! Und wann kommt er dort an?
FRAU Ankunft in Interlaken um 14.16 Uhr.
ANNE Muss ich umsteigen?
FRAU Ja, in Bern, aber Sie haben Anschluss zum InterCity mit nur 24 Minuten Aufenthalt.
ANNE Gut. Geben Sie mir bitte eine Hin- und Rückfahrkarte nach Interlaken!
FRAU Erster oder zweiter Klasse?
ANNE Zweiter Klasse.

C. Richtig oder falsch? Sie hören fünf Sätze. Stimmt das?

1. richtig falsch
2. richtig falsch
3. richtig falsch
4. richtig falsch
5. richtig falsch

AUSSPRACHE: e, er

For more practice pronouncing these sounds, see the Summary of Pronunciation Part II, subsections 8–10 in the front of this *Arbeitsbuch*.

CD 6, Track 2

A. Laute Hören Sie zu und wiederholen Sie!

1. [ ] Adress**e**, Eck**e**, Halt**e**st**e**ll**e**, b**e**komm**e**n, b**e**such**e**n, ein**e** halb**e** Stund**e**
2. [ ] ab**er**, saub**er**, schw**er**, eu**er**, uns**er**, Zimm**er**numm**er**, Uh**r**, vo**r**, nu**r**, unt**er**, üb**er**, auß**er**, wied**er**holen

B. Wortpaare Hören Sie zu und wiederholen Sie!

1. Studenten / Studentin
2. Touristen / Touristin
3. diese / dieser
4. arbeiten / Arbeitern
5. lese / Leser
6. mieten / Mietern

Was hören Sie jetzt? ....

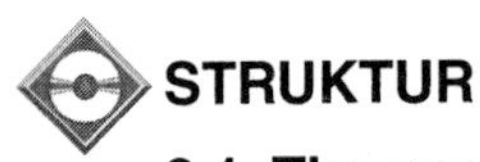

STRUKTUR

CD 6, Track 3

8.1 The genitive case

A. Beim Reisen Ersetzen Sie den Genitiv!

1. Sie wohnt auf dieser Seite der Stadt. (Berg)
   Sie wohnt auf dieser Seite des Berges.
   ....
2. Das ist ein Bild meines Großvaters. (meine Tante)
   Das ist ein Bild meiner Tante.
   ....
3. Wo ist das Gepäck des Touristen? (Student)
   Wo ist das Gepäck des Studenten?
   ....

8.2 Time expressions

B. Wann passiert das? *(When does that happen?)* Ersetzen Sie das Adverb!

1. Fischers fliegen morgen früh ab. (heute Morgen)
   Fischers fliegen heute Morgen ab.
   ....
2. Morgens spielen wir Tennis. (sonntags)
   Sonntags spielen wir Tennis.
   ....

8.3 Sentence structure

C. Fragen Wohin passt das neue Adverb? Add the new adverb to the sentence.

Wir fahren zum Flughafen. (um halb sieben)
Wir fahren um halb sieben zum Flughafen.

1. Wir fahren zum Flughafen. (um halb sieben)
2. Sie fliegt nächste Woche. (nach Paris)
3. Er fährt zum Bahnhof. (mit dem Fahrrad)
4. Ich arbeite im Geschäft. (bis 9 Uhr)
5. Sie kommen hoffentlich im Juli. (zu uns nach Wien)
6. Karl fliegt von Frankfurt ab. (heute)
7. Ist Herr Braun zu Hause? (heute Abend)
8. Gehst du zum Briefkasten? (zu Fuß)
9. Fährt der Junge allein? (in die Schweiz)
10. Sie müssen den Brief per Luftpost schicken. (heute noch)
11. Meine Großeltern reisen nach Österreich. (im Juli)

D. Stimmt das? Verneinen Sie die Sätze!

Sabrina wohnt in Berlin.
Sabrina wohnt nicht in Berlin.

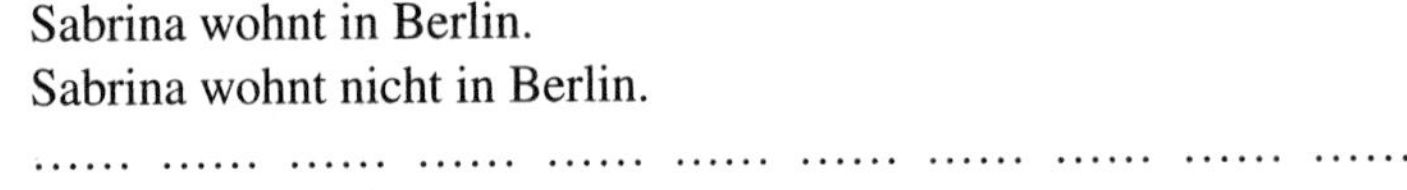

....

EINBLICKE

CD 6, Track 4

Touristen in der Schweiz

....

VERSTEHEN SIE?

CD 6,
Track 5

Unterwegs mit dem Eurailpass

....

Richtig oder falsch?

1. richtig falsch
2. richtig falsch
3. richtig falsch
4. richtig falsch
5. richtig falsch

Video-aktiv

MINIDRAMA: Die Schweizer Post ist schnell.

Vor dem Sehen

Zum Erkennen: abholen *(to pick up!);* Na endlich! *(Well, it's about time!);* Du Witzbold! *(You must be kidding.);* verpassen *(to miss [a train, etc.])*

A. Mal sehen!

1. Seid ihr schon mal mit dem Zug gefahren? Wenn ja, von wo nach wo?
2. Was muss man da natürlich kaufen?
3. Habt ihr ein Handy? Wenn ja, benutzt ihr es viel?
4. Wie ruft ihr an, wenn ihr nicht zu Hause seid und kein Handy habt?
5. Was braucht man, wenn man von einer Telefonzelle anrufen will?
6. Was braucht man, wenn man einen Brief schicken will?
7. Wohin tut man den Brief dann?
8. Welche Farbe haben Briefkästen hier bei uns?
9. Schreibt ihr manchmal Briefe oder Karten? Wenn ja, wann?
10. Schreibt ihr E-Mails? Wenn ja, wie viele E-Mails am Tag?

Nach dem Sehen

B. Richtig oder falsch?

_____ 1. Inge und Daniela wollen nach Zürich fahren.

_____ 2. Sie haben noch eine Stunde Zeit bis zur Abfahrt des Zuges.

_____ 3. Inge hat vergessen *(forgotten),* ihren Onkel anzurufen.

_____ 4. Eigentlich soll Arnold sie dort abholen.

_____ 5. Sie gehen zur Telefonzelle und wollen ihn anrufen.

_____ 6. Für die Telefonzelle brauchen sie aber eine Kreditkarte.

_____ 7. Sie haben keine Münzen und keine Telefonkarte.

_____ 8. Sie fragen eine Dame und einen Herrn, ob sie 10 Euro wechseln können.

_____ 9. Der Herr hat kein Kleingeld.

_____ 10. Daniela geht dann zur Post, wo sie Geld wechseln und auch ein paar Briefmarken kaufen will.

C. Fragen und Antworten

1. Was tut Inge, während *(while)* Daniela Geld umwechselt?
2. Warum tut sie das?
3. Warum verpassen sie den Zug?
4. Wie wissen wir, dass Inge das nicht so gut findet?
5. Wann ist der Zug abgefahren?
6. Wann fährt der nächste *(next)* Zug?
7. Wann soll er in der Schweiz ankommen?
8. Was tut Inge mit ihrem Brief?
9. Glaubt ihr, dass der Brief noch rechtzeitig *(in time)* bei Arnold ankommt? Warum (nicht)?
10. Was tun Inge und Daniela, bis der nächste Zug kommt?

D. Sag es anders!

1. Ach du meine Güte!
2. Das ist doch egal.
3. Das ist typisch Daniela.
4. Das kann doch nicht wahr sein!
5. Pass auf!
6. in einer Dreiviertelstunde
7. in einer halben Stunde
8. jede Stunde
9. jeden Tag
10. jedes Jahr

BLICKPUNKT: Reise in die Schweiz

Vor dem Sehen

Zum Erkennen: der Ort, -e *(place);* die Verbindung, -en *(connection);* die Aussicht, -en *(view);* der Schaffner, - *(conductor);* freundlich *(friendly);* hilfsbereit *(helpful);* pünktlich *(punctually);* die Piste, -n *([ski] slope)*

E. Mal sehen!

1. Seid ihr schon mal in der Schweiz gewesen? Wenn ja, wann und wo?
2. Wo liegt die Schweiz? Wie heißen die Nachbarn der Schweiz?
3. Welche Städte gibt es in der Schweiz? (Ohne Landkarte bitte!)
4. Liegen die Städte an einem Fluss? Wenn ja, an welchem Fluss?
5. Kennt ihr ein paar Speisen (Gerichte, Kuchen usw.) aus der Schweiz?
6. Kennt ihr ein paar Komponisten, Künstler oder Schriftsteller aus der Schweiz?
7. Kennt ihr hier ein paar Schweizer?
8. Was für Schweizer Produkte kennt ihr?
9. Gibt es hier einen Schweizer Klub?
10. Die Schweiz hat Berge und Seen. Was gibt es da aber nicht?

Nach dem Sehen

F. Was stimmt?

1. Conny Weber arbeitet ____.
   a. bei der Post
   b. bei der Touristeninformation am Bahnhof
   c. in einem Reisebüro

2. Sie ____ Reiseorte und Hotels.
   a. empfehlt
   b. empfiehlt

3. Sie bucht auch ____.
   a. Fahrkarten
   b. Fahrpläne
   c. Abfahrten

4. Im Sommer gehen die Schweizer gern ____ und im Winter Skilaufen.
   a. besuchen
   b. schicken
   c. wandern

5. Die Leute fahren dort viel mit dem ____.
   a. Zug
   b. Taxi
   c. Flugzeug

6. Die Verbindungen sind gut und die Züge sind ____.
   a. herrlich
   b. pünktlich
   c. frei

7. Die Schaffner sollen hilfsbereit und ____ sein.
   a. praktisch
   b. bequem
   c. freundlich

8. Mit der Halbtax ____ die Schweizer und auch die Touristen zum halben *(half)* Preis Zug fahren.
   a. müssen
   b. sollen
   c. können

9. In der Schweiz gibt es vier Sprachen: Deutsch, Französisch, Italienisch und ____.
   a. Lateinisch
   b. Spanisch
   c. Rätoromanisch

10. In der Schule lernen alle Englisch und ____.
   a. Französisch
   b. Rätoromanisch
   c. Lateinisch

G. Fragen und Antworten

1. Was ist das Matterhorn?
2. Von wo können die Leute diesen Berg gut sehen?
3. Wie kommt man zum Klein-Matterhorn?
4. Wisst ihr, wo man in der Schweiz gut Skilaufen kann?
5. Was tun die Leute oft nach dem Skilaufen?
6. Könnt ihr Ski laufen? Wenn ja, seid ihr gut?
7. Wo kann man hier Ski laufen?
8. Geht ihr gern wandern?
9. Wo kann man hier gut wandern?
10. Was braucht man, wenn man wandern geht?

H. Was ist das Gegenteil von diesen Wörtern?

1. die Nacht ______________________
2. die Abfahrt ______________________
3. abfliegen ______________________
4. aufmachen ______________________
5. stehen ______________________
6. herrlich ______________________
7. geöffnet ______________________
8. bequem ______________________
9. leicht ______________________
10. hell ______________________

I. Genau gesehen

Was habt ihr im Video gesehen und was nicht?

	Bahnsteig		Bus		Handy
	Banken		Disko		Kuh *(cow)*
	Berge		Dörfer		Seen
	Blumen		Flughafen		Straßenbahn
	Briefkasten		Fluss		Wälder
	Brücken		Fußgängerzone		Züge

Man sieht kein(e/en) . . .

J. Kulturell gesehen

Nennt ein paar Sachen im Video, die *(which)* anders sind als *(than)* hier bei uns! Auf Deutsch bitte!

Name ______________ Datum ______________ Kurs ______________

Zum Schreiben

A. Erweitern Sie Ihren Wortschatz!

Compound nouns can be either plain **(Sommertag)** or linked **(Geburtstag, Tageszeit, Kindergarten, Herrenpullover, Wochentag).** The **-s-** or **-es-** link is a genitive form that may also appear with feminine nouns. The **-er-**, **-en-**, and **-n-** links are plural forms that also connect singular nouns more smoothly. Which link will be used in a compound is not predictable; skill at making new compounds can only be acquired through practice and observation.

Unterstreichen Sie *(underline)* das Verbindungsglied *(link)* in jedem der unteren Wortkombinationen und geben Sie das englische Äquivalent!

BEISPIEL Suppenlöffel *soup spoon*

1. Erbsensuppe ______________
2. Tomatensalat ______________
3. Blumengeschäft ______________
4. Straßenname ______________
5. Wochenende ______________
6. Hosentasche ______________
7. Fahrkartenschalter ______________
8. Studentenheim ______________
9. Kinderzimmer ______________
10. Jahreszeit ______________
11. Mittagspause ______________
12. Abfahrtszeit ______________
13. Jugendherbergsausweis ______________
14. Übernachtungsmöglichkeit ______________

B. Städte und Länder Was ist was auf dieser Karte von der Schweiz? Die großen Buchstaben *(capital letters)* repräsentieren Länder, die kleinen Buchstaben *(small letters)* Flüsse, Seen, Berge oder Pässe und die Zahlen Städte. Was gehört zu welchen Buchstaben und Zahlen?

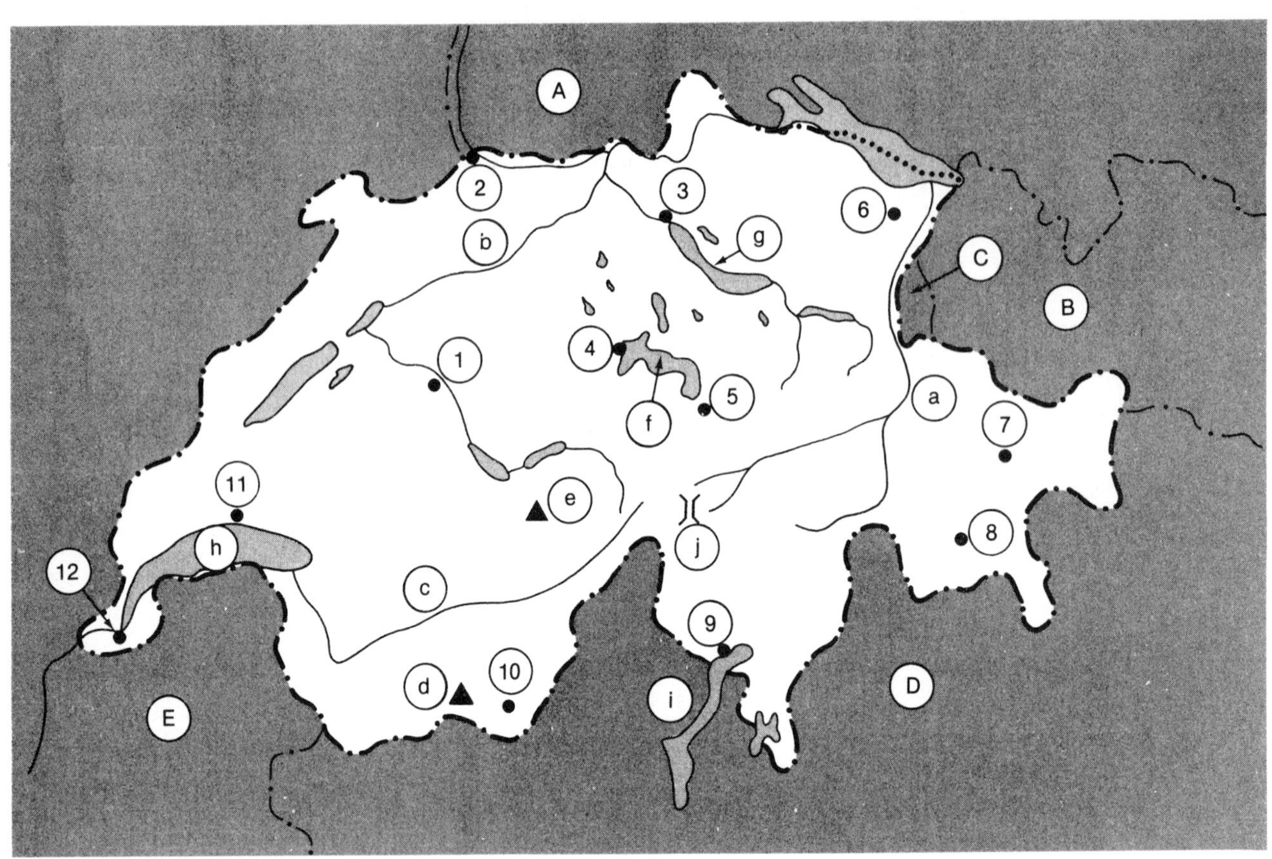

LÄNDER	FLÜSSE / SEEN / BERGE / PÄSSE	STÄDTE
A. ________	a. ________	1. ________
B. ________	b. ________	2. ________
C. ________	c. ________	3. ________
D. ________	d. ________	4. ________
E. ________	e. ________	5. ________
	f. ________	6. ________
	g. ________	7. ________
	h. ________	8. ________
	i. ________	9. ________
	j. ________	10. ________
		11. ________
		12. ________

C. Post und Reisen Bilden Sie ganze Sätze!

1. Margarete // schicken / Junge / mit / Paket / zu / Post! *(Use the imperative.)*

2. Flugzeug / sollen / ankommen / 16 Uhr / in Zürich

3. dort / wir / besuchen / Bruder / meine Mutter

4. ihr / weiterfahren / mit Zug / am Abend?

5. warum / du / nicht / fahren / mit Zug // ich / nicht / können / verstehen

6. statt / eine Autofahrt / ich / machen / gern / Zugreise

D. Eine Reise in die Schweiz Auf Deutsch bitte!

1. *During our vacation, we're going to Switzerland by train.*

2. *On the way, we'll visit my father's friend.*

3. *I don't know this gentleman, but I know that he lives in Bern.*

4. *We have to change trains in Basel.*

5. *Because of my school, we can't leave today. But we'll leave soon, perhaps the day after tomorrow.*

6. *Write* (fam. sg.) *us a postcard when you've arrived.*

7. *That depends. If it rains, I'll write you* (pl. fam.).

8. *That sounds good. Take care!*

E. Vor dem Züricher Hauptbahnhof Sehen Sie auf das Bild und beenden Sie die Sätze!

1. Das Bild zeigt die Bahnhofstraße _____ Züricher Hauptbahnhof.
   a. auf dem
   b. über dem
   c. zwischen dem
   d. gegenüber vom

2. In der Mitte der Straße fährt _____.
   a. ein Zug
   b. eine U-Bahn
   c. ein Bus
   d. eine Straßenbahn

3. Man sieht rechts auch viele Menschen. Sie _____.
   a. gehen alle zu Fuß
   b. warten alle auf den Bus
   c. sitzen alle gemütlich in Cafés
   d. fahren alle Autos

4. Vorne *(in front)* _____ stehen zwei Autos und warten, bis die Ampel *(light)* grün wird.
   a. rechts
   b. links
   c. in der Mitte
   d. an der Haltestelle

5. Das Wetter ist schön und die Leute brauchen _____.
   a. kein Handy
   b. keinen Aufenthalt
   c. keine Tasche
   d. keinen Mantel

6. Alle _____ irgendwohin *(somewhere)*.
   a. fehlen
   b. fliegen
   c. laufen
   d. schicken

F. Bei Müllers zum Abendessen Jeder erzählt etwas. Und die anderen, was sagen sie? Wählen Sie *(choose)* aus der Liste!

Ach du liebes bisschen!	Das tut mir (furchtbar) Leid.
Ach du meine Güte!	Gott sei Dank!
Das freut mich.	Na prima!
Das gibt's doch nicht!	Na und?
Das ist doch egal.	Pech gehabt!
Das macht nichts.	Schade!
Das sieht dir ähnlich.	Super!

KURT Mensch, ich habe immer noch Hunger!

HELGA ______________________________

SUSI Heute früh ist mir der Bus direkt vor der Nase weggefahren *(drove off right in front of me)*.

KURT ______________________________

SUSI Weil ich meine Hausaufgaben nicht mitgehabt habe, muss ich jetzt eine Seite aus dem Buch abschreiben *(copy)*.

KURT ______________________________

HELGA Aua, das Messer ist scharf *(sharp)*! Mutti, hast du ein Hansaplast*? Schnell! Aua aua aua!

MUTTER ______________________________

SUSI Wir haben nur Leukoplast*.

MUTTER ______________________________

HELGA So, jetzt ist alles wieder gut.

VATER ______________________________

HELGA Habe ich euch gesagt, dass ich einen Flug nach Mallorca gewonnen *(won)* habe?

SUSI ______________________________

HELGA Da muss ich eine Woche unbezahlten Urlaub *(unpaid vacation)* nehmen.

SUSI ______________________________

VATER Onkel Otto ist im Krankenhaus *(hospital)*.

MUTTER ______________________________

VATER Am Wochenende darf er wieder nach Hause.

MUTTER ______________________________. Kinder, heute gibt es keinen Nachtisch.

HELGA ______________________________

KURT ______________________________

*Hansaplast and Leukoplast are brands of adhesive bandages.

G. Dialog: Am Schalter in Zürich Wie geht's weiter?

Fragen Sie, wann der nächste Zug nach . . . fährt und auf welchem Gleis, wann er dort ankommt und ob Sie umsteigen müssen? Was kostet die Fahrt? Kaufen Sie eine Rückfahrkarte, Rückfahrt zu Silvester. Aber da gibt es ein Problem. Was nun? Seien Sie *(be)* flexibel und kreativ in diesem Gespräch!

Zürich-Berlin-Zürich

Täglich Hinfahrt[1] ↓		Täglich Rückfahrt[1] ↑
19.44	Zürich HB	09.16
20.01	Baden	08.53
21.02	Basel SBB	07.55
21.25	Basel Bad Bf	07.45
22.03	Freiburg (Breisgau)HBF	07.05
22.45	Offenburg	06.20
23.26	Karlsruhe HBF	05.33
00.05	Mannheim HBF	04.50
00.55	Frankfurt (Main) Süd	03.58
05.35	Hannover HBF	23.53
06.34	Wolfsburg	22.54
07.46	Berlin-Spandau	21.51
08.00	Berlin Zoologischer Garten	21.39
08.15	Berlin Ostbahnhof	21.24

[1] Ausser 24.12. und 31.12.

SIE Sagen Sie, wann fährt der nächste Zug nach . . . ?

DAME/HERR ______________________________

SIE ______________________________

DAME/HERR ______________________________

SIE ______________________________

DAME/HERR ______________________________

____

____

____

____

____

____

____

____

H. Aufsatz: Eine interessante Reise Schreiben Sie acht bis zehn Sätze über eine Reise, die *(which)* Sie gern einmal machen möchten, oder eine Reise, die besonders schön gewesen ist.

Kapitel 9 Freizeit und Gesundheit

Zum Hören

GESPRÄCHE

CD 6, Track 6

A. Am Telefon Hören Sie zu und wiederholen Sie!

FRAU SCHMIDT Hier Schmidt.
ANNEMARIE Guten Tag, Frau Schmidt. Ich bin's, Annemarie.
FRAU SCHMIDT Tag, Annemarie!
ANNEMARIE Ist Thomas da?
FRAU SCHMIDT Nein, tut mir Leid. Er ist gerade zur Post gegangen.
ANNEMARIE Ach so. Können Sie ihm sagen, dass ich heute Abend nicht mit ihm ausgehen kann?
FRAU SCHMIDT Natürlich. Was ist denn los?
ANNEMARIE Ich bin krank. Mir tut der Hals weh und ich habe Kopfschmerzen.
FRAU SCHMIDT Das tut mir Leid. Gute Besserung!
ANNEMARIE Danke. Auf Wiederhören!
FRAU SCHMIDT Wiederhören!

B. Bis gleich! Hören Sie zu und lesen Sie dann Danielas Rolle!

YVONNE Bei Mayer.
DANIELA Hallo, Yvonne! Ich bin's, Daniela.
YVONNE Tag, Daniela! Was gibt's?
DANIELA Nichts Besonderes. Hast du Lust, Squash zu spielen oder schwimmen zu gehen?
YVONNE Squash? Nein, danke. Ich habe noch Muskelkater von vorgestern. Ich kann mich kaum rühren. Mir tut alles weh.
DANIELA Lahme Ente! Wie wär's mit Schach?
YVONNE Okay, das klingt gut. Kommst du zu mir?
DANIELA Ja, bis gleich!

C. Was ist richtig? Sie hören vier Fragen. Schreiben Sie die richtige Antwort auf!

1. ______________________ 3. ______________________
2. ______________________ 4. ______________________

AUSSPRACHE: l, z

CD 6, Track 7

For more practice pronouncing these sounds, see the Summary of Pronunciation Part III, subsections 7–9 in the front of this *Arbeitsbuch.*

A. Laute Hören Sie zu und wiederholen Sie.

1. [l] laut, leicht, lustig, leider, Hals, Geld, malen, spielen, fliegen, stellen, schnell, Ball, hell
2. [ts] zählen, zeigen, zwischen, zurück, zuerst, Zug, Zahn, Schmerzen, Kerzen, Einzelzimmer, Pizza, bezahlen, tanzen, jetzt, schmutzig, trotz, kurz, schwarz, Salz, Schweiz, Sitzplatz

B. Wortpaare Hören Sie zu und wiederholen Sie!

1. *felt* / Feld
2. *hotel* / Hotel
3. *plots* / Platz
4. Schweiß / Schweiz
5. seit / Zeit
6. so / Zoo

Was hören Sie jetzt? ....

STRUKTUR

CD 6, Track 8

9.1 Endings of adjectives preceded by *der-* and *ein-*words

A. Beschreibungen *(descriptions)* Kombinieren Sie das Wort mit dem Adjektiv!

1. das Geschenk (toll)
   das tolle Geschenk
   …… …… …… …… ……
2. mein Freund (lieb)
   mein lieber Freund
   …… …… …… …… ……
3. ein Zimmer (sauber)
   ein sauberes Zimmer
   …… …… …… …… ……

B. Sehenswürdigkeiten *(attractions)* Ersetzen Sie das Hauptwort!

Ist das das bekannte Hotel? (Kirche)
Ist das die bekannte Kirche?
…… …… …… …… ……

C. Wie komme ich zu meiner kleinen Pension? Antworten Sie mit dem neuen Adjektiv!

Gehen Sie die Straße links! (erst-)
Gehen Sie die erste Straße links!

1. Gehen Sie die Straße links!
2. Gehen Sie die Straße rechts!
3. Fahren Sie mit dem Bus!
4. Fahren Sie an dem Park vorbei!
5. Steigen Sie bei dem Café aus!
6. Gegenüber ist das Museum.
7. Neben dem Museum ist die Pension.

9.2 Reflexive verbs

D. Die Zeit läuft. Ersetzen Sie das Subjekt!

1. Sie müssen sich beeilen. (du)
   Du musst dich beeilen.
   …… …… …… …… ……
2. Ich ziehe mich an. (wir)
   Wir ziehen uns an.
   …… …… …… …… ……

E. Wir sind noch nicht fertig. Sagen Sie, was noch zu tun ist!

duschen
Ich muss mich noch duschen.
…… …… …… …… …… …… …… ……

9.3 Infinitive with *zu*

F. Was kann man alles tun? Ersetzen Sie das Verb!

1. Dort gibt es viel zu sehen. (tun)
   Dort gibt es viel zu tun.
   …… …… …… …… ……
2. Es macht Spaß, Schach zu spielen. (Briefmarken sammeln)
   Es macht Spaß, Briefmarken zu sammeln.
   …… …… …… …… ……

EINBLICKE

CD 6, Track 9

Freizeit—Lust oder Frust?

VERSTEHEN SIE?

CD 6, Track 10

Am Telefon

Was ist richtig?

1. a. Peter
   b. Dieter
   c. Willi
2. a. Sie hat sich erkältet.
   b. Sie hat Ohrenschmerzen.
   c. Sie ist vom Baum gefallen.
3. a. Sie hat Klavier gespielt.
   b. Sie hat Karten gespielt.
   c. Sie ist ins Kino gegangen.
4. a. Er hat keine Lust.
   b. Die Konferenz beginnt.
   c. Er hat nichts zu sagen.
5. a. am Wochenende
   b. in fünf Minuten
   c. übermorgen

Video-aktiv

MINIDRAMA: Lachen ist die beste Medizin.

Vor dem Sehen

Zum Erkennen: die Grippe *(flu);* die Tablette, -n *(pill);* das Fieber *(fever);* die Decke, -n *(blanket);* der Hut, ¨e *(hat);* hinfallen *(to fall [down]);* allein *(alone);* lachen *(to laugh)*

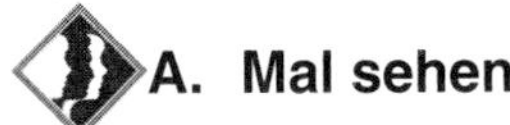

A. Mal sehen!

1. Habt ihr schon mal die Grippe gehabt?
2. Wie lange dauert so eine Grippe gewöhnlich?
3. Wie fühlt man sich dann?
4. Was tut ihr, wenn ihr krank seid?
5. Was esst oder trinkt ihr dann?
6. Habt ihr schon mal etwas gebrochen *(broken),* zum Beispiel den Arm oder die Nase?
7. Was kann man dann nicht (gut) tun?
8. Was sagt ihr, wenn jemand niest *(sneezes)*?
9. Was tut ihr, wenn ihr Kopfschmerzen habt?
10. Was sagen die anderen vielleicht, wenn sie hören, dass ihr Kopfschmerzen habt?

Nach dem Sehen

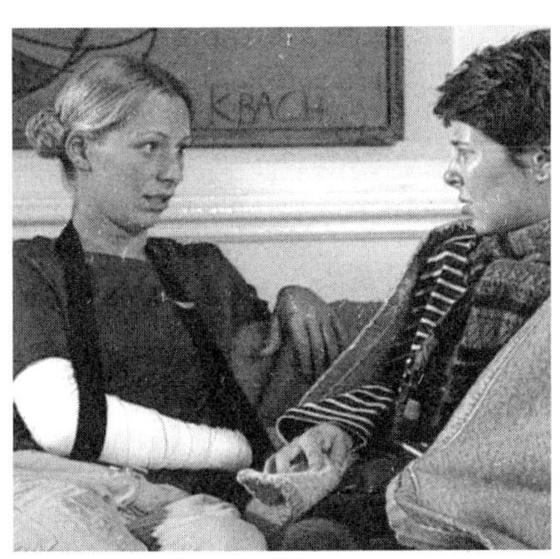

B. Was stimmt?

1. Daniela ist ______.
   a. müde
   b. einfach
   c. krank
2. Sie liegt auf dem ______ und fühlt sich nicht wohl.
   a. Bett
   b. Sofa
   c. Teppich

3. Ihr tut der _____ weh.
   a. Bauch
   b. Hals
   c. der Rücken

4. Danielas Eltern sind bei ihr im _____.
   a. Schlafzimmer
   b. Musikzimmer
   c. Wohnzimmer

5. Daniela hat auch _____.
   a. Fieber
   b. Zahnschmerzen
   c. Ohrenschmerzen

6. Sie hat ein paar Tabletten genommen, aber _____ tut immer noch weh.
   a. die Nase
   b. der Rücken
   c. der Hals

7. Der Vater bringt ihr _____, weil es ihr kalt ist.
   a. einen Schal *(scarf)*
   b. eine Wärmflasche *(hot-water bottle)*
   c. eine Decke

8. Danielas Freundin Inge fühlt sich auch nicht _____.
   a. weh
   b. wohl
   c. weit

9. Sie ist in der Cafeteria mit _____ hingefallen.
   a. ihren Büchern
   b. ihrem Handy
   c. ihrem Essen

10. Jetzt hat sie _____ gebrochen.
   a. das Bein
   b. den Arm
   c. den Finger

C. Fragen und Antworten

1. Warum kann sich Inge nicht allein anziehen?
2. Was kann sie jetzt nicht (tun)?
3. Wie putzt sie sich jetzt die Zähne, mit der linken oder mit der rechten Hand?
4. Wie putzt ihr euch gewöhnlich die Zähne, mit der rechten oder mit der linken Hand?
5. Warum lacht Inge?
6. Wie findet ihr den Vater?
7. Habt ihr noch Humor, wenn ihr krank seid?
8. Wenn man jemandem viel Glück—zum Beispiel beim Skilaufen—wünscht, sagt man „Hals- und Beinbruch!" Was sagt ihr auf Englisch?
9. Was sagt ihr, wenn die anderen spazieren gehen wollen, ihr aber nicht wollt?
10. Was sagt ihr, wenn die anderen ins Kino gehen wollen, ihr aber keine Zeit habt?

D. Wie gut ist euer Gedächtnis *(memory)*? Eine(r) von euch beginnt und nennt einen Körperteil. Der/Die Nächste wiederholt das und nennt noch einen Körperteil. Wiederholt immer alles! Mal sehen, wie weit ihr kommt!

Name ______________ Datum ______________ Kurs ______________

Zum Schreiben

A. Erweitern Sie Ihren Wortschatz!

The first element of a compound verb or verbal phrase may be a noun **(Eis laufen),** an adjective **(schwer fallen),** another verb **(kennen lernen),** or some other particle such as **auseinander** *(apart),* **miteinander** *(together),* or **nebeneinander** *(next to each other).* Though these constructions have one "compound meaning," they are NOT spelled as one word. (Prefix-verbs, on the other hand, are spelled together. For a review of prefix-verbs, see Chapter 7.)

1. Was für ein Wort ist der erste Teil von jeder Verbalphrase? Was bedeutet die Verbalphrase auf Englisch?

to be difficult	to be on close terms	to be over	to bicycle	to clean
to finish, prepare	to get acquainted	to go on a walk	to ice skate	to let (it) be
to ski	to sit next to each other	to stop	to talk to each other	to write separately

BEISPIEL Kopf stehen

noun—*to stand on one's head*

a. auseinander schreiben ______________

b. Eis laufen ______________

c. fertig machen ______________

d. Halt machen ______________

e. kennen lernen ______________

f. miteinander sprechen ______________

g. nahe stehen ______________

h. nebeneinander sitzen ______________

i. Rad fahren ______________

j. sauber machen ______________

k. schwer fallen ______________

l. sein lassen ______________

m. Ski laufen ______________

n. spazieren gehen ______________

o. vorbei sein ______________

2. Was gehört zu welchem Verb? Kombinieren Sie die Vorsilben *(prefixes)* mit Verben auf der Liste!

auf	aus	ein	herein	mit
nach	vorbei	zu	zurück	

bleiben	fahren	fliegen	geben	halten
lassen	laufen	packen	schicken	

BEISPIEL *to open up* aufmachen

a. *to pack (in a suitcase)* __________________

b. *to unpack* __________________

c. *to hold open* __________________

d. *to let in* __________________

e. *to run after* __________________

f. *to drive past* __________________

g. *to send along* __________________

h. *to give back* __________________

i. *to fly back* __________________

j. *to stay closed* __________________

B. Radtouren im Münsterland Was fehlt?

1. Diese Karte zeigt eine interessant____ Alternative, Ferien __________ machen. 2. Im norddeutsch____ Münsterland kann man zum Beispiel mit dem __________ von einem Bauernhof *(farm)* zum anderen fahren. 3. Diese besonder____ Tour ist __________ Kilometer lang und dauert __________ Tage. 4. Auf dem Weg kann man viele Schlösser, Burgen und Museen __________, wie zum Beispiel __________ Velen, __________ Ramsdorf oder das __________ in Borken. 5. Abends übernachtet man dann nicht in einem elegant____ Hotel, sondern auf einem gemütlich____ Bauernhof. 6. Dort frühstückt man und isst da auch zum Abendessen, aber während des Tag____ hat man ein klein____ Lunchpaket. 7. Wer kein eigen____ *(own)* Fahrrad hat, kann auch eins mieten. 8. Bei so einer Reise hält man __________ fit und hat keine Chance, sich __________ langweilen. 9. Wenn Sie das interessiert, schreiben Sie an *(to)* Frau Agnes Wenker in __________!

Mit dem Rad von Hof zu Hof 6 Tage

C. **Freizeitaktivitäten** Auf Deutsch bitte!

1. *Do you* (sg. fam.) *feel like playing soccer?*

   ____

2. *No, I don't feel well. I have a stomachache.*

   ____

3. *You* (sg. fam.) *sit too much and don't keep in shape.*

   ____

4. *I'm going to sit down in the garden and read a book.*

   ____

5. *Why don't you* (sg. fam.) *call Willi? Maybe he has time to play soccer with you.*

   ____

D. Vier Leute, vier Hobbys . . . und Sie? Lesen Sie, was die vier jungen Leute über ihr Hobby zu sagen haben, und nennen Sie die fehlenden Adjektivendungen! Schreiben Sie dann ein paar Sätze über Ihr eigenes Hobby—wenn möglich, mit vielen Adjektiven!

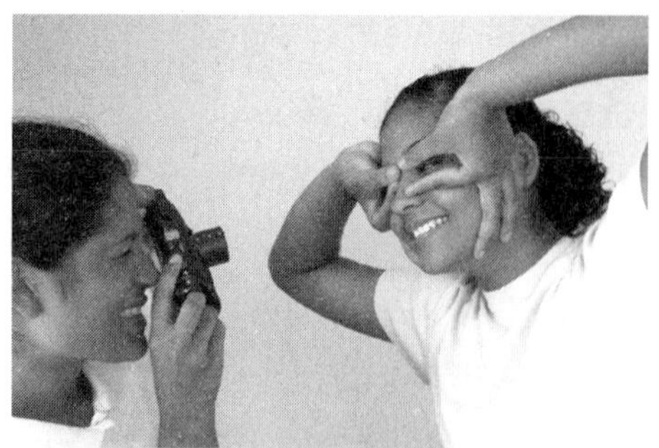

KATJA: Ich fotografiere gern und finde, dass es ein sehr kreativ___ Hobby ist. Ich habe meine klein___ Kamera immer dabei. Man weiß ja nie, ob es nicht plötzlich ein gut___ Motiv *(n.)* gibt. Hier sehen Sie meine klein___ Schwester, eine lustig___ Person. Sie tut so, als ob sie eine dick___ Brille *(sg., glasses)* auf der Nase hat.

OLLI: Ich liebe Paddeln, weil man da in der frei___ Natur ist und keine laut___ Musik hört. Am Wochenende habe ich mit einem alt___ Freund eine lang___ Paddeltour durch den idyllisch___ Spreewald gemacht. Durch den Spreewald in der Nähe von Berlin geht ein groß___ Netz *(n., network)* von klein___ Kanälen *(pl.)*. Ein wirklich___ Paradies *(n.)* für Paddler!

LUKAS: Mein Hobby ist Nordic Walking. Ich bin kein groß___ Jogger, aber diesen neu___Trendsport finde ich super. Es ist ein billig___ Hobby und gut für den ganz___ Körper. Nach vier Stunden Nordic Walking fühle ich mich wie ein neu___ Mensch. Bin gerade auf einem viertägig___ Kurs *(m.)* in den bayrisch___ Alpen gewesen. Eine herrlich___ Zeit!

MARIA: Ich gehe gern segelfliegen. Bin Mitglied in einem klein___ Segelklub, wo ich auch meine ganz___ Freunde habe. Da bin ich jede frei___ Minute. Wenn ich da unten die klein___ Häuser und Autos sehe, dann fühle ich mich frei. Man gewinnt eine gesund___ Distanz *(f.)* und plötzlich sind viele unserer täglich___ Probleme so unwichtig.

ICH:

E. Kreuzworträtsel Ergänzen Sie *(complete)* das Kreuzworträtsel auf Deutsch! (Ü = UE, Ö = OE, ß = SS)

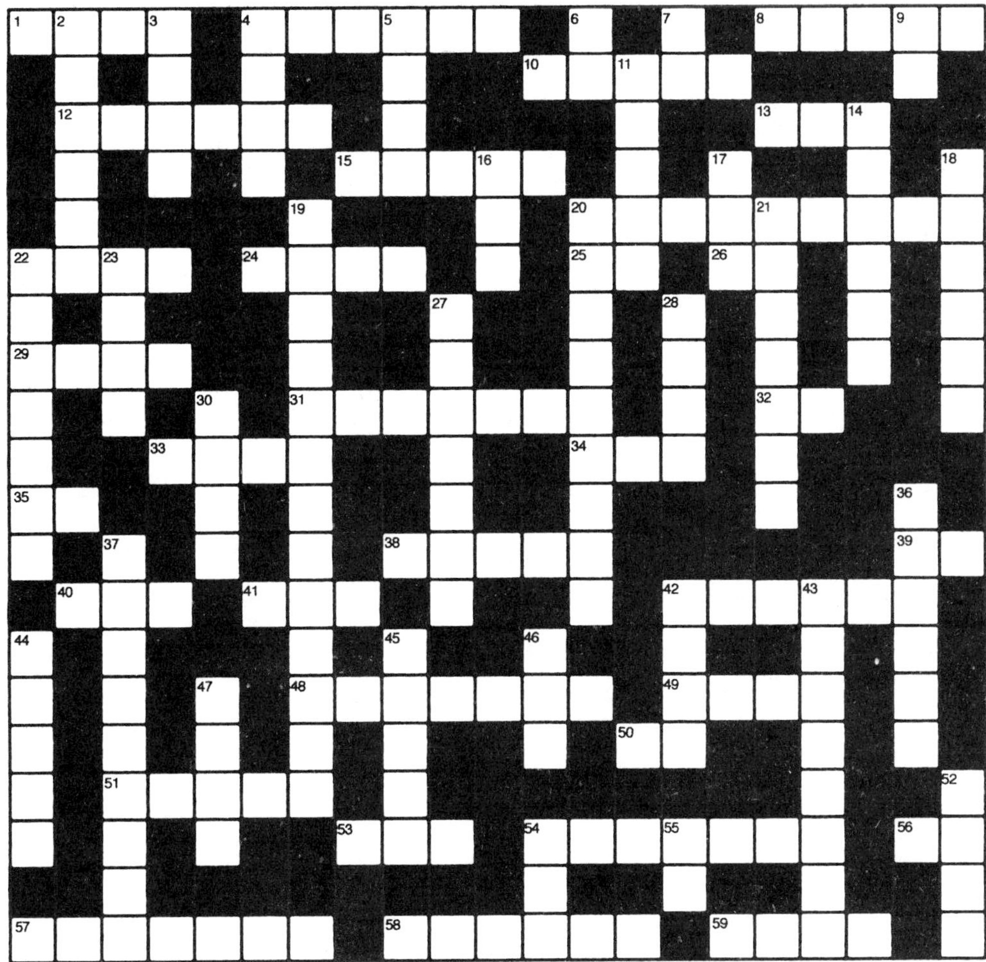

HORIZONTAL

1. *tooth* 4. *afterwards* 8. *stomach* 10. *sick* 12. *healthy* 13. *out (of)* 15. *card* 20. *television* 22. *knee* 24. *head* 25. *at* 26. *there* 29. *eggs* 31. *guitar* 32. *abbreviation for European Union* 33. *hair* 34. *never* 35. *it* 38. *legs* 39. *around* 40. *oh* 41. *with* 42. *feet* 48. *back* 49. *also* 50. *to* 51. *to paint* 53. *lake* 54. *face* 56. *whether* 57. *to hike* 58. *to hurt* 59. *village*

VERTIKAL

2. *fishing* 3. *nose* 4. *then* 5. *girl's name* 6. *he* 7. *into* 9. *Latin abbreviation for Switzerland* 11. *eyes* 14. *chess* 16. *tea* 17. *and* 18. *others* 19. *to take pictures* 20. *to be lazy* 21. *to collect* 22. *body* 23. *idea* 27. *piano* 28. *checkers* 30. *soon* 36. *(at) first* 37. *to swim* 42. *woman* 43. *shoulder* 44. *game* 45. *today* 46. *to whom* 47. *neck* 52. *but* 54. *good* 55. *in the*

F. **Keine Lust** Wie geht's weiter?

Sie und Ihre Freundin Birgit sind auf dem Weg zu einer Party (zur Sinfonie, zum Kino, zum Fußballspiel usw.) und da treffen *(meet)* Sie plötzlich Dirk Olson. Er möchte, dass Sie mit ihm in eine Disko oder . . . gehen. Sie haben aber keine Lust. Was sagen Sie?

DIRK ________________________________

SIE ________________________________

DIRK ________________________________

BIRGIT ________________________________

DIRK ________________________________

G. **Bildbeschreibung: Was sieht man da?** Beschreiben Sie ein Bild aus Kapitel 9 oder einem anderen Kapitel von *Wie geht's?*

Kapitel 10 Unterhaltung

Zum Hören

GESPRÄCHE

CD 7, Track 1

A. Blick in die Zeitung Hören Sie zu und wiederholen Sie!

SONJA Du, was gibt's denn heute Abend im Fernsehen?
THEO Keine Ahnung. Sicher nichts Besonderes.
SONJA Mal sehen! *Gute Zeiten, schlechte Zeiten,* einen Dokumentarfilm und einen Krimi.
THEO Dazu habe ich keine Lust.
SONJA Vielleicht gibt's was im Kino?
THEO Ja, *Good bye Lenin!, Harry Potter* und *Shrek 2.*
SONJA *Good bye Lenin!* habe ich schon zweimal gesehen, außerdem habe ich ihn auf DVD. Der Film ist klasse! Vielleicht können wir ihn mal bei mir zusammen anschauen, aber nicht heute. Und *Harry Potter* und *Shrek 2* sind für Kinder, oder?
THEO Stimmt. . . . He, schau mal! Im Theater gibt's *Der kaukasische Kreidekreis* von Brecht.
SONJA Nicht schlecht. Hast du Lust?
THEO Ja, das klingt gut. Gehen wir!

B. An der Theaterkasse Hören Sie zu!

THEO Haben Sie noch Karten für heute Abend?
DAME Ja, erste Reihe erster Rang links und Parkett rechts.
THEO Zwei Plätze im Parkett! Hier sind unsere Studentenausweise.
DAME 10 Euro bitte!
SONJA Wann fängt die Vorstellung an?
DAME Um 20.15 Uhr.

C. Während der Pause Hören Sie zu und lesen Sie dann Theos Rolle!

THEO Möchtest du eine Cola?
SONJA Ja, gern. Aber lass mich zahlen! Du hast schon die Programme gekauft.
THEO Na gut. Wie hat dir der erste Akt gefallen?
SONJA Prima. Ich habe das Stück schon mal in der Schule gelesen, aber noch nie auf der Bühne gesehen.
THEO Ich auch nicht.

D. Fragen Welche Antwort ist richtig?

1. a. *Planet der Affen.*
   b. *Der kaukasische Kreidekreis.*
   c. *Gute Zeiten, schlechte Zeiten.*
2. a. Im ersten Rang.
   b. Im Parkett.
   c. Im zweiten Rang.
3. a. Brecht
   b. Theo
   c. Sonja

AUSSPRACHE: r, er

For more practice pronouncing these sounds, see the Summary of Pronunciation Part II, subsection 9, and Part III, subsection 11 in the front of this *Arbeitsbuch.*

CD 7, Track 2

A. Laute Hören Sie zu und wiederholen Sie!

1. [r] **r**ot, **r**osa, **r**uhig, **r**echts, **R**adio, **R**egal, **R**eihe, **R**oman, P**r**og**r**amm, Do**r**f, Konze**r**t, Fah**r**t, Gita**rr**e, t**r**au**r**ig, k**r**ank, He**rr**en
2. [ʌ] Orchest**er**, Theat**er**, Mess**er**, Tell**er**, ab**er**, leid**er**, hint**er**, unt**er**, üb**er**, wied**er**, weit**er**
3. [ʌ / r] Uh**r** / Uh**r**en; Oh**r** / Oh**r**en; Tü**r** / Tü**r**en; Cho**r** / Chö**r**e; Auto**r** / Auto**r**en; Klavie**r** / Klavie**r**e

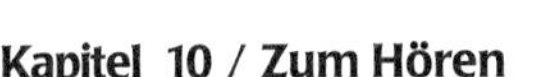

B. Wortpaare Hören Sie zu und wiederholen Sie!

1. *ring* / Ring
2. *Rhine* / Rhein
3. *fry* / frei
4. *brown* / braun
5. *tear* / Tier
6. *tour* / Tour

Was hören Sie jetzt? ....

STRUKTUR

CD 7, Track 3

10.1 Verbs with prepositional objects

A. Worauf wartet sie? Ersetzen Sie das Objekt!

1. Evi wartet auf die Straßenbahn. (Taxi)
   Evi wartet auf das Taxi.
   ....
2. Schreiben Sie an die Zeitung! (Gasthof)
   Schreiben Sie an den Gasthof!
   ....

10.2 *Da-* and *wo-* compounds

B. Wofür? Womit ersetzen Sie das Objekt?

für meinen Onkel — *für ihn*
für unser Haus — *dafür*
....

C. Fragen Wie fragen Sie nach dem Objekt?

an die Eltern — *an wen?*
an die Tafel — *woran?*
....

10.3 Endings of unpreceded adjectives

D. Was möchten alle? Ersetzen Sie das Objekt!

Alle möchten frischen Salat. (Brot)
Alle möchten frisches Brot.
....

E. Wie viele? Welche Endung hat das neue Adjektiv?

Peter hat einige Ideen. (gut)
Peter hat einige gute Ideen.
....

EINBLICKE

CD 7, Track 4

Wer die Wahl hat, hat die Qual.

....

VERSTEHEN SIE?

CD 7, Track 5

Im Theater

....

Richtig oder falsch?

1. richtig falsch
2. richtig falsch
3. richtig falsch
4. richtig falsch
5. richtig falsch

Video-aktiv

MINIDRAMA: Kino? Ja, bitte!

Vor dem Sehen

Zum Erkennen: Ach was! *(Oh, come on!);* Aber ja doch! *(Yes, of course!);* Ich muss gleich los. *(I have to leave pretty soon.);* (Das ist) lieb von dir. *(That's nice of you.)*

A. Mal sehen!

1. Geht ihr oft ins Kino?
2. Was kostet so eine Kinokarte gewöhnlich?
3. Wie wisst ihr, was spielt?
4. Geht ihr vorher gewöhnlich essen? Wenn ja, wo?
5. Läuft momentan etwas Gutes im Kino? Wenn ja, was?
6. Hat jemand von euch diesen Film schon gesehen? Wenn ja, wo?
7. Hat er euch/dir gefallen? Warum (nicht)?
8. Was könnt ihr noch empfehlen?
9. Wie sagt man, wenn man von einer Sache nichts weiß?
10. Was sagt man, wenn man von einer Sache nichts mehr hören will?

Nach dem Sehen

B. Richtig oder falsch?

_____ 1. Daniela interessiert sich für Film.

_____ 2. Sie will heute Abend mit Inge ins Kino gehen.

_____ 3. Sie will sich *Shrek 2* ansehen.

_____ 4. Ihre Mutter geht auch gern mit.

_____ 5. Der Vater liest die Zeitung.

_____ 6. Er hat keine Lust, ins Kino zu gehen, weil er zu müde ist.

_____ 7. Außerdem mag er Hollywoodfilme nicht.

_____ 8. Er ist schon lange nicht mehr im Kino gewesen.

_____ 9. Er findet, dass *Easy Rider* zu den Filmklassikern gehört.

_____ 10. Daniela findet ihren Vater ziemlich altmodisch *(old-fashioned).*

C. Fragen und Antworten

1. Wer gehört für Danielas Mutter zu den Klassikern der Kunst?
2. Woher wisst ihr das?
3. Warum will Danielas Vater nicht mit ins Kino?
4. Sind Danielas Eltern wirklich total gegen Filme?
5. Wie wisst ihr das?
6. Wie ist das mit euren Eltern? Gehen sie gern ins Kino?
7. Geht ihr manchmal mit euren Eltern oder Geschwistern ins Kino?
8. Seht ihr einen Film lieber *(rather)* im Kino oder zu Hause? Warum?

D. Wenn du mich fragst, . . . Und du?

1. Ich interessiere mich für . . .
2. Mit meinen Freunden spreche ich gern über . . .
3. Ich denke oft an . . .
4. Ich habe mir schon lange kein(e/en) . . . angeschaut.
5. Ich finde Werbung . . .
6. Ich ärgere mich immer, wenn . . .
7. Ich habe die Nase voll von . . .
8. Momentan gibt's . . . im Fernsehen. Das ist ganz gut.

BLICKPUNKT: Das Hebbel-Theater

Vor dem Sehen

Zum Erkennen: die Bühne, -n *(stage);* der 2. Weltkrieg *(World War II);* überleben *(to survive);* erbaut *(built);* zerstört *(destroyed);* anderthalb *(one-and-a-half);* die Konkurrenz *(competition);* die Presse- und Öffentlichkeitsarbeit *(PR work);* das Schauspielhaus, ¨er *(theater);* hauseigen *(of its own);* zeitgenössisch *(contemporary);* einladen *(to invite);* die Vorführung, -en *(performance);* unterschiedlich *(different);* der Schwerpunkt, -e *(point of focus);* stolz auf *(proud of);* außergewöhnlich *(extraordinary)*

E. Mal sehen!

1. Interessiert ihr euch für Theater und Ballett?
2. Hat unsere Stadt kulturell viel zu bieten *(offer)*? Wenn ja, was gibt es hier alles?
3. Gibt es hier ein Theater? Wenn ja, hat es ein hauseigenes Ensemble oder kommen die Schauspieler und Künstler *(artists)* aus anderen Städten?
4. Welches Schauspielhaus hat in diesem Land einen besonders guten Namen?
5. Sind die Vorführungen zeitgenössisch oder vor allem traditionell?
6. Welches Ballettstück ist zu Weihnachten besonders beliebt?
7. Wer kommt zu diesem Ballettstück zu Weihnachten? Sind es vor allem Erwachsene *(adults)* und Studenten oder auch Kinder?
8. Wie oft geht ihr ins Theater?
9. Was kostet eine Eintrittskarte?
10. Gibt es momentan etwas Gutes im Theater? Wenn ja, was?

Nach dem Sehen

F. Richtig oder falsch?

_____ 1. Das Hebbel-Theater ist alt.

_____ 2. Es stammt aus *(dates back to)* dem Jahr 1980.

_____ 3. Sven Neumann arbeitet seit fünf Jahren an der Kasse beim Hebbel-Theater.

_____ 4. Die Stücke auf der Bühne sind international und zeitgenössisch.

_____ 5. Das Theater hat sogar ein eigenes Ensemble.

_____ 6. Die Stücke sind sehr unterschiedlich.

_____ 7. Das Publikum *(audience)* variiert mit den Stücken.

_____ 8. Am Hebbel-Theater wollen sie immer wieder etwas zeigen, was es auf anderen Berliner Bühnen nicht gibt.

_____ 9. Die vier Schwerpunkte sind Film, Theater, Tanz und Musik.

_____ 10. Wegen seines außergewöhnlichen Repertoires ist das Theater zu einer Berliner Institution geworden.

G. Fragen und Antworten

1. Wer hat in den 20er Jahren *(1920s)* am Hebbel-Theater seine Karriere begonnen?
2. Habt ihr verstanden, wo in Berlin das Hebbel-Theater ist?
3. Woher kommen die Schauspieler und Künstler an diesem Theater?
4. Habt ihr verstanden, wie viele Opernhäuser es in Berlin gibt?
5. Was für Puppen *(dolls)* sieht man in dem Stück von Jan Faber auf der Bühne?
6. Was tragen die Puppen?
7. Wie findet ihr die Zuschauer? Sind sie . . . (elegant, intellektuell, einfach usw.)?
8. Was zieht ihr an, wenn ihr ins Theater geht?
9. Zu welcher Jahreszeit ist dieses Video gefilmt? Was glaubt ihr? Wie kommt ihr darauf?
10. Am Ende des Videos nennt Sven Neumann ein paar Namen von internationalen Künstlern am Hebbel-Theater. Wisst ihr noch einen oder zwei dieser Namen? Habt ihr schon einmal von ihnen gehört?

H. Was ist das Gegenteil davon?

1. lachen
2. vergessen
3. außergewöhnlich
4. national
5. spannend
6. traurig
7. öffentlich
8. zeitgenössisch
9. am Ende
10. Das ärgert mich.

I. Genau gesehen Was habt ihr im Video gesehen und was nicht?

	Balkon		Kasse		Orchester
	Bühne		Klavier		Progamm
	Chor		Komponist		Schauspieler
	Fernsehen		Maler		Tanz
	Gemälde		Mikrofon		Vorstellung
	Gitarre		Nachrichten		Zuschauer

Wir haben kein(e/en) . . . gesehen.

J. Kulturell gesehen Nennt ein paar Sachen im Video, die *(which)* anders sind als *(than)* hier bei uns! Auf Deutsch bitte!

Name ______________ Datum ______________ Kurs ______________

Zum Schreiben

A. Erweitern Sie Ihren Wortschatz!

Most German infinitives can be used as nouns. They fulfill the same function as the English gerund. For some verbs, the verbal complement is combined with the infinitive to form one word.

Ergänzen Sie das deutsche Äquivalent!

BEISPIEL Das *Tanzen* (*dancing*) macht uns Spaß.

Das *Eislaufen* (*ice skating*) ist ein beliebter Sport.

1. Das ______________ (*skiing*) ist ein schöner Sport.
2. Auch heute verbringen *(spend)* viele Hausfrauen ihre Tage mit ______________ (*shopping*), ______________ (*cleaning*), ______________ (*washing*) und ______________ (*cooking*).
3. Viele Leute halten sich mit ______________ (*running*) oder ______________ (*swimming*) fit.
4. Meiner Mutter macht das ______________ (*reading*) Spaß, meinem Vater das ______________ (*taking pictures*), meiner Schwester das ______________ (*playing the piano*) und meinem kleinen Bruder das ______________ (*watching TV*).

B. Was gibt's Interessantes?

Sehen Sie sich das Rundfunkprogramm und das Programm der Neuen Nationalgalerie Berlin an! Ergänzen Sie dann die Sätze!

Im Rundfunk gibt es morgens um fünf ______________ (1). Um Viertel nach sieben bringen sie einen Bericht *(report)* aus ______________ (2). Um fünf nach zehn ist ______________ (3). Sie ist in Stereo. Zwei Stunden später gibt es die ______________ (4) Presse. Um zehn nach eins sprechen sie über ______________ (5) und danach über die ______________ (6). Um halb ______________ (7) hört man Musik, vom Walzer bis zum Swing. Um fünf nach acht sind Nachrichten über ______________ (8) und zehn Minuten später bringen sie eine ______________ (9) von Meyerbeer. Dieses Rundfunkprogramm ist für ______________ (10), den 25. Oktober.

In der Neuen Nationalgalerie in ______________ (11) hat man im Juli ______________ (12) des Malers Lyonel ______________ (13) sehen können. Um sie ______________ (14) sehen, hat man ______________ (15) Euro zahlen müssen. Feininger hat am Ende seines Lebens in Manhattan gelebt.

Mittwoch

25. Oktober

Deutschlandfunk

Nachrichten: 0.00, stündlich bis 4.00, 4.30, 5.00, 5.30, 6.00, 6.30, 7.00, 7.30, 8.00, stündlich bis 19.00, 20.00, 21.30, 22.00, 23.00

6.10	**Musik zu früher Stunde**
6.55	**Landfunk** **Gartentipps**
7.15	**Tieflandindianer** Ein Bericht aus Südamerika
9.15	**Schulfunk**
10.05	**●Tanz- und Unterhaltungsmusik**
11.10	**Heute und morgen** Informationen für die ältere Generation
12.05	**Internationale Presse**
12.30	**●Joseph Haydn:** Sinfonie Nr. 16
13.10	**Neue Bücher**
14.05	**Gesundheit**
14.10	**Aus Kunst und Wissenschaft**
14.30	**Programm für Kinder**
15.00	**●Aus dem Tanzstudio**
16.00	**●Glückwünsche und Musik**
17.30	**Kommentar**
18.05	**Deutschland und die Welt**
19.10	**Kinderchor**
19.30	**●Vom Walzer zum Swing**
20.05	**Sport**
20.15	**●Giacomo Meyerbeer:** *Die Afrikanerin,* Große Oper in fünf Akten
21.40	**●Sinfoniekonzert**
22.20	**Wochenpresse**
22.30	**●Nachtprogramm**

lyonel feininger
von gelmeroda nach manhattan
S|M
P|K
Selbstbildnis, 1915, Sarah Campbell Blaffer Foundation, Houston © VG Bild-Kunst, Bonn 1998
retrospektive der gemälde vom 3.7. bis 11.10
neue nationalgalerie berlin
№ 15787
€ 4,-

C. Was ich gern mache. Bilden Sie ganze Sätze!

1. ich / sich anhören / gern / schön / CDs

   ___

2. du / sich interessieren /*[prep.]* / klassisch / Musik?

   ___

3. er / sprechen / immer /*[prep.]* / groß / Reisen

   ___

4. er / sammeln / deutsch / und / amerikanisch / Briefmarken

   ___

5. was / man / können / machen / mit / alt / Briefmarken?

   ___

6. Hobbys / viel / Leute / sein / interessant

   ___

D. Im Kino Auf Deutsch bitte!

1. *Did I tell you* (pl. fam.) *about tonight?*

____

2. *Christiane and I are going to see a movie.*

____

3. *I'm looking forward to it. I love funny movies.*

____

4. *I bought expensive tickets. We have excellent seats.*

____

5. *Are you* (sg. fam.) *interested in film? What do you think of it?*

____

6. *Please tell* (sg. fam.) *me about the movie tomorrow.*

____

E. Was tun in der Freizeit? Ergänzen Sie die fehlenden Adjektivendungen!

1. Der Lehrer zeigt uns Bilder von Leuten bei ihr_____ Hobbys. 2. So sehen wir zum Beispiel ein paar Skiläufer während einer kurz_____ Skipause oberhalb von *(above)* Innsbruck oder zwei Leute in ihrem klein_____ Schrebergarten. 3. Manche Mieter, die *(who)* nur eine klein_____ Wohnung haben und keinen eigen_____ Garten, können hier ihr eigen_____ Obst und Gemüse und auch eigen_____ Blumen haben. 4. An manchen Wochenenden gibt es in diesen klein_____ Gartenkolonien auch gemütlich_____ Feste. 5. Ein ander_____ Bild zeigt ein jung_____ Paar *(n., couple)* beim Inlineskating auf der beliebt_____ Donauinsel in Wien. 6. Dafür muss man in gut_____ Kondition *(f.)* sein. 7. Auf einem ander_____ Foto sieht man Drachenflieger vor dem Abflug. 8. Drachenfliegen macht sicher Spaß, aber es ist ein gefährlich_____ *(dangerous)* Sport. 9. Da fragt man sich, was die Menschen an so einem gefährlich_____ Sport fasziniert. 10. Und doch ist es toll, wenn man an einem sonnig_____ Tag sieht, wie bunt_____ Drachenflieger in groß_____ Kreisen *(circles)* ruhig über das weit_____ Land fliegen.

F. An der Theaterkasse Ergänzen Sie, was der Herr vielleicht zu der Dame an der Kasse sagt!

Residenz Theater 1. Abo blau / Freier Verkauf **E** 19.00 Uhr	Sonntag **24**	**Herzog Theodor von Gothland** **Christian Dietrich Grabbe**
Marstall Freier Verkauf **P** 20.00 Uhr		**Theater als Gesellschafts-Kunst** Fühlen oder spielen?
Gastspiel Prager Theaterfestival deutscher Sprache		**Onkel Wanja** **Anton Tschechow**
Residenz Theater 1. Abo rot / Freier Verkauf **E** 19.30 Uhr	Montag **25**	**Phädra** **Jean Racine**
Theater im Haus der Kunst HDK Abo gelb X / Freier Verkauf **R** 20.00 Uhr		**Clavigo** **Johann Wolfgang Goethe**

DAME Guten Abend!

HERR ______________________________

DAME Es tut mir Leid, aber für *Onkel Wanja* ist heute Abend alles ausverkauft.

HERR ______________________________

DAME Im Marstall-Theater gibt's *Theater als Gesellschafts-Kunst,* aber auch das ist ausverkauft.

HERR ______________________________

DAME *Phädra* im Residenz Theater und *Clavigo* im Haus der Kunst.

HERR ______________________________

DAME Ja, für *Clavigo* haben wir noch Karten im Parkett und im Rang.

HERR ______________________________

DAME 40 Euro bitte!

HERR ______________________________

DAME Um zwanzig Uhr.

HERR ______________________________

DAME Ungefähr um 22.30 Uhr.

HERR ______________________________

G. Was sagen Sie? Welche Reaktion passt am besten *(the best)* zu den folgenden Aussagen oder Fragen?

1. Wie gefällt dir das Buch?
   a. Es ist fantastisch.
   b. Es schmeckt gut.
   c. Es passt mir nicht.

2. Na, wie findest du mein Auto?
   a. Das hängt mir zum Hals heraus.
   b. Es ist spannend.
   c. Nicht schlecht.

3. Volker ist immer noch nicht da. Er kommt doch immer zu spät.
   a. Das finde ich langweilig.
   b. Das ärgert mich wirklich.
   c. Ja, toll!

4. Tina und Egon haben Probleme mit ihrem DVD-Player. Sie haben ihn schon so oft zum Service gebracht. Die Leute sagen, alles ist repariert. Aber wenn Tina und Egon dann zu Hause sind, stimmt wieder etwas nicht *(something is wrong again)*. Jetzt geht die Fernbedienung *(remote control)* nicht.
   a. Na, prima!
   b. Das gefällt mir wirklich.
   c. Jetzt habe ich aber genug!

5. Ihr Computer geht wieder einmal nicht.
   a. Das ist genau das Richtige!
   b. Ich habe die Nase voll.
   c. Wahnsinn!

H. Aufsatz: Ohne Handy geht's nicht mehr? Schreiben Sie einen kleinen Aufsatz (10–12 Sätze) über den Einfluss von Handys auf die Menschen von heute! Wer benutzt *(use)* sie wann und wo? Worüber sprechen sie? Warum sind sie so praktisch? Wann sind sie gefährlich *(dangerous)* und warum? Gibt es da Unterschiede zwischen den Amerikanern / Kanadiern und den Europäern?

Kapitel 11 Beziehungen

Zum Hören

Suche neues Zuhause für unseren kleinen Zoo. Hund, Katze und Vogel gemeinsam abzugeben. 0941/447635.

GESPRÄCH

CD 7, Track 6

A. Jedem Tierchen sein Pläsierchen. Hören Sie zu und wiederholen Sie!

SONJA Nicole, hör mal! „Gesucht wird: hübsche, dynamische, zärtliche Eva. Belohnung: gut aussehender Adam mit Herz, Ende 20, mag Antiquitäten, alte Häuser, schnelle Wagen, Tiere, Kinder."

NICOLE Hmm, nicht schlecht, aber nicht für mich. Ich mag keine Kinder und gegen Tiere bin ich allergisch.

SONJA Dann schau mal hier! „Es gibt, was ich suche. Aber wie finden? Künstler, Anfang 30, charmant, unternehmungslustig, musikalisch, sucht sympathische, gebildete, zuverlässige Frau mit Humor." Ist das was?

NICOLE Ja, vielleicht. Er sucht jemanden mit Humor. Das gefällt mir; und Musik mag ich auch. Aber ob er Jazz mag?

SONJA Vielleicht können wir sie beide kennen lernen?

NICOLE Ich weiß nicht. Mir ist das zu dumm, Leute durch Anzeigen in der Zeitung kennen zu lernen.

SONJA Quatsch! Versuchen wir's doch! Was haben wir zu verlieren?

NICOLE Was meinst du, Frank?

FRANK Ich denke ihr seid verrückt. Aber naja, jedem Tierchen sein Pläsierchen! . . . Schaut mal hier! Da will jemand einen Hund, eine Katze und einen Vogel gemeinsam abgeben.

NICOLE Das ist alles, was wir brauchen: einen ganzen Zoo! Nein, danke!

FRANK Wie wär's denn mit einem kleinen Hund oder einem Kätzchen?

SONJA Ich liebe Tiere, aber dafür habe ich momentan keinen Platz und auch nicht genug Zeit.

FRANK Aber so ein kleines Kätzchen braucht nicht viel.

SONJA Vielleicht später. Momentan liebe ich meine Freiheit.

FRANK Und ihr wollt euch mit jemandem aus der Zeitung treffen?

NICOLE Ach, davon verstehst du nichts!

B. Fragen Welche Antwort ist richtig?

1. a. Sie lesen die Nachrichten.
   b. Sie lesen das Fernsehprogramm.
   c. Sie lesen Anzeigen.
2. a. Sie wollen ein Auto kaufen.
   b. Sie suchen einen Partner.
   c. Sie möchten eine Belohnung.
3. a. Der Mann ist ihr zu alt.
   b. Sie mag keine Antiquitäten.
   c. Sie ist allergisch gegen Tiere.
4. a. Er findet das keine schlechte Idee.
   b. Er möchte seinen Hund durch eine Anzeige verkaufen.
   c. Er findet das alles verrückt.

AUSSPRACHE: f, v, ph, w

CD 7, Track 7

For more practice pronouncing these sounds, see the Summary of Pronunciation Part III, subsections 1, 4, and 5 in the front of this *Arbeitsbuch*.

A. Laute Hören Sie zu und wiederholen Sie!

1. [f] **f**ast, **f**ertig, **f**reundlich, ö**ff**nen, Brie**f**
2. [f] **v**erliebt, **v**erlobt, **v**erheiratet, **v**ersucht, **v**ergessen, **v**erloren, Philoso**ph**ie
3. [v] **V**ideo, Kla**v**ier, Sil**v**ester, Pullo**v**er, Uni**v**ersität
4. [v] **w**er, **w**en, **w**em, **w**essen, **w**arum, sch**w**arz, sch**w**er, z**w**ischen

B. Wortpaare Hören Sie zu und wiederholen Sie!

1. *wine* / Wein
2. *when* / wenn
3. *oven* / Ofen
4. *veal* / viel
5. weiter / Wetter
6. vier / wir

Was hören Sie jetzt? ....

STRUKTUR

CD 7, Track 8

11.1 The simple past *(imperfect, narrative past)*

A. Was meinten sie? Ersetzen Sie das Subjekt!

1. Sie meinten es nicht. (ich)
   Ich meinte es nicht.
   ....
2. Ich wartete auf Klaus. (wir)
   Wir warteten auf Klaus.
   ....
3. Warum wussten wir nichts davon? (er)
   Warum wusste er nichts davon?
   ....

B. Was wünschte sie sich? Ersetzen Sie das Verb!

Sonja wollte ein Radio. (sich wünschen)
Sonja wünschte sich ein Radio.
....

11.2 The conjunctions: *als, wann, wenn*

C. Bilden Sie einen Satz!

1. Beginnen Sie mit *Sie war nicht da, als . . .* !
   Er kam herein.
   Sie war nicht da, als er hereinkam.
   ....
2. Beginnen Sie mit *Ich sage es Ihnen, wenn . . .* !
   Ich weiß mehr.
   Ich sage es Ihnen, wenn ich mehr weiß.
   ....
3. Beginnen Sie mit *Wissen Sie, wann . . .* !
   Die Ferien beginnen.
   Wissen Sie, wann die Ferien beginnen?
   ....

11.3 The past perfect

D. Ersetzen Sie das Subjekt!

1. Wir hatten noch nicht angefangen. (du)
   Du hattest noch nicht angefangen.
   ....
2. Sie waren spazieren gegangen. (ich)
   Ich war spazieren gegangen.
   ....

EINBLICKE

CD 7, Track 9

Rumpelstilzchen

....

VERSTEHEN SIE?

CD 7, Track 10

Der alte Großvater und sein Enkel

(Variante eines Märchens der Gebrüder Grimm)

Zum Erkennen: zog *(moved);* zitterten *(trembled);* die Tischdecke *(table cloth);* das Tablett *(tray);* umfiel *(fell over);* der Enkel *(grandson)*

....

Richtig oder falsch?

1. richtig falsch
2. richtig falsch
3. richtig falsch
4. richtig falsch
5. richtig falsch

Video-aktiv

MINIDRAMA: Der Märchenprinz

Vor dem Sehen

Zum Erkennen: der Kaufmann, -leute *(merchant);* Ach was! *(Oh, come on!);* die Krabbe, -n *(shrimp);* Du Dummerchen! *(You little dummy!);* die Pyramide, -n *(pyramid);* steckenbleiben *(to get stuck);* vorbeibrausen *(to race by);* der Typ, -en *(here: guy)*

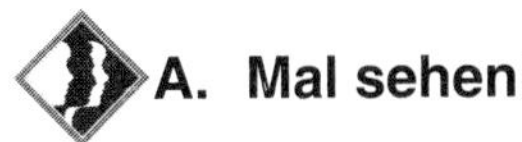

A. Mal sehen!

1. Was für Anzeigen gibt es in der Zeitung?
2. Habt ihr schon mal etwas durch die Zeitung gefunden? Wenn ja, was?
3. Lest ihr ab und zu Partneranzeigen oder Horoskope?
4. Fotografiert ihr gern? Wenn ja, was?
5. Was für eine Kamera habt ihr? Kann man damit gute Bilder machen?
6. Wohin bringt ihr eure Bilder? Könnt ihr sie auch zu Hause drucken *(print)*?
7. Habt ihr (auch) eine Filmkamera? Wenn ja, was für eine?
8. Schickt oder bekommt ihr manchmal Bilder übers Internet?
9. Was haltet ihr davon?

Nach dem Sehen

B. Richtig oder falsch?

_____ 1. Daniela sitzt in einem Gartencafé und liest ein Buch.

_____ 2. Ihre Freundin Inge kommt dazu und bringt ihr eine Zeitung.

_____ 3. Daniela liest Anzeigen in einer Zeitschrift.

_____ 4. Sie tut das nur so zum Spaß.

_____ 5. In einer Anzeige sucht ein 58-jähriger Kaufmann eine neue Katze, weil er sein Kätzchen verloren *(lost)* hat.

_____ 6. Inge war gerade in Ägypten.

_____ 7. Sie wollten zu den Pyramiden, aber ihr Bus ist stecken geblieben.

_____ 8. Sie mussten zu Fuß zum Hotel zurücklaufen.

_____ 9. Im Bus hat sie einen reichen Typ kennen gelernt.

_____ 10. Sie zeigt Daniela ein paar Bilder von ihm.

C. Fragen und Antworten

1. Wie hat es Inge in Ägypten gefallen?
2. Wo war ihr Hotel?
3. Wo gingen sie schwimmen?
4. Wie gefiel ihr das Essen?
5. Was schmeckte ihr besonders?
6. Was tranken sie statt normalem Wasser?
7. Wie reagiert Daniela auf Inges Reisebericht *(. . . report)*?
8. Was soll Daniela tun, um auch so eine schöne Reise machen zu können?

D. Vokabelspiel mit Adjektiven Eine(r) von euch sagt leise das Alphabet. Ein(e) andere(r) sagt dann „Stopp!" Wenn der Buchstabe zum Beispiel A ist, dann nennen die anderen so schnell wie möglich fünf bis sieben Adjektive damit.

BEISPIEL A
alt, arm, attraktiv

Name ______________________ Datum ______________________ Kurs ______________________

Zum Schreiben

A. Erweitern Sie Ihren Wortschatz!

Many adjectives are derived from other adjectives or from verbs or nouns. Certain suffixes characterize them as adjectives. A great number of adjectives you know end in **-ig, -lich, -isch,** or **-bar.**

1. Was ist das Adjektiv dazu?

BEISPIEL der Schmutz *(dirt)* *schmutzig*

a. die Ruhe ______________

b. die Lust ______________

c. der Tag ______________

d. der Freund ______________

e. der Sport ______________

f. das Glück ______________

g. die Musik ______________

h. die Fantasie ______________

i. das Wunder ______________

j. die Furcht *(fear, awe)* ______________

2. Verstehen Sie diese Adjektive? Welches Wort ist darin? Was bedeutet das auf Englisch?

audible	by letter	by telephone	concerning business	edible
festive	grateful	hourly	hungry	icy
legible	motherly	playful	questionable	salty
	sleepy	typical	washable	

BEISPIEL geldlich *monetary*

a. essbar ______________

b. lesbar ______________

c. waschbar ______________

d. dankbar ______________

e. hörbar ______________

f. stündlich ______________

g. feierlich ______________

h. fraglich ______________

i. brieflich ______________

j. geschäftlich ______________

k. mütterlich ______________

l. hungrig ______________

m. salzig ______________

n. eisig ______________

o. schläfrig ______________

p. typisch ______________

q. telefonisch ______________

r. spielerisch ______________

B. Das Märchen vom Froschkönig Ergänzen Sie die Verbformen in der Vergangenheit *(simple past),* wenn nicht anders angegeben *(indicated)*!

In alten Zeiten ______________ leben (1) ein König, der ______________ haben (2) drei schöne Töchter, aber die dritte Tochter ______________ sein (3) so schön, dass die Sonne sich ______________ wundern (4). Im heißen Sommer ______________ gehen (5) sie gern in den Wald, ______________ setzen (6) sich an einen kühlen Brunnen *(well)* und ______________ spielen (7) mit einer goldenen Kugel *(ball).* Eines Tages ______________ fallen (8) ihr die Kugel aus der Hand und ______________ rollen (9) in den Brunnen. Da ______________ sie ______________ anfangen (10) zu weinen. Plötzlich ______________ kommen (11) ein hässlicher Frosch *(frog)* mit einem dicken Kopf aus dem Wasser und ______________ fragen (12) die Prinzessin, warum sie so laut ______________ jammern (13) *(carried on).* Sie ______________ erzählen (14) dem Frosch, dass ihre goldene Kugel in den Brunnen ______________ ______________ fallen (15) *(had fallen).* Der Frosch ______________ versprechen (16) ihr, die Kugel zurückzubringen. Aber dafür ______________ wollen (17) er ihr Freund sein, mit ihr spielen, von ihrem Teller essen und in ihrem Bett schlafen. Als sie ja ______________ sagen (18), ______________ schwimmen (19) der Frosch weg und ______________ bringen (20) ihr die Kugel wieder. Die Königstochter ______________ freuen (21) sich sehr, ______________ laufen (22) nach Hause und ______________ vergessen (23) den Frosch. Aber am nächsten Tag, als die Prinzessin und ihre Eltern und Geschwister beim Essen ______________ sitzen (24), ______________ klopfen (25) *(knocked)* jemand an die Tür. Als sie die Tür ______________ öffnen (26), ______________ sehen (27) sie den Frosch vor der Tür sitzen. Die Prinzessin ______________ müssen (28) ihrem Vater sagen, dass der Frosch ihr ______________ ______________ helfen (29) *(had helped),* und der König ______________ sprechen (30): „Was du versprochen hast, musst du halten." Sie ______________ lassen (31) den Frosch herein und er ______________ essen (32) von ihrem Teller und ______________ trinken (33) aus ihrem Glas. Als die Prinzessin im Bett ______________ liegen (34), sagte der Frosch: „Ich bin müde und will in deinem Bett schlafen." Da ______________ werden (35) die Königstochter böse *(angry)* und warf *(threw)* den Frosch an die Wand. Plötzlich ______________ stehen (36) vor ihr ein junger Königssohn mit freundlichen Augen und ______________ danken (37) ihr, weil sie ihn ______________ ______________ erlösen (38) *(had released [from a spell]).* Einen Monat später ______________ heiraten (39) sie und ______________ reisen (40) in das Land seines Vaters.

C. Hurra, ein Brüderchen! Auf Deutsch bitte!

Hurra, Nina und Julian haben einen Bruder bekommen.

Luick

5. Juli 2004

55 cm - 4130 g

Mit Ihnen freuen sich die 2-fachen
Großeltern Anita und Heinrich Bartels und Onkel Torsten

1. *Did you know that Nina and Julian just got a little brother?*

   ____

2. *No, I didn't know that. When was he born?*

   ____

3. *He was born on July 5, shortly* **(kurz)** *after Mike had returned from America.*

   ____

4. *What a cute baby! He has dark hair and brown eyes.*

   ____

5. *Whenever we speak with the grandparents, they are only interested in little Luick.*

   ____

6. *How do Nina and Julian like their new little brother?*

   ____

7. *They love him and always want to play with him.*

   ____

8. *How did your (pl. fam.) dog react* **(reagieren),** *when you showed him the baby?*

   ____

9. *At first, he wasn't too happy, but now they are good friends.*

   ____

10. *He is really a sweet dog and watches when I give the baby the bottle.*

    ____

D. Heiratsanzeigen Sehen Sie auf die Anzeigen und beantworten Sie die Fragen!

Zum Erkennen: die Probezeit *(trial period);* freiwillig *(voluntarily);* die Trauung *(wedding);* die Hölle *(hell);* verlor *(lost);* der Kampf *(struggle);* zwickt es *(it hurts a little);* steuerpflichtig *(taxable)*

1. Wer ist Jasmin? Was hat sie Petra und Heidi freiwillig gegeben und wozu? Was mussten die beiden erst bestehen *(pass)*? Was erfahren wir dadurch über den Mann und die Frau? Wann war die Hochzeit oder Trauung und wo? Haben Sie schon einmal so eine ähnliche Anzeige gelesen? Was halten Sie davon?

2. Wer gratuliert Inge und warum? Was für ein Typ ist Inge? Was für Typen sind sicher auch die Freunde? Was hilft im Leben über vieles hinweg *(over)*? Was soll man tun, wenn es mal irgendwo im Leben zwickt? Was halten Sie von dieser Anzeige?

E. Du, ich muss dir was sagen! Hören Sie zu, was Elke Ihnen erzählt, und reagieren Sie darauf, entweder mit Ausdrücken aus der Liste oder mit eigenen Worten! Was halten Sie davon? Geben Sie danach kurz Ihren eigenen Kommentar dazu!

Das war aber nicht nett von euch.
Ihr seid gemein *(mean)*.
Das sieht euch ähnlich.
Ja, natürlich!
Ja, und?
Klar!
Und dann?
Und was habt ihr da gemacht?
Keine Ahnung!
War er nett?
Was denn?
Wirklich?

UTE Mensch, du glaubst gar nicht, was Marianne und ich gemacht haben.

SIE ___

UTE Du kennst doch Marianne, nicht wahr?

SIE ___

UTE Wir haben vor zwei Wochen eine Anzeige unter „Partnerwünsche" in die Zeitung gesetzt.

SIE ___

UTE Und da haben wir ungefähr fünfzehn verschiedene Antworten bekommen.

SIE ___

UTE Wir haben dann an einen Herrn geschrieben.

SIE ___

UTE Wir haben gesagt, wir treffen *(meet)* ihn vor dem Café Kranzler.

SIE ___

UTE Und da hat er dann auch auf uns gewartet—mit einer roten Rose im Knopfloch *(buttonhole)*.

SIE ___

UTE Er hat uns nicht besonders gefallen.

SIE ___

UTE So sind wir an ihm vorbeigegangen, ohne etwas zu sagen.

SIE ___

UTE Ich weiß.

WAS ICH DAVON HALTE: ___

___

___

___

___

F. Aufsatz: Aus meinem Leben Erzählen Sie eine lustige oder interessante Geschichte (10–12 Sätze) aus Ihrem Leben: z. B. Ihre Schulzeit, eine Reise, Ferien mit Ihrer Familie, ein besonderes Tier usw.

Rückblick: Kapitel 8–11

I. Verbs

1. Reflexive verbs

If the subject and object of a sentence are the same person or thing, the object is a reflexive pronoun. The reflexive pronouns are as follows:

	ich	du	er / es / sie	wir	ihr	sie	Sie
acc.	mich	dich	sich	uns	euch	sich	sich
dat.	mir	dir	sich	uns	euch	sich	sich

a. Many verbs can be used reflexively.

Ich habe **(mir)** ein Auto gekauft. *I bought (myself) a car.*

b. Other verbs must be used reflexively, even though their English counterparts are often not reflexive.

Ich habe **mich** erkältet. *I caught a cold.*

c. With parts of the body, German normally uses the definite article together with a reflexive pronoun in the dative.

Ich habe **mir die Haare** gewaschen. *I washed my hair.*

You are familiar with the following **reflexive verbs:**

s. anhören, s. anschauen, s. ansehen, s. anziehen, s. ausruhen, s. umziehen, s. ausziehen, s. baden, s. beeilen, s. duschen, s. entscheiden, s. entspannen, s. erholen, s. erkälten, s. fit halten, s. (wohl) fühlen, s. (hin)legen, s. kämmen, s. konzentrieren, s. langweilen, s. (die Nase / Zähne) putzen, s. rasieren, s. (hin)setzen, s. verlieben, s. verloben, s. waschen, s. wünschen (see also 2 below).

2. Verbs with prepositional objects

Combinations of verbs and prepositions often have a special idiomatic meaning. These patterns cannot be translated literally but must be learned.

Er **denkt an** seine Reise. *He's **thinking of** his trip.*

You are familiar with the following:

denken an, erzählen von, halten von, schreiben an, sprechen von, träumen von, warten auf; s. ärgern über, s. freuen auf, s. informieren über, s. interessieren für, s. vorbereiten auf.

3. The infinitive with **zu**

The use of the infinitive is similar in German and in English.

Ich habe viel **zu** tun.
Ich habe keine Zeit, eine Reise **zu** machen.
Vergiss nicht, uns **zu** schreiben!

If the infinitive is combined with other sentence elements, a COMMA separates the infinitive phrase from the main clause. If a separable prefix is used, **zu** is inserted between the prefix and the verb.

Hast du Lust, heute Nachmittag mit**zu**kommen?

REMEMBER: Don't use **zu** with modals! (Möchtest du heute Nachmittag **mitkommen**?)

4. Summary of past tenses
   Be sure to learn the principal parts of verbs (infinitive, simple past, past participle). If you know that a verb is a regular t-verb, all its forms can be predicted; but the principal parts of irregular t-verbs and n-verbs must be memorized. You must also remember which verbs take **sein** as the auxiliary verb in the perfect tenses.

   a. The perfect tenses

   • Past participles

t-verbs (weak verbs)	n-verbs (strong verbs)
(ge) + stem (change) + (e)t	(ge) + stem (change) + en
gekauft	gestanden
geheiratet	
gedacht	
eingekauft	aufgestanden
verkauft	verstanden
informiert	

   • When used as auxiliaries in the present perfect, **haben** and **sein** are in the present tense. In the past perfect, **haben** and **sein** are in the simple past.

   Er **hat** eine Flugkarte gekauft. Er **ist** nach Kanada geflogen.

   Er **hatte** eine Flugkarte gekauft. Er **war** nach Kanada geflogen.

   • In conversation, past events are usually reported in the present perfect. (The modals, **haben,** and **sein** may be used in the simple past.) The past perfect is used to refer to events happening BEFORE other past events.

   Nachdem wir den Film **gesehen hatten,** haben wir eine Tasse Kaffee getrunken.

   b. The simple past

   • Forms

t-verbs (weak verbs)			n-verbs (strong verbs)	
ich	stem (change) +	(e)te	stem (change) +	–
du		(e)test		st
er		(e)te		–
wir		(e)ten		en
ihr		(e)tet		t
sie		(e)ten		en
	kaufte		stand	
	heiratete			
	dachte			
	kaufte ein		stand auf	
	verkaufte		verstand	
	informierte			

   • In writing, the simple past is used to describe past events. In dialogues within narration, however, the present perfect is correct.

5. Sentence structure in the past tenses

Er **brachte** einen Freund **mit.**   . . . , weil er einen Freund **mitbrachte.**
Er **wollte** einen Freund **mitbringen.**   . . . , weil er einen Freund **mitbringen wollte.**
Er **hat** einen Freund **mitgebracht.**   . . . , weil er einen Freund **mitgebracht hat.**
Er **hatte** einen Freund **mitgebracht.**   . . . , weil er einen Freund **mitgebracht hatte.**
V1   V2   V2   V1

II. The conjunctions *als, wann, wenn*

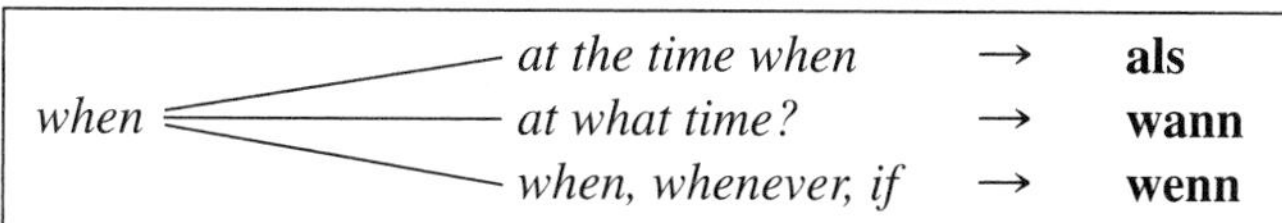

when
at the time when → als
at what time? → wann
when, whenever, if → wenn

III. *Da-* and *wo-*compounds

Pronouns following prepositions refer to people; **da-** and **wo-**compounds refer to objects and ideas. Most accusative and dative prepositions, and all two-way prepositions, can be part of such compounds. Prepositions beginning with a vowel are preceded by **dar-** and **wor-.**

Er wartet **auf einen Brief.**

Worauf wartet er? Er wartet **dar**auf.

IV. Cases

1. Summary of the four cases

<table>
<tr><th></th><th>use</th><th>follows . . .</th><th>masc.</th><th>neut.</th><th>fem.</th><th>pl.</th></tr>
<tr><td>nom.</td><td>subject,
predicate
noun</td><td>heißen, sein, werden</td><td>der
dieser
ein
mein</td><td rowspan="3">das
dieses
ein
mein</td><td rowspan="3">die
dieses
eine
meine</td><td rowspan="3">die
dieses
keine
meine</td></tr>
<tr><td rowspan="2">acc.</td><td rowspan="2">direct
object</td><td>durch, für, gegen,
ohne, um</td><td rowspan="2">den
diesen
einen
meinen</td></tr>
<tr><td rowspan="2">an, auf, hinter,
in, neben, über,
unter, vor, zwischen</td></tr>
<tr><td rowspan="3">dat.</td><td rowspan="3">indirect
object</td><td rowspan="3">dem
diesem
einem
meinem</td><td rowspan="3">dem
diesem
einem
meinem</td><td rowspan="4">der
dieser
einer
meiner</td><td rowspan="3">den
diesen
keinen
meinen</td></tr>
<tr><td>aus, außer, bei, mit,
nach, seit, von, zu</td></tr>
<tr><td>antworten, danken,
gefallen, gehören,
helfen, zuhören</td></tr>
<tr><td>gen.</td><td>possessive</td><td>(an)statt, trotz,
während, wegen</td><td>des
dieses
eines
meines</td><td>des
dieses
eines
meines</td><td>der
dieser
keiner
meiner</td></tr>
</table>

Interrogative pronouns

nom.	wer?	was?
acc.	wen?	was?
dat.	wem?	—
gen.	wessen?	—

2. The genitive

a. Masculine and neuter nouns have endings in the genitive singular.

-es: for one-syllable nouns and nouns ending in **-s, -ss, -ß, -z, -tz, -zt** (des Kopf**es,** Hals**es,** Fluss**es,** Fuß**es,** Salz**es,** Platz**es,** Arzt**es** *[physician's]*).

-s: for nouns of more than one syllable and proper nouns (des Onkel**s,** Tom**s** Onkel, Tom Gerber**s** Onkel).

b. N-nouns usually end in **(-e)n; der Name** is an exception (des Herr**n,** des Student**en;** BUT des Name**ns**).

V. Adjective Endings

1. Preceded adjectives
Predicate adjectives and adverbs have no endings. Adjectives followed by nouns do have endings.

	masculine		neuter		feminine		plural	
nom.	der neu**e**	Krimi	das neu**e**	Stück	die neu**e**	Oper	die neu**en**	Filme
acc.	den neu**en**	Krimi	das neu**e**	Stück	die neu**e**	Oper	die neu**en**	Filme
dat.	dem neu**en**	Krimi	dem neu**en**	Stück	der neu**en**	Oper	den neu**en**	Filmen
gen.	des neu**en**	Krimis	des neu**en**	Stückes	der neu**en**	Oper	der neu**en**	Filme

	masculine		neuter		feminine		plural	
nom.	ein neu**er**	Krimi	ein neu**es**	Stück	eine neu**e**	Oper		
acc.	einen neu**en**	Krimi	ein neu**es**	Stück	eine neu**e**	Oper	keine neu**en**	Filme
dat.	einem neu**en**	Krimi	einem neu**en**	Stück	einer neu**en**	Oper	keinen neu**en**	Filmen
gen.	eines neu**en**	Krimis	eines neu**en**	Stückes	einer neu**en**	Oper	keiner neu**en**	Filme

Comparing the two tables above, you can see:

- Adjectives preceded by the definite article or any **der-**word have either an **-e** or **-en** ending.
- Adjectives preceded by the indefinite article or any **ein-**word have two different adjective endings WHENEVER **ein** HAS NO ENDING: **-er** for masculine nouns and **-es** for neuter nouns. Otherwise the **-en** ending predominates and is used in the masculine accusative singular, all datives and genitives, and in all plurals.

after **der-**words

	masc.	neut.	fem.	pl
nom.	-e	-e	-e	-en
acc.	-en	-e	-e	-en
dat.	-en	-en	-en	-en
gen.	-en	-en	-en	-en

after **ein-**words

	masc.	neut.	fem.	pl
nom.	-er	-es	-e	-en
acc.	-en	-es	-e	-en
dat.	-en	-en	-en	-en
gen.	-en	-en	-en	-en

Or, to put it in another way, the endings are:

- in the NOMINATIVE and ACCUSATIVE SINGULAR

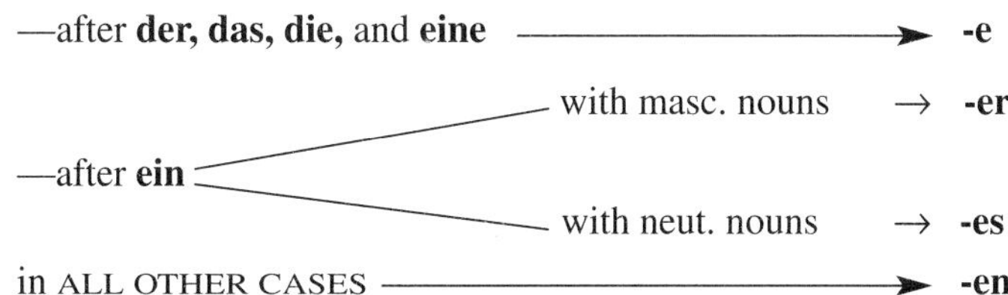

- in ALL OTHER CASES → **-en**

  Der alt**e** Fernseher und das alt**e** Radio sind kaputt *(broken).*
  Mein alt**er** Fernseher und mein alt**es** Radio sind kaputt.

2. Unpreceded adjectives

   a. Unpreceded adjectives have the endings that the definite article would have, if it were used.

      Heiß**e** Suppe und heiß**er** Tee schmecken bei kalt**em** Wetter prima.

   b. The following words are often used as unpreceded adjectives: **andere, einige, mehrere, viele,** and **wenige.**

      Er hat mehrer**e** interessant**e** Theaterstücke geschrieben.

   c. **Viel** and **wenig** in the singular, **mehr** and **ein paar,** numerals, some names of colors **(rosa, lila, beige),** and place names used as adjectives **(Frankfurter, Wiener, Schweizer)** have no endings.

      Ich habe wenig Geld, aber viel Zeit.

VI. Sentence structure

1. Sequence of adverbs
   If two or more adverbs or adverbial phrases occur in one sentence, they usually follow the sequence time, manner, place. The negative **nicht** usually comes after the adverbs of time but before adverbs of manner or place.

2. Summary chart

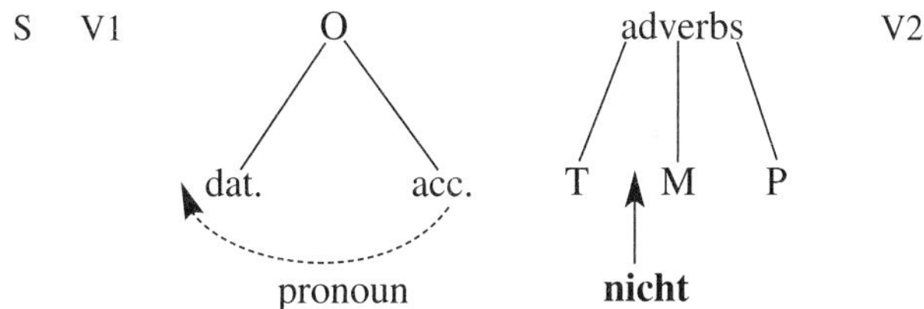

   Er kann es ihm heute **nicht** mit Sicherheit *(for sure)* versprechen.

3. Time expressions

   a. Specific time
      To refer to specific time, a definite point in time, or length of time, German uses the ACCUSATIVE: **jeden Tag, nächstes Jahr, eine Woche, einen Monat.**

      Other familiar phrases referring to specific time are:

      - gerade, sofort, am Abend, am 1. Mai, im Mai, in einer Viertelstunde, um zwei Uhr, von Juni bis September, vor einer Woche, Anfang / Ende April, Mitte des Monats
      - vorgestern, gestern, heute, morgen, übermorgen, Montag, Dienstag, Mittwoch usw.
      - früh (Morgen), Vormittag, Mittag, Nachmittag, Abend, Nacht; gestern früh, heute Morgen, morgen Vormittag, Montagnachmittag, Samstagabend usw.

   b. Indefinite and nonspecific time

      - To refer to an indefinite point in time, the GENITIVE is used: **eines Tages.**
      - Familiar time expressions referring to nonspecific times are: montags, dienstags, mittwochs usw.; morgens, mittags, abends, mittwochmorgens, donnerstagabends usw.; bald, damals, danach, manchmal, meistens, monatlich, oft, sofort, stundenlang, täglich, zuerst usw.

Name ______________________ Datum ______________________ Kurs ______________________

WORTSCHATZWIEDERHOLUNG

A. Fragen

1. Welches Hauptwort kennen Sie dazu?

a. fahren ______________________

b. fliegen ______________________

c. malen ______________________

d. schenken ______________________

e. sprechen ______________________

f. verkaufen ______________________

g. freundlich ______________________

h. wöchentlich ______________________

i. sportlich ______________________

j. verliebt ______________________

2. Was ist ein Synonym dazu?

a. mit dem Auto ______________________

b. in 30 Minuten ______________________

c. beginnen ______________________

d. laufen ______________________

e. telefonieren ______________________

f. wunderbar ______________________

3. Was ist das Gegenteil davon?

a. einsteigen ______________________

b. gewinnen ______________________

c. weinen ______________________

d. sich anziehen ______________________

e. sich ärgern ______________________

f. sich hinsetzen ______________________

g. fleißig ______________________

h. gesund ______________________

i. hübsch ______________________

j. interessant ______________________

k. leicht ______________________

l. lustig ______________________

B. Welches Wort passt nicht?

1. wandern—gewinnen—spazieren gehen—laufen
2. hässlich—gemütlich—sympathisch—charmant
3. verheiratet—verschieden—ledig—geschieden
4. der Krimi—das Gemälde—das Theaterstück—der Roman
5. täglich—wöchentlich—monatlich—gewöhnlich

C. Bilden Sie eine Worttreppe mit Adjektiven!

BEISPIEL nett

temperamentvoll

lustig

STRUKTURWIEDERHOLUNG

D. Reflexivverben Variieren Sie die Sätze!

1. **Willi hält sich fit.**
Do you (formal) *keep fit? They're not keeping fit. How did she keep fit? Keep fit* (3×)! *I'd like to keep fit. We must keep fit. We had to keep fit.*

____

____

2. **Sie erkälten sich wieder.**
We'll get a cold again. Don't catch a cold again (3x). *They've caught a cold again. She doesn't want to get a cold again. We had caught a cold again. Why do you* (sg. fam.) *always get a cold? They always caught a cold.*

E. Am Morgen Auf Deutsch bitte!

1. *You have to* (sg. fam.) *get dressed.*
2. *First I want to take a shower and wash my hair.*
3. *And you* (sg. fam.) *need to shave.*
4. *Why don't you* (pl. fam.) *hurry up?*
5. *Listen* (pl. fam.) *to that.*
6. *He got annoyed and sat down.*

F. Verben mit Präpositionen Bilden Sie Sätze!

BEISPIEL schreiben
Ich muss an meine Eltern schreiben.

1. denken
2. sich freuen
3. sich informieren
4. sich interessieren
5. reagieren
6. sprechen
7. träumen
8. warten

G. Infinitiv mit *zu* Bilden Sie Sätze!

1. Es ist zu spät, ______ *(to buy a present).*
2. Es ist zu spät, ______ *(to write him).*
3. Es ist zu spät, ______ *(to start a book).*
4. Es ist zu spät, ______ *(to invite all).*
5. Es ist nicht leicht, ______ *(to get up early).*
6. Es ist nicht leicht, ______ *(to always pay attention).*
7. Es ist nicht leicht, ______ *(to keep in shape).*

H. Sagen Sie es im Perfekt!

1. Wohin geht ihr? —Wir besuchen Onkel Erich.

____

2. Was machst du heute? —Ich gehe schwimmen.

____

3. Wie gefällt Ihnen das Stück? —Es ist wirklich ausgezeichnet.

____

4. Warum beeilt sie sich so? —Die Vorstellung fängt um acht an.

____

5. Weißt du, dass er ein sehr guter Schwimmer ist? —Nein, er spricht nicht viel von sich.

____

____

I. Bilden Sie Sätze im Plusquamperfekt *(past perfect)*!

1. wir / nicht / denken / damals / daran

____

2. Daniela und Yvonne / gehen / zum Schwimmbad

____

3. wir / sich anziehen / warm

____

4. er / versprechen / mir / das / schon zweimal

____

5. Auto / stehen bleiben / plötzlich

____

6. das / sein / nicht so lustig

____

7. aber / das / verdienen / er

____

J. Die Trappfamilie Was fehlt?

1. Gestern Abend haben sie im zweit_____ deutsch_____ Fernsehen den bekannt_____ Film über die österreichisch_____ Familie Trapp gespielt. 2. Erst ist es ein deutsch_____ Theaterstück gewesen und dann ist daraus ein amerikanisch_____ Film geworden. 3. Eigentlich kannte ich diesen interessant_____ Film schon vom amerikanisch_____ Kino. 4. Aber ich sehe mir gern amerikanisch_____ Stücke in deutsch_____ Sprache an. 5. Der ganz_____ Film spielt rings um die hübsch_____ Stadt Salzburg. 6. Am Anfang war Maria in einem alt_____ Kloster *(convent, n.),* aber sie fühlte sich bei den streng_____ *(strict)* Nonnen *(nuns, pl.)* nicht richtig_____ wohl. 7. Eines Tages schickte die verständnisvoll_____ Oberin *(mother superior)* sie zu der groß_____ Familie eines reich_____, verwitwet_____ Kapitäns. 8. Seine sieben_____ klein_____ Kinder waren anfangs nicht sehr nett_____, aber die temperamentvoll_____ Maria

hatte viel_____ gut_____ Ideen, wie sie die sieben Kinder unterhalten konnte. 9. Später heiratete der verwitwet_____ Kapitän das jung_____ „Fräulein Maria". 10. Kurz nach ihrer fantastisch_____ Hochzeit kam das deutsch___ Militär nach Österreich. 11. Weil der österreichisch_____ Kapitän nicht zur deutsch_____ Marine *(f.)* wollte, verließen *(left)* sie nach kurz_____ Zeit ihr schön_____, groß_____ Haus und flohen *(escaped)* über die hoh_____ *(high)* Berge in die neutral_____ Schweiz. 12. Heute hat die bekannt_____ Trappfamilie ein neu_____, groß_____ Haus im amerikanisch_____ Staat Vermont. 13. Wie in viel_____ der sogenannt_____ *(so-called)* wahr_____ Geschichten, ist im amerikanisch_____ Film *The Sound of Music* nicht alles wahr_____. 14. Aber es ist ein nett_____ Film mit viel_____ schön_____ Musik.

K. Ein Rendezvous Sagen Sie es im Imperfekt!

1. Sonja und Stefan gehen am Samstagabend aus. 2. Zuerst versuchen sie, Opernkarten zu bekommen, aber alle Karten sind schon ausverkauft. 3. Dann wollen sie mit einem Taxi zum Theater fahren, aber sie können kein Taxi bekommen. 4. Als sie zum Theater kommen, gibt es auch keine Karten mehr. 5. Aber in der Nähe des Theaters ist ein Kino. 6. Dort läuft ein neuer Film. 7. Der Film gefällt ihnen ausgezeichnet, weil er sehr komisch ist. 8. Das Publikum lacht oft so laut, dass man nichts hören kann. 9. Als sie aus dem Kino kommen, sehen sie plötzlich Jürgen und Barbara. 10. In einem kleinen Restaurant essen sie ein paar Würstchen und trinken dazu ein Glas Bier. 11. Dann bummeln sie gemütlich durch die Stadt nach Hause.

____

____

____

____

____

____

____

L. *Als, wann* oder *wenn*?

1. ______________ das Stück zu Ende war, klatschten die Leute.
2. Weißt du, ______________ die Party anfängt?
3. Könnt ihr mir die Zeitschrift geben, ______________ ihr damit fertig seid?
4. ______________ ich den Roman vor zwei Jahren las, gefiel er mir nicht so gut.
5. Ich muss immer an euch denken, ______________ ich dieses Lied im Radio höre.

M. Der Genitiv Was fehlt?

BEISPIEL der Sender / Brief *der Sender des Briefes*
der Brief / Annette *Annettes Brief*

1. das Ende / das Wort ____________________________
2. die Farbe / unser Auto ____________________________
3. der Sohn / mein Onkel ____________________________
4. der Eingang / euer Haus ____________________________
5. der Name / der Komponist ____________________________
6. der Wunsch / alle Kinder ____________________________
7. die Taschen / manche Frauen ____________________________

8. die Musik / Beethoven ______

9. das Stück / Bertolt Brecht ______

10. die Märchen / Brüder Grimm ______

N. *Wo-* und *da-*Wörter

1. **Kombinieren Sie!**

BEISPIEL mit *Womit? Damit!*

auf	______	durch	______
in	______	über	______
an	______	vor	______
zu	______	bei	______
für	______	zwischen	______

2. **Was fehlt?**

a. ______ denkst du? ______ Reise. *(of what, of my)*

b. ______ spricht Professor Schulz heute? ______ spannenden Buch. *(about what, about a)*

c. ______ hast du geträumt? ______ Ferien. *(about what, about my)*

d. ______ wartest du? ______ Brief von Paul. Warte nicht ______! *(for what, for a, for that)*

e. Trudi erzählt immer gern ______ Partys. ______ hat sie gerade erzählt. *(about her, about that)*

f. Hast du schon ______ Eltern geschrieben? Ja, ich habe am Wochenende ______ geschrieben. *(to your, to them)*

g. Er hat sich ______ Brief geärgert. ______ ärgert er sich nicht? *(about the, about what)*

h. Interessiert Jürgen sich ______ Sport? Nein, ______ interessiert er sich nicht. *(in, in that)*

i. Interessiert Jürgen sich ______ Sabine? Nein, ______ interessiert er sich nicht. *(in, in her)*

O. Wann und wie lange?

1. Er fährt **morgen.**
the day after tomorrow; after supper; Sundays; tomorrow morning at 4:30; in 15 minutes; Monday morning; on Tuesday; in February; on the weekend; in the evening; in the fall; most of the time; sometimes; each year; now; never; one day

______

______

______

______

2. Er bleibt **zwei Tage.**
from March to May; until Wednesday; until Friday afternoon; until 10:45; for months; (for) one day

____

____

P. Damals Erweitern Sie *(expand)* die Sätze mit den Wörtern in Klammern!

BEISPIEL Damals ging Renate zur Musikschule in Dresden. (ein paar Jahre)
Damals ging Renate ein paar Jahre zur Musikschule in Dresden.

1. Ihre Eltern lebten in der Nähe von Riesa. (jahrelang)

____

2. Renate hat in einem Schülerheim in Dresden gewohnt. (mit anderen Mädchen)

____

3. Am Wochenende konnte sie einfach nach Hause fahren. (nicht)

____

4. Sie hatte keine Zeit, mit der Bahn zu fahren. (stundenlang)

____

5. Dafür ist sie während der Ferien zu Hause geblieben. (gewöhnlich)

____

6. Ihre Schule soll leicht gewesen sein. (nicht)

____

7. Sie musste jeden Tag arbeiten. (schwer)

____

8. Manchmal hat sie stundenlang Klavier gespielt. (mit ihrer Freundin)

____

9. Renate hatte sich für klassische Musik interessiert. (schon immer)

____

10. Wir haben uns eines Tages kennen gelernt. (bei einem Musikwettbewerb in Weimar)

____

____

Q. Was fehlt?

1. Vorgestern haben wir fast den ganz_____ Abend vor unserem neu_____ Fernseher gesessen. 2. Um 18.20 Uhr gab es einen interessant_____ Bericht über das alt_____ Frankfurt mit seinen viel_____ klein_____ Gassen *(streets)* und hübsch_____ Häusern, so wie es einmal war und was man jetzt damit gemacht hat. 3. Nach den kurz_____ Nachrichten um 19.00 Uhr sahen wir eine international_____ Show mit gut_____ Musikgruppen aus verschieden_____ Ländern. 4. Dazu gehörte auch ein toll_____ Orchester und ein groß_____ Chor. 5. Nach dieser nett_____ Unterhaltung haben wir zum dritt_____ Programm gewechselt und uns eine komisch_____ Oper von dem italienisch_____ Komponisten Rossini angesehen. 6. Eine ausgezeichnet_____ Vorstellung! 7. Ein gut_____ Fernseher ist etwas Schönes, denn man kann sich manche gut_____ Sendung gemütlich zu Hause ansehen.

R. Was stimmt?

1. Sie sitzen _____.
   a. vor dem Fernseher faul meistens
   b. meistens faul vor dem Fernseher
   c. faul meistens vor dem Fernseher

2. Er fährt _____.
   a. mit dem Zug morgens zur Arbeit
   b. zur Arbeit mit dem Zug morgens
   c. morgens mit dem Zug zur Arbeit

3. _____ Buch ist das?
   a. Wer b. Was c. Wem d. Wessen

4. Wie gefällt dir das Haus _____?
   a. unser Nachbar
   b. unserem Nachbarn
   c. unseren Nachbarn
   d. unserer Nachbarn

5. Gestern Abend sind wir in ein nettes Restaurant _____.
   a. gewesen b. gegessen c. gegangen d. geblieben

6. Heute früh sind wir zu spät _____.
   a. aufgestanden b. eingeschlafen c. übernachtet d. angefangen

7. Wir haben Freunde zu einer Party _____.
   a. geschehen b. versprochen c. versucht d. eingeladen

8. _____ Peter schon nach Hause gekommen?
   a. Hat b. Ist

9. Meine Eltern _____ gestern nach München gefahren.
   a. haben b. sind

10. _____ ihr schon Zimmer reserviert?
    a. Habt b. Seid

11. _____ du dir schon die Zähne geputzt?
    a. Hast b. Bist

12. Er ist wirklich _____ Mensch.
    a. ein netter b. einen netten c. eines netten d. einem netten

13. Diese Schauspielerin hat _____ Haare.
    a. schönes rotes b. schöne rote c. schönen roten d. schön rot

14. Nehmen Sie die Gabel in _____ Hand!
    a. der linken b. die linke c. das linke d. die linken

15. Eva hat _____ Zimmer.
    a. einen hübschen b. eine hübsche c. ein hübsches d. eines hübschen

16. Wegen _____ Wetters sind wir zu Hause geblieben.
    a. das heiße b. des heißen c. dem heißen d. der heißen

17. Kinder, wascht _____ die Hände!
    a. sich b. ihre c. ihr d. euch

18. Ich möchte _____ ein Fahrrad kaufen.
    a. mir b. mich

19. Ich muss _____ ein paar Minuten hinlegen.
    a. mir b. mich

20. Wir haben uns _____ die schlechte Vorstellung geärgert.
a. von b. über c. an d. auf

21. Die Studenten freuen sich schon sehr _____ ihre Ferien.
a. von b. für c. an d. auf

22. _____ interessiert er sich?
a. Worauf b. Worüber c. Wofür d. Wovon

23. Wir _____ in Frankfurt um.
a. steigt b. stieg c. steigen d. gestiegen

24. Das Buch _____ auf der Kommode.
a. legt b. legte c. lag d. gelegen

25. Ich _____ das Buch letzten Sommer.
a. lass b. las c. ließ d. lässt

26. Hast du an die Karten _____?
a. gedankt b. gedacht c. denken

27. Ich weiß auch nicht, _____ der Bus abfährt.
a. wenn b. wann c. als

28. ____ wir in Österreich waren, sind wir viel Skilaufen gegangen.
a. Wenn b. Wann c. Als

29. Er ist meistens sehr müde, _____ er nach Hause kommt.
a. wenn b. wann c. als

30. Es ist leicht, auf einer Reise viel Geld _____.
a. ausgeben b. ausgegeben c. auszugeben

S. Auf Deutsch bitte!

1. *Kurt, what are you thinking of? — Of my vacation.*

____

2. *I'd like to hike in the mountains with Karl.*

____

3. *I've written to him, and now I'm waiting for his letter.*

____

4. *For that you can wait a long time.*

____

5. *When he says yes, it doesn't mean much.*

____

6. *Two years ago, it was the same* **(genauso).** (pres. perf.)

____

7. *When you had bought the tickets, he suddenly got ill.*

____

8. *He had caught a cold again.*

____

9. *If you'd like, I'll come along.*

____

10. *Do you feel like hiking in the mountains? — I'd like to.*

____

11. *When can we go? — On the first day of (the) vacation.*

____

12. *How are we going? — By train.*

____

13. *Where will we spend the nights? — In inexpensive youth hostels.*

____

14. *Can you bring along your father's camera* **(die Kamera)**?

____

15. *No, his camera is too expensive; it can break* **(kaputt gehen).**

____

16. *Maybe I'll take Susi's camera. Her camera is good, too.*

____

Morgen, morgen, nur nicht heute, sagen alle faulen Leute.

Tomorrow, tomorrow, not today, all the lazy people say.

Kapitel 12 Wege zum Beruf

Zum Hören

GESPRÄCH

CD 8, Track 1

A. Weißt du, was du einmal werden willst? Hören Sie zu und lesen Sie dann Elkes Rolle!

TRUDI Sag mal Elke, weißt du schon, was du einmal werden willst?
ELKE Ja, ich will Tischlerin werden.
TRUDI Ist das nicht viel Schwerarbeit?
ELKE Ach, daran gewöhnt man sich. Ich möchte mich vielleicht mal selbstständig machen.
TRUDI Das sind aber große Pläne!
ELKE Warum nicht? Ich habe keine Lust, immer nur im Büro zu sitzen und für andere Leute zu arbeiten.
TRUDI Und wo willst du dich um eine Lehrstelle bewerben?
ELKE Überhaupt kein Problem. Meine Tante hat ihre eigene Firma und hat mir schon einen Platz angeboten.
TRUDI Da hast du aber Glück.
ELKE Und wie ist es denn mit dir? Weißt du, was du machen willst?
TRUDI Vielleicht werde ich Zahnärztin. Gute Zahnärzte braucht man immer und außerdem verdient man sehr gut.
ELKE Das stimmt, aber das dauert doch so lange.
TRUDI Ich weiß, aber ich freue mich trotzdem schon darauf.

B. Fragen Antworten Sie ganz kurz auf Deutsch!

1. ______________________________

2. ______________________________

3. ______________________________

AUSSPRACHE: b, d, g

For more practice pronouncing these sounds, see the Summary of Pronunciation Part III, subsection 3 in the front of this *Arbeitsbuch.*

CD 8, Track 2

Laute Hören Sie zu und wiederholen Sie!

1. [p] O**b**st, Her**b**st, Er**b**se, hü**b**sch, o**b,** hal**b**, gel**b**
   BUT [p / b] verlie**b**t / verlie**b**en; blei**b**t / blei**b**en; ha**b**t / ha**b**en
2. [t] un**d**, gesun**d**, anstrengen**d,** Gel**d**, Han**d,** sin**d**
   BUT [t / d] Freun**d** / Freun**d**e; Ba**d** / Bä**d**er; Kin**d** / Kin**d**er; wir**d** / wer**d**en
3. [k] Ta**g**, Zu**g**, We**g**, Bahnstei**g**, Flugzeu**g**, Ber**g**
   BUT [k / g] fra**g**st / fra**g**en; flie**g**st / flie**g**en; trä**g**st / tra**g**en; le**g**st / le**g**en

STRUKTUR

CD 8, Track 3

12.1 Comparison of adjectives and adverbs

A. Lang, länger, am längsten Nennen Sie den Komparativ und den Superlativ!

lang
länger, am längsten
....

B. Das Gleiche *(same)* oder besser Ersetzen Sie das Adjektiv!

1. Bärbel ist so sportlich wie Ulrike. (musikalisch)
   Bärbel ist so musikalisch wie Ulrike.
   ....
2. Meikes Wohnung ist größer als meine Wohnung. (ruhig)
   Meikes Wohnung ist ruhiger als meine Wohnung.
   ....
3. Dieses Stück wird immer besser. (bekannt)
   Dieses Stück wird immer bekannter.
   ....
4. Das ist das beste Geschäft. (groß)
   Das ist das größte Geschäft.
   ....
5. Dieser Film war am lustigsten. (gut)
   Dieser Film war am besten.
   ....

12.2 The future tense

C. Was wird passieren? Ersetzen Sie das Subjekt!

1. Wir werden ihn anrufen. (du)
   Du wirst ihn anrufen. Beginnen Sie!
   ....
2. Ich werde mich beeilen. (ihr)
   Ihr werdet euch beeilen.
   ....
3. Wird er kommen können? (Jutta und Sebastian)
   Werden Jutta und Sebastian kommen können?
   ....

D. Semesterferien Was machen Sie?

Ich arbeite in einem Büro.
Ich werde in einem Büro arbeiten.
....

EINBLICKE

CD 8, Track 4

Die Berufswahl

....

VERSTEHEN SIE?

CD 8, Track 5

Was bin ich?

....

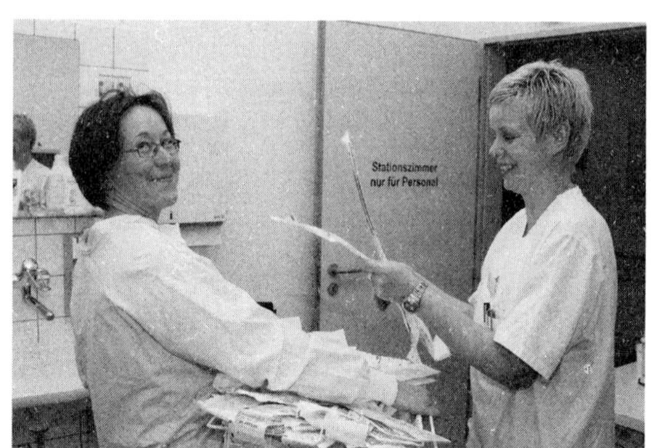

Was bin ich und wo arbeite ich?

1. Sie *(you)* sind ____ und arbeiten ____ .
2. Sie *(you)* sind ____ und arbeiten ____ .
3. Sie *(you)* sind ____ und arbeiten ____ .

a. Krankenschwester	g. in der Schule
b. Wissenschaftler	h. im Supermarkt
c. Polizist	i. im Krankenhaus *(hospital)*
d. Rechtsanwalt	j. zu Hause
e. Verkäufer	k. auf der Straße
f. Lehrer	l. an der Universität

Video-aktiv

MINIDRAMA: Anwälte gibt es wie Sand am Meer.

Vor dem Sehen

Zum Erkennen: Es gibt Schlimmeres *(There are worse things.);* das Studium *(course of study);* Na klar! *(Of course!);* die Betriebswirtschaft *(business administration);* die Zigarre, -n *(cigar);* Pack an! *(Come, help me!);* die Luft *(air);* der Möbelpacker, - *(mover)*

A. Mal sehen!

1. Seid ihr schon mal umgezogen *(moved)*?
2. Macht so ein Umzug Spaß?
3. Habt ihr alles allein gemacht oder hat euch jemand dabei geholfen?
4. Was haltet ihr von einem Sommerjob als Möbelpacker?
5. Habt ihr viele Möbel in eurer Wohnung?
6. Gehören die Möbel euch oder zur Wohnung?
7. Was müsst ihr beim nächsten Umzug alles in Kartons packen?
8. Wie bringt ihr alles von einem Platz zum anderen?
9. Was sagt ihr, wenn etwas einfach und problemlos ist?
10. Was sagt ihr, wenn etwas Quatsch ist?

Nach dem Sehen

B. Was stimmt?

1. Martin und Günther arbeiten als ____.
   a. Taxifahrer b. Möbelpacker c. Möbelverkäufer
2. Sie tragen zusammen ____.
   a. einen grünen Sessel b. ein blaues Sofa c. eine lila Lampe
3. Günther hat sich die Arbeit ____ vorgestellt.
   a. besser b. schöner c. leichter
4. Betriebswirtschaft lernt man ____.
   a. an der Uni b. auf dem Bauernhof c. zu Hause
5. Günther träumt davon, bei der Arbeit ____.
   a. zu schlafen b. Zigarre zu rauchen c. reich zu werden
6. Martins Reaktion auf Günthers Berufsträume ist zu ____.
   a. lächeln b. lachen c. weinen

7. Martin sagt, wenn man arbeitet, dann hat man keine Zeit zu _____.
   a. essen   b. träumen   c. schlafen

8. Martin hat andere Pläne, denn er will _____ werden.
   a. Zahnarzt   b. Kinderarzt   c. Tierarzt

9. Martin braucht in seinem Beruf viel _____.
   a. frische Luft   b. gutes Essen   c. harte Arbeit

10. Martins Berufsweg wird nicht einfach sein, weil es da nicht _____ gibt.
   a. viele Stellen   b. viel Geld   c. viele Schulen

C. Fragen und Antworten

1. Was machen Martin und Günther, nachdem sie eine Weile *(for a while)* gearbeitet haben?
2. Wer ist müder, Martin oder Günther?
3. Warum ist er müder als sein Freund?
4. Gibt es noch schlimmere Ferienjobs als Möbelpacker? Woran denkt ihr?
5. Was studiert Günther momentan?
6. Wie stellt sich Günther das Leben bei einer großen Firma vor?
7. Wie stellt ihr euch die Arbeit bei einer großen Firma vor?
8. Warum will Martin Tierarzt werden?
9. Warum wird das nicht so einfach sein?
10. Wie sieht die Arbeit eines Tierarztes aus? Woran denkt ihr da?

D. Wenn du mich fragst, . . . Und du?

1. Wenn ich im Sommer arbeiten muss, arbeite ich als . . .
2. Ich möchte einmal . . . werden.
3. Dazu muss ich . . . Jahre . . .
4. Das Studium dauert . . .
5. Mir gefällt dieser Beruf, weil . . .
6. Man verdient dann ungefähr . . .
7. Wenn ich das werde, muss ich viel . . . , aber . . .
8. Wenn das mit dem Beruf nicht klappt *(doesn't work out)*, kann ich immer noch . . . werden.

BLICKPUNKT: Frauen im Beruf

Vor dem Sehen

Zum Erkennen: seitdem *(since then)*; deshalb *(therefore)*; der Grund, ¨-e *(reason)*; das Recht, -e *(right)*; kämpfen *(to fight)*; unterstützen *(to support)*; nach wie vor *(still)*; sich engagieren *(to get involved)*; zusätzlich *(in addition)*; schwierig *(difficult)*; die Kanzlei, -en *(law office)*; vertreten *(to represent)*; sich scheiden lassen *(to get divorced)*; hin und wieder *(once in a while)*; irgendwann *(here: one day)*; ändern *(to change)*; die Macht, ¨-e *(power)*; Anteil haben an *(to share in)*

E. Mal sehen!

1. Wo seid ihr geboren?
2. Seid ihr dort auch zur Grundschule gegangen?
3. Seid ihr gern zur Schule gegangen? Warum (nicht)?
4. Haben eure Eltern euch oft bei den Hausaufgaben geholfen?
5. Was wollt ihr mal werden und warum?
6. Ist es schwierig *(difficult)*, . . . zu werden?
7. Wie lange müsst ihr noch studieren?
8. Kann man als Frau heute alles werden, was man will?
9. Könnt ihr zwei bis drei Berufe nennen, wo es mehr Frauen als Männer gibt?
10. Könnt ihr zwei bis drei Berufe nennen, wo es mehr Männer als Frauen gibt?

Nach dem Sehen

F. Richtig oder falsch?

_____ 1. Seyran Ates ist 1950 in Konstantinopel geboren.

_____ 2. Als sie sechs Jahre alt war, sind ihre Eltern nach Berlin gezogen.

_____ 3. Seitdem wohnt sie in Berlin.

_____ 4. Sie sagt, dass sie nicht gern in die Schule gegangen ist.

_____ 5. Sie war lieber zu Hause als in der Schule.

_____ 6. Ihre Mutter war Analphabetin, das heißt, sie konnte weder schreiben noch lesen.

_____ 7. Der Vater hat aber studiert und konnte ihr viel beibringen *(teach)*.

_____ 8. Die Eltern erzogen *(raised)* sie als türkisches Mädchen und wollten, dass sie immer schön zu Hause blieb.

_____ 9. Das gefiel ihr nicht besonders, denn sie wollte viel lieber mit anderen Kindern spielen.

_____ 10. So lebte sie mehr oder weniger in zwei unterschiedlichen *(different)* Welten.

G. Fragen und Antworten

1. Warum wollte Seyran Ates schon immer Rechtsanwältin werden?
2. Wen vertritt *(represent)* sie vor allem?
3. Was für Fälle *(cases)* hat sie oft?
4. Was tut sie, wenn ein Mann möchte, dass sie ihn vertritt?
5. Was findet sie für Frauen sehr wichtig?
6. Warum sind manche Immigrantinnen nicht in der Lage *(not able)* zu kämpfen?
7. Glaubt sie, dass die Frauen in Deutschland alles werden können, was sie wollen?
8. Wo gibt es ein Problem?
9. Was müssen Frauen tun, um gute Stellen zu bekommen?
10. Was ist manchmal ein zusätzliches *(additional)* Problem?

H. Wenn du mich fragst, . . . Und du?

1. Ich glaube, dass man hier in diesem Land . . . alles werden kann, was man möchte.
2. Man muss sich aber . . . und schwer . . .
3. Besonders schwierig ist es, wenn man . . .
4. Wir haben hier viele . . . Weil sie kein Englisch können, arbeiten sie oft als . . .
5. Natürlich gibt es Schulen, wo . . .
6. Oft haben sie aber kein(e/en) . . .
7. Ich finde dieses Video . . .
8. Ich habe . . . alles verstanden. Die Übungen haben . . . geholfen.
9. Ich weiß, dass in Berlin viele . . . leben.
10. Was Seyran Ates sagt, . . .

I. Genau gesehen Was gab's im Video und was nicht?

	Ausländer		Fluss		Katzen
	Blumen		Geschäfte		Schulkinder
	Briefträgerin		Hausmann		Telefonzelle
	Bürgersteig		Hausschild		U-Bahnstation
	Büro		Hunde		Uhr
	Fahrrad		Imbissstube		Vögel

Man sieht kein(e/en) . . .

J. Kulturell gesehen Nennt ein paar Sachen im Video, die *(which)* anders sind als hier bei uns! Auf Deutsch bitte!

Name ______________________ Datum ______________________ Kurs ______________________

Zum Schreiben

A. Erweitern Sie Ihren Wortschatz! Bilden Sie Hauptwörter!

Many nouns are derived from adjectives. Feminine nouns are often characterized by such suffixes as **-e, -heit,** and **-keit.**

1. BEISPIEL lang (ä) *die Länge*
   - a. kurz (ü) ______________________ *shortness, brevity*
   - b. warm (ä) ______________________ *warmth*
   - c. kalt (ä) ______________________ *cold*
   - d. nah (ä) ______________________ *nearness, vicinity*
   - e. weit ______________________ *expanse, distance*
   - f. groß (ö) ______________________ *size*
2. BEISPIEL frei *die Freiheit*
   - a. sicher ______________________ *safety, certainty*
   - b. dumm ______________________ *stupidity*
   - c. gesund ______________________ *health*
   - d. krank ______________________ *sickness*
   - e. schön ______________________ *beauty*
   - f. faul ______________________ *laziness*
3. BEISPIEL wichtig *die Wichtigkeit*
   - a. gemütlich ______________________ *coziness*
   - b. möglich ______________________ *possibility*
   - c. ehrlich ______________________ *honesty*
   - d. vielseitig ______________________ *versatility*
   - e. traurig ______________________ *sadness*
   - f. zuverlässig ______________________ *reliability*

B. Brief: Fragen an den Onkel Ergänzen Sie die Lücken *(fill in the blanks)* mit den richtigen Adjektivformen: Positiv, Komparativ oder Superlativ.

Lieber Onkel Alfred!

Gerade hat man mich aus Berlin angerufen. Ich kann auch dort eine Stelle als Journalistin haben. Du weißt ja schon, dass ich in Hamburg eine Möglichkeit habe. Was soll ich tun?

Beruflich ist eine Stadt so ______________ (*interessant*) (1) wie die andere. Die Pressestadt Hamburg hat einige der ______________ (*groß*) (2) Zeitungen und Zeitschriften Deutschlands. Hamburg ist der ______________ (*wichtig*) (3) deutsche Hafen *(port)*. Nach Hamburg kommen Geschäftsleute aus allen Teilen der Welt. Jetzt, wo Berlin wieder Hauptstadt ist, ist das für mich als Journalistin natürlich auch faszinierend. Da erlebt man Geschichten aus erster Hand.

Berlin ist wirklich eine der ______________ (4) Städte der Welt. Finanziell ist Hamburg für mich
interessant

______________ (5). Ich werde dort ______________ (6) verdienen als in Berlin. Berlin wird vielleicht
schlecht *wenig*

______________ (7) sein. Von Hamburg ist die Fahrt zu den Eltern nach Bremen ______________ (8)
teuer *kurz*

und ______________ (9). Man kann ______________ (10) mal nach Hause fahren. Auch ist Hannover
billig *schnell*

______________ (11). Da arbeitet, wie du weißt, mein Freund Sascha.
nah

Vor ein paar Wochen bin ich in beiden Städten gewesen und ich finde es nicht leicht zu sagen, welche

Stadt mir ______________ (12) gefallen hat. Das Klima in Berlin soll das ______________ (13)
gut *gesund*

in Deutschland sein und das Kulturleben am ______________ (14). Das Wetter in Hamburg ist
vielseitig

bestimmt das ______________ (15), aber Hamburg hat die „______________ (16), ______________ (17)
furchtbar *groß* *alt*

und ______________ (18) Oper in Deutschland", wie man hier sagt. Die Menschen in Berlin fand ich
teuer

______________ (19), ______________ (20) und ______________ (21) als in Hamburg und nicht so
offen *freundlich* *gemütlich*

reserviert. Ich weiß wirklich nicht, wo ich ______________ (22) wohnen und arbeiten möchte. Lass mich
gern

doch mal wissen, was du denkst!

Viele Grüße!

Deine Lea

C. Brief: Die Antwort des Onkels Wiederholen Sie die Sätze in der Zukunft, aber nur da, wo es sinnvoll *(meaningful)* ist!

Liebe Lea,

an das Wetter gewöhnst du dich, in Hamburg sowie in Berlin. Als Journalistin hast du in beiden Städten ein interessantes Leben und an Kultur fehlt es nicht. So, wie ich dich kenne, langweilst du dich nie. Wenn Sascha mitkommt, muss er sich eine neue Arbeit suchen. Das ist nicht so leicht. Er ist schon älter und da gibt es nicht so viele gute Stellen. Er muss geduldig sein. Irgendwie geht es immer wieder weiter. Was immer ihr tut, ich bin sicher, dass ihr überall glücklich seid. Du findest bestimmt relativ schnell wieder Freunde und die Arbeit macht dir hier und da Spaß. Nun, ich drücke dir die Daumen *(keep my fingers crossed)*, dass man dir ein gutes Angebot macht. Dann weißt du genau, was du tust. Ich warte auf deine Entscheidung. Natürlich besuche ich dich dann dort.

Alles Liebe,

Dein Onkel Alfred

____

____

____

____

____

____

D. Wie weit ist es von . . . nach . . . ? Schauen Sie sich die untere Karte an und ziehen Sie fünf bis sechs Vergleiche *(make comparisons)* zwischen den verschiedenen Städten und ihrer Distanz zu Berlin!

BEISPIEL *Von Berlin nach Erfurt ist es weiter als von Berlin nach Hamburg. Hamburg ist näher als Erfurt.*

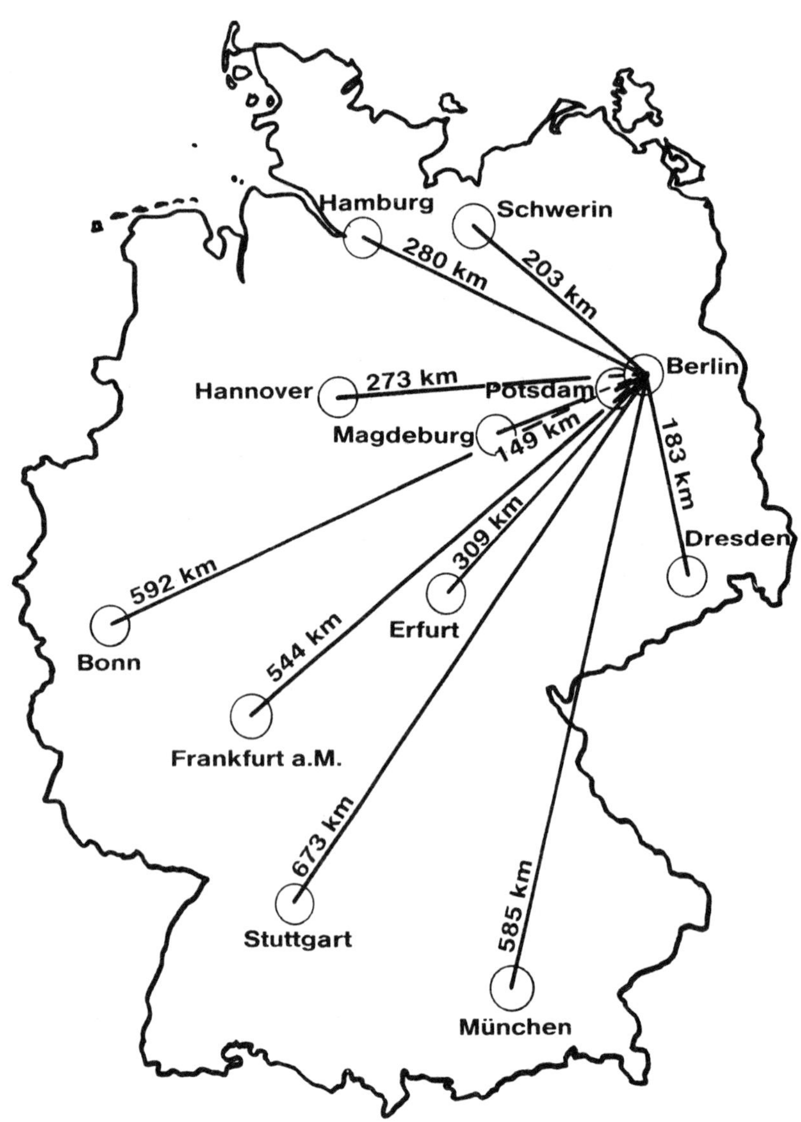

E. Wann sagen Sie das? Schreiben Sie Aussagen oder Fragen, worauf jemand wie angegeben *(as indicated)* reagiert!

BEISPIEL SIE *Das Leben ist teuer.*

JEMAND Das stimmt.

1. SIE ______________________________

   JEMAND Genau!

2. SIE ______________________________

   JEMAND Na klar!

3. SIE ______________________________

   JEMAND Ach was!

4. SIE ______________________________

   JEMAND Das ist doch lächerlich!

5. SIE ______________________________

   JEMAND Gar nicht wahr!

6. SIE ______________________________

   JEMAND Das glaube ich nicht.

7. SIE ______________________________

   JEMAND Du hast Recht.

8. SIE ______________________________

   JEMAND Quatsch!

9. SIE ______________________________

   JEMAND Hoffentlich!

10. SIE ______________________________

    JEMAND Keine Ahnung!

11. SIE ______________________________

    JEMAND Das kommt darauf an.

12. SIE ______________________________

    JEMAND Im Gegenteil!

F. Das Klassentreffen *(class reunion)*

1. Die Abi(tur)klasse Lesen Sie die Einladung zum Treffen dieser ehemaligen Jahrgangsstufe *(former class of . . .)* und ergänzen Sie die Sätze!

5 JAHRE DANACH...

Axel lädt uns alle ein:
Am 17. Juni, abends ab acht auf Simons Hof, sind alle gespannt auf DEINE Erlebnisse der letzten fünf Jahre und freuen sich auf ein Wiedersehen.

Mit dabei und Open-Air:
die Abi-Band und
Deine ehemalige Jahrgangsstufe.

Salate, Chips usw. fürs Büffet erwünscht • Kann ich jemand mitbringen? Ja bitte! • Der Pool ist geöffnet • Wer nachts nicht mehr nach Hause will, kann sein Zelt mitbringen (bitte vorher aufstellen) • Wo genau? Tulpen Straße 4, 49492 Westerkappeln • Bitte schreiben oder anrufen, damit wir wissen, wer kommt: Telefon 0241-2869890 (Axel) oder Abi01GAG@gdx.de

a. Das Treffen ist am ________________ auf ________________ (Bauern)hof. b. Dieser Hof ist in ________________ in der ________________ . c. Man freut sich auf ein ________________ . d. Sicher gibt es nach so langer Zeit viel zu ________________ . e. Die Gäste sollen ________________ oder ________________ mitbringen. f. Wenn sie wollen, können sie auch ________________ mitbringen. g. Wenn man ________________ nicht wieder nach Hause fahren will, kann man dort auch in einem Zelt *(tent)* ________________ . h. Das muss man aber ________________ und vorher *(ahead of time)* ________________ . i. Zur Unterhaltung gibt es ________________ und ________________ . j. Axel ________________ alle ganz herzlich ein, aber er möchte natürlich ________________, ob man kommt oder nicht. k. Darum soll man ihm ________________ oder ihn ________________ . l. Seine ________________ und E-Mail-________________ sieht man ________________ auf der Einladung. m. Das ist eine ________________ Einladung zu einer ________________ Party.

2. Meine Abschlussklasse Schreiben Sie einen kleinen Zeitungsartikel über Ihr eigenes Klassentreffen oder über ein fiktives Klassentreffen! Wann und wo hat man sich getroffen? Wie war das? Fanden Sie, dass sich die Leute verändert *(changed)* hatten? Werden Sie das nächste Mal *(the next time)* wieder hingehen. Warum (nicht)?

Kapitel 13 Das Studium

Zum Hören

GESPRÄCHE

CD 8, Track 6

A. Bei der Immatrikulation Hören Sie zu und wiederholen Sie!

PETRA Hallo, John! Wie geht's?
JOHN Ganz gut. Und dir?
PETRA Ach, ich kann nicht klagen. Was machst du denn da?
JOHN Ich muss noch Immatrikulationsformulare ausfüllen.
PETRA Soll ich dir helfen?
JOHN Wenn du Zeit hast. Ich kämpfe immer mit der Bürokratie.
PETRA Hast du deinen Pass dabei?
JOHN Nein, wieso?
PETRA Darin ist deine Aufenthaltserlaubnis; die brauchst du unbedingt.
JOHN Ich kann ihn ja schnell holen.
PETRA Tu das! Ich warte hier so lange auf dich.

B. Etwas später Hören Sie zu und lesen Sie dann Petras Rolle!

JOHN Hier ist mein Pass. Ich muss mich jetzt auch bald entscheiden, welche Seminare ich belegen will. Kannst du mir da auch helfen?
PETRA Na klar. Was studierst du denn?
JOHN Mein Hauptfach ist moderne Geschichte. Ich möchte Seminare über deutsche Geschichte und Literatur belegen.
PETRA Hier ist mein Vorlesungsverzeichnis. Mal sehen, was sie dieses Semester anbieten.

C. Richtig oder falsch? Sie hören fünf Sätze. Stimmt das?

1. richtig falsch
2. richtig falsch
3. richtig falsch
4. richtig falsch
5. richtig falsch

AUSSPRACHE: s, ss, ß, st, sp

CD 8, Track 7

For more practice pronouncing these sounds, see the Summary of Pronunciation Part III, subsections 6 and 12 in the front of this *Arbeitsbuch.*

Laute Hören Sie zu und wiederholen Sie!

1. [z] **s**auber, **s**icher, **S**emester, **S**eminar, Pau**s**e
2. [s] Auswei**s**, Kur**s**, Profe**ss**or, wi**ss**en, la**ss**en, flei**ß**ig, Fu**ß**, Grü**ß**e
3. [št] **St**udium, **St**ipendium, **St**elle, **st**udieren, be**st**ehen, an**st**rengend
4. [st] zuer**st**, mei**st**ens, de**st**o, Komponi**st**, Kün**st**ler
5. [šp] **Sp**iel, **Sp**ort, **Sp**aß, **Sp**rache, Bei**sp**iel, **sp**ät

STRUKTUR

CD 8, Track 8

13.1 The present-time general subjunctive

A. *Hätten* und *wären* Ersetzen Sie das Subjekt!

1. Da hätte ich ein gutes Einkommen. (du)
   Da hättest du ein gutes Einkommen.
   ....

2. Dann wären sie selbstständig. (ihr)
   Dann wäret ihr selbstständig.
   ....

3. Sie würden ein Praktikum machen. (er)
   Er würde ein Praktikum machen.
   ....

B. Was ich machen würde Sagen Sie die Sätze im Konjunktiv!

1. Ich fahre in die Stadt.
   Ich würde in die Stadt fahren.
   ....
2. Es ist zu schwierig.
   Es wäre zu schwierig.
   ....

C. Wenn nur . . . ! Ersetzen Sie das Verb!

1. Wenn er etwas lernte, . . . (fleißiger arbeiten)
   Wenn er fleißiger arbeitete, . . .
   ....
2. Wenn du kommen könntest, . . . (reisen wollen)
   Wenn du reisen wolltest, . . .
   ....

D. Was würden Sie tun, wenn Sie Zeit hätten? Sagen Sie ganze Sätze!

Wenn ich Zeit hätte, würde ich eine Reise machen. (mitkommen)
Wenn ich Zeit hätte, würde ich mitkommen.
....

13.2 The past-time general subjunctive

E. Was wir gemacht hätten Ersetzen Sie das Subjekt!

1. Ich hätte das nicht getan. (wir)
   Wir hätten das nicht getan.
   ....
2. Sie wäre weitergefahren. (ihr)
   Ihr wäret weitergefahren.
   ....
3. Wir hätten dort wohnen können. (er)
   Er hätte dort wohnen können.
   ....

F. Wenn ich Zeit gehabt hätte, . . . Ersetzen Sie das Verb!

Wenn ich Zeit gehabt hätte, . . . (zu Fuß gehen)
Wenn ich zu Fuß gegangen wäre, . . .
....

EINBLICKE

CD 8, Track 9

Ein Jahr drüben wäre super!

....

VERSTEHEN SIE?

CD 8, Track 10

Können Sie schweigen?

Zum Erkennen: eine Weile *(for a while);* schweigen *(to keep a secret);* der Tipp, -s *(hint)*

....

Was ist richtig?

1. a. In der Mensa.
   b. Im Hörsaal.
   c. In der Bibliothek.

2. a. Über den Kurs.
   b. Über die Noten.
   c. Über ein Referat.

3. a. Dass ein Autor besonders interessant war.
   b. Dass die Gruppe so klein war.
   c. Dass der Kurs nicht so spät am Tag war.

4. a. Was der Professor diesen Sommer machen würde.
   b. Was für Fragen auf der Prüfung wären.
   c. Ob sie eine gute Note bekäme.

5. a. Nein, er sagte es ihr nicht.
   b. Ja, aber sie musste versprechen, dass sie schweigen würde.
   c. Er hat ihr ein paar Tipps gegeben.

Video-aktiv

MINIDRAMA: Amerika ist anders.

Vor dem Sehen

Zum Erkennen: eine harte Nuss *(a tough nut);* durchkommen *(to get through);* die Einladung, -en *(invitation);* schlimm *(bad)*

A. Mal sehen!

1. Findet ihr Deutsch schwer?
2. Was ist besonders schwer und was ist leichter?
3. Wer oder was ist eine harte Nuss?
4. Hat jemand von euch ein Stipendium? Wenn ja, für wie lange?
5. Müsst ihr viel lesen? Wenn ja, für welches Fach besonders?
6. Geht ihr viel in die Bibliothek? Wenn nicht, warum nicht?
7. Habt ihr viele Prüfungen? Wenn ja, wo besonders?
8. Was muss man für die Deutschprüfungen wissen?
9. Lernt ihr manchmal zusammen für die Prüfungen? Wenn ja, wo tut ihr das?
10. Werdet ihr im Sommer auch zur Uni gehen? Warum (nicht)?

Nach dem Sehen

B. Was stimmt?

1. Daniela denkt, ihr Professor ist _____.
   a. ein toller Typ
   b. eine harte Nuss
   c. ein furchtbarer Mensch

2. Daniela hat eine Einladung zum Interview bei _____ bekommen.
   a. einer Firma
   b. Harvard
   c. Fulbright

3. Sie würde gern in Amerika _____ studieren.
   a. Germanistik
   b. Amerikanistik
   c. Linguistik

4. Sie interessiert sich besonders für _____.
   a. Barockliteratur
   b. Exilliteratur
   c. die Romantik

5. Martin meint, das Studium in Amerika wäre _____ in Deutschland.
   a. genauso wie
   b. anders als
   c. besser als

6. In Amerika müsste man aber viel mehr _____ als in Deutschland.
   a. Sport treiben
   b. essen
   c. lesen

7. In den Vereinigten Staaten gäbe es überhaupt mehr _____.
   a. Professoren
   b. Prüfungen
   c. Bibliotheken

8. Außerdem wären die Professoren in den Staaten _____.
   a. klüger
   b. sportlicher
   c. netter

9. Die _____ sollen auch besser sein.
   a. Geschäfte
   b. Cafeterias
   c. Studentenwohnheime

10. Daniela _____ Amerika.
    a. ärgert sich über
    b. hat Angst vor
    c. freut sich auf

 C. Fragen und Antworten

1. Würdet ihr gern einmal ein Jahr in Deutschland, Österreich oder der Schweiz studieren? Wenn ja, wo?
2. Wie lange würdet ihr bleiben, ein oder zwei Semester?
3. Was würde eure Familie dazu sagen?
4. Wie würdet ihr das finanzieren?
5. Was würdet ihr dort studieren?
6. Wo würdet ihr wohnen?
7. Wäret ihr interessiert an einer Gastfamilie?
8. Was würdet ihr mitnehmen?
9. Worauf würdet ihr euch besonders freuen?
10. Was würdet ihr vermissen?

 D. Vokabelspiel mit Studienfächern und Berufen

Eine(r) von euch sagt leise das Alphabet. Ein(e) andere(r) sagt dann „Stopp!" Wenn es der Buchstabe M sein sollte, dann nennen die anderen so schnell wie möglich fünf bis sieben Studienfächer und/oder Berufe damit.

BEISPIEL M
Maschinenbau, Mathematik, Medizin usw.

Ohne Fleiß kein Preis.
No pain, no gain.

Name ______________________ Datum ______________________ Kurs ______________________

Zum Schreiben

A. Erweitern Sie Ihren Wortschatz!

Among the most common nouns derived from verbs are nouns ending in **-er** and **-ung.** The nouns ending in **-er** are all masculine. Feminine nouns can be derived from them by adding **-in (verkaufen: der Verkäufer, die Verkäuferin).** All nouns ending in **-ung** are feminine.

1. Wer ist das? Nennen Sie das Hauptwort dazu! Was bedeutet es auf Englisch?

BEISPIEL malen
der Maler *painter*

a. bewerben ______________ ______________
b. denken ______________ ______________
c. erzählen ______________ ______________
d. faulenzen ______________ ______________
e. hören ______________ ______________
f. lesen ______________ ______________
g. sprechen ______________ ______________
h. teilnehmen ______________ ______________
i. träumen ______________ ______________

2. Was ist das? Nennen Sie das Hauptwort dazu! Was bedeutet es auf Englisch?

BEISPIEL erkälten
die Erkältung *cold*

a. bedeuten ______________ ______________
b. bestellen ______________ ______________
c. bezahlen ______________ ______________
d. besichtigen ______________ ______________
e. einladen ______________ ______________
f. empfehlen ______________ ______________
g. entscheiden ______________ ______________
h. erwarten ______________ ______________
i. prüfen ______________ ______________

B. Was fehlt? Ergänzen Sie die Lücken *(blanks)* mit einer Konjunktivform!

Lieber Peter!

Wir haben uns sehr über deinen Anruf gefreut. Es ______________ (1) ja toll, wenn du mit deiner Familie nach
sein

Deutschland kommen ______________ (2). Im September ______________ (3) Arndt und Nicole nicht hier, so
können sein

dass wir für euch Platz im Haus ____________ (4). Wenn ihr aber lieber in einem Hotel ____________

haben

____________ (5), ____________ (6) ihr uns das schreiben. Dann ____________ wir euch ein

übernachten müssen

Zimmer ____________ (7). Ich ____________ (8) mir für euren Besuch ein paar Tage frei. Wofür

reservieren nehmen

____________ ihr euch denn ____________ (9)? Ihr ____________ (10) euch sicher erst einmal

interessieren mögen

München ansehen. Den Kindern ____________ (11) der Zoo gefallen und Rita der Botanische Garten.

dürfen

Und wie ____________ (12) es mit Schlössern und Burgen? Die Kinder ____________ sich

sein

bestimmt gern Neuschwanstein ____________ (13). Wir ____________ (14) auch eine Fahrt auf der

ansehen sollen

Alpenstraße machen. Und wenn das Wetter schlecht sein ____________ (15), ____________ (16)

sollen können

wir immer in ein Museum gehen. Du hast gesagt, ihr ____________ (17) gern einmal nach Salzburg.

fahren

Das ____________ (18) kein Problem. Auf dem Weg nach Salzburg ____________ (19) wir die

sein haben

Möglichkeit, euch Schloss Herrenchiemsee zu zeigen oder man ____________ (20) eine kleine

können

Bootsfahrt auf dem See machen. Vielleicht ____________ (21) ihr auch Lust, etwas in den Bergen zu

haben

wandern. Hier gibt es wirklich viel zu tun. Ruf uns an, wenn ihr am Flughafen angekommen seid! Besser

____________ (22) es noch, wenn wir genau ____________ (23), wann ihr ankommt. Dann

sein wissen

____________ (24) wir euch abholen *(pick up)*. Bis bald!

können

Dein Detlef

C. Pläne für das nächste Jahr Auf Deutsch bitte!

1. *You* (sg. familiar) *should think of your future.*

   ____

2. *I wished I knew what to tell you* (sg. familiar) *(what I should tell you).*

   ____

3. *What would happen* **(passieren),** *if you* (sg. familiar) *asked your parents now?*

   ____

4. *The earlier you* (sg. familiar) *decide, the earlier you can make plans for next year.*

   ____

5. *Could you* (sg. familiar) *please give me an answer as soon as possible?*

   ____

D. Stellenangebote Lesen Sie das Stellenangebot und schreiben Sie die Sätze noch einmal im Konjunktiv!

> *Wir suchen für sofort:*
> BUCHHALTER/IN°. Gute Bezahlung, Weihnachtsbonus und gleitende° Arbeitszeit. Bitte schreiben Sie an: Tierversicherung°, 31139 Hildesheim, Schützenallee 35, Telefon 0 51 21!

bookkeeper
flexible
animal insurance

1. Wenn ich die Stelle akzeptiere, verdiene ich gut.

 ____

2. Dann habe ich keine finanziellen Probleme mehr.

 ____

3. Zu Weihnachten geben sie mir einen Bonus.

 ____

4. Das ist prima.

 ____

5. Mit der gleitenden Arbeitszeit habe ich eine bestimmte Stundenzahl pro Woche.

 ____

 ____

6. Es ist egal, wann ich morgens anfange.

 ____

7. Es ist auch egal, wie oft ich eine Pause mache.

 ____

8. Ich bin einfach so viele Stunden pro Woche im Büro.

 ____

9. Hildesheim ist nicht weit von euch.

 ____

10. Das gefällt mir.

 ____

E. Wenn ich Sie wäre! Lesen Sie, welchen Rat Frau Jakob Herrn Bingel gibt! Was ist das englische Äquivalent zu den unterstrichenen *(underlined)* deutschen Ausdrücken?

a. *are you allowed . . .*
b. *could I bring*
c. *how about . . .*
d. *I don't mind.*
e. *I'm sorry.*
f. *I would prefer it, too, . . .*
g. *if I were you . . .*
h. *it would be better if . . .*
i. *of course*
j. *one can't*
k. *would it be possible . . .*
l. *you ought to . . .*

_____ 1. Sie sollten mehr spazieren gehen!

_____ 2. Ja, natürlich. Ich weiß.

_____ 3. Es wäre besser, wenn Sie nicht jeden Tag so lange im Büro sitzen würden.

_____ 4. Es wäre mir auch lieber, wenn ich nicht so viel zu tun hätte.

_____ 5. An Ihrer Stelle würde ich nicht so viel arbeiten.

_____ 6. Wie wär's, wenn Sie sich einen Hund kauften? Dann würden Sie bestimmt öfter spazieren gehen.

_____ 7. Darf man bei Ihnen einen Hund haben? — Ja, natürlich.

_____ 8. Ich frage ja nur, weil man das nicht immer kann.

_____ 9. Könnte ich den Hund dann in den Ferien zu Ihnen bringen?

_____ 10. Ich habe nichts dagegen.

_____ 11. Und meine Katze, wäre es möglich, sie dann auch zu bringen?

_____ 12. Nein! Meine Frau ist allergisch gegen Katzen. Es tut mir Leid.

F. Aufsatz: Vorbereitung auf die Reise Stellen Sie sich vor, Sie hätten gerade ein Stipendium für ein Austauschjahr in Deutschland bekommen. Was müssten sie alles vorbereiten, bevor Sie abfliegen könnten? Welche Papiere brauchten Sie? Welche Bücher müssten Sie einpacken? Wer würde sich um Ihre Pflanzen *(plants)* und Tiere kümmern *(take care of)*? Wer würde Ihre Wohnung übernehmen? Was würden Sie mit Ihrem Fahrrad oder Auto usw. tun?

Kapitel 14 Berlin: Damals und heute

Zum Hören

GESPRÄCH

CD 9, Track 1

A. In Berlin ist immer etwas los.

(Heike zeigt Martin Berlin.)

Hören Sie zu!

HEIKE Und das hier ist die Gedächtniskirche mit ihren drei Gebäuden. Wir nennen sie den „Hohlen Zahn“, den „Lippenstift“ und die „Puderdose“.

MARTIN Berliner haben doch für alles einen Spitznamen.

HEIKE Der alte Turm der Gedächtniskirche soll als Mahnmal so bleiben, wie er ist; die neue Gedächtniskirche mit dem neuen Turm ist aber modern—wie so manches in Berlin: jede Menge Altes und jede Menge Neues.

MARTIN Sag mal, wohnst du gern hier in Berlin?

HEIKE Na klar! Berlin ist unheimlich lebendig und hat so viel zu bieten, nicht nur historisch, sondern auch kulturell. Hier ist immer was los. Außerdem ist die Umgebung wunderschön.

MARTIN Ich hab' irgendwo gelesen, dass 24 Prozent der Stadtfläche Wälder und Seen sind, mit 800 Kilometern Fahrradwegen.

HEIKE Ist doch toll, oder?

MARTIN Wahnsinn! Sag mal, warst du dabei, als sie die Mauer durchbrochen haben?

HEIKE Und ob! Meine Eltern und ich, wir haben die ganze Nacht gewartet, obwohl es ganz schön kalt war. Als das erste Stück Mauer kippte, haben wir alle laut gesungen: „So ein Tag, so wunderschön wie heute, so ein Tag, der dürfte nie vergeh'n.“

MARTIN Ja, das war schon ein einmalig. Und jetzt ist das alles schon wieder so lange her.

HEIKE Seitdem hat sich in Berlin enorm viel verändert. Die Spuren der Mauer sind fast verschwunden.

MARTIN Wer hätte das je gedacht!

HEIKE Hier gibt's heute wirklich alles, ein buntes Gemisch an Leuten und Sprachen.

MARTIN Bist du froh, dass Berlin wieder Hauptstadt ist?

HEIKE Nun, ich könnte mir's gar nicht mehr anders vorstellen.

MARTIN Du, hättest du Lust, heute Abend etwas durch die Stadt zu bummeln?

HEIKE Okay, was würde dich interessieren?

MARTIN Eigentlich alles, vielleicht auch ein Klub oder eine Kneipe.

HEIKE Gehen wir doch zum Prenzlauer Berg! Das dürfte interessant sein.

B. Fragen Welche Antwort passt?

1. a. ein Lippenstift
   b. eine Puderdose
   c. ein Mahnmal

2. a. die Umgebung
   b. das Fernsehen
   c. die Mauer

3. a. im Bett
   b. vor dem Fernseher
   c. an der Mauer

AUSSPRACHE: qu, pf, ps

CD 9, Track 2

For more practice pronouncing these sounds, see the Summary of Pronunciation Part III, subsections 19, 21, and 22 in the front of this *Arbeitsbuch.*

Laute Hören Sie zu und wiederholen Sie!

1. [kv] **Qu**atsch, **Qu**alität, **Qu**antität, **Qu**artal, be**qu**em
2. [pf] **Pf**arrer, **Pf**effer, **Pf**lanze, **Pf**und, A**pf**el, Ko**pf**, em**pf**ehlen
3. [ps] **Ps**ychologe, **Ps**ychologie, **ps**ychologisch, **Ps**alm, **Ps**eudonym, Ka**ps**el

STRUKTUR

CD 9, Track 3

14.1 Relative clauses

A. Die Menschen, die ich kenne Sagen Sie es mit einem Relativpronomen!

1. Der Arzt ist gut.
   Das ist ein Arzt, der gut ist.
   ....
2. Den Maler kenne ich nicht.
   Das ist ein Maler, den ich nicht kenne.
   ....
3. Wir haben es der Dame gesagt.
   Das ist die Dame, der wir es gesagt haben.
   ....

B. Erklärungen *(Explanations)* Stellen Sie Fragen!

1. Du hast die Gitarre gekauft.
   Ist das die Gitarre, die du gekauft hast?
   ....
2. Das Auto gehört dem Herrn.
   Wo ist der Herr, dem das Auto gehört?
   ....

14.2 Indirect speech

C. Was haben sie gesagt oder gefragt? Sagen Sie ganze Sätze!

1. Hans reist gern nach Saas Fee.
   Sie sagte, dass Hans gern nach Saas Fee reiste.

   Hans reist gern nach Saas Fee.
   Das Dorf ist autofrei.
   Es gibt dort viele Alpenblumen.
   Man kann auch im Juli Ski laufen gehen.
   Er fährt bald wieder nach Saas Fee.
2. Carolyn hat ein Jahr in Deutschland studiert.
   Er erzählte, dass Carolyn ein Jahr in Deutschland studiert hätte.

   Carolyn hat ein Jahr in Deutschland studiert.
   Es hat ihr dort sehr gut gefallen.
   In den Ferien ist sie gereist.
   Sie ist auch in Griechenland gewesen.
   Sie hat viele Menschen kennen gelernt.
   Sie ist erst im August zurückgekommen.

EINBLICKE

Berlin, ein Tor zur Welt

....

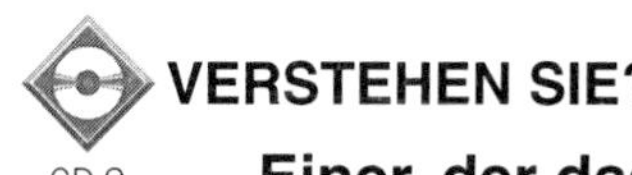

VERSTEHEN SIE?

CD 9, Track 5

Einer, der das Warten gelernt hat

Zum Erkennen: der Buddha *(statue of Buddha);* reiben, rieb, gerieben *(to rub)*

....

Richtig oder falsch?

1. richtig falsch
2. richtig falsch
3. richtig falsch
4. richtig falsch
5. richtig falsch

Video-aktiv

MINIDRAMA: Eine Stadt mit vielen Gesichtern

Vor dem Sehen

Zum Erkennen: stark *(strong);* der Bohnenkaffee *(real coffee);* lecker *(delicious);* die Nusstorte *(nut cake);* gründen *(to found);* Da haben wir den Salat! *(Now we're in a mess!);* die Sahne *(cream);* Ist doch alles Sahne! *(That's all right!)*

A. Mal sehen!

1. Trefft ihr euch oft mit Freunden?
2. Was tut ihr, wenn ihr zusammen seid?
3. Gibt's da gewöhnlich auch etwas zu essen oder zu trinken? Wenn ja, was?
4. Habt ihr sonntags manchmal Freunde bei euch zu Hause für Kaffee und Kuchen, oder ist das mehr etwas für ältere Leute?
5. Trinkt ihr viel Kaffee? Wenn ja, schwarz oder mit Zucker und Sahne?
6. Fotografiert ihr gern?
7. Seid ihr schon mal durch eure eigene Stadt gegangen und habt Bilder davon gemacht? Wenn nein, warum nicht?
8. Wovon macht ihr am liebsten Bilder?
9. Habt ihr eine Filmkamera, die ihr viel benutzt?
10. Schaut ihr euch gern alte Fotos oder Familienfilme an?

Nach dem Sehen

B. Was stimmt?

1. Tante Lydia sitzt auf dem Wohnzimmersofa, über dem ein ____ Bild hängt.
   a. rotes b. grünes c. blaues
2. Martin serviert ihr ____ Kaffee.
   a. kolumbianischen b. brasilianischen c. afrikanischen
3. Die Tante trinkt ihren Kaffee ____, weil er zu DDR-Zeiten doch so ____ war.
   a. süß / bitter b. stark / billig c. dünn / teuer
4. Sie kommt aus ____.
   a. Ost-Berlin b. der früheren DDR c. Tschechien
5. Tante Lydia hat mit Martin schon früher einmal ____ gegessen.
   a. Nusstorte b. Kirschtorte c. Käsesahnetorte
6. Sie zeigt ihm ein Foto von dem Haus, in dem ____ gelebt hat.
   a. Schiller b. Goethe c. Bismarck
7. Martin findet das Haus ganz einfach ____.
   a. einmalig b. schrecklich c. klassisch

8. Der Turm, den Tante Lydia fotografiert hat, steht _____.
   a. am Markt b. beim Kunstmuseum c. am Bahnhof
9. Vor dem Deutschen Nationaltheater in Weimar steht ein _____.
   a. Denkmal b. Tor c. Kiosk
10. Daniela wirft das Milchkännchen um *(throws over),* aber sie meint _____.
   a. das hätte Spaß gemacht b. ich hätte einen Vogel c. es wäre doch alles Sahne

C. Fragen und Antworten

1. Was macht Tante Lydia wahrscheinlich in ihrer Freizeit am liebsten?
2. Welche Rolle scheint Kaffee in einem deutschen Haushalt zu spielen?
3. Wie reagiert Tante Lydia, als sie die Torte probiert *(tries)*?
4. Welches Haus ist auf dem Foto, das Tante Lydia Martin zeigt? (Bitte mit Relativpronomen!)
5. Welche Goethe-und-Schiller-Statue zeigt Tante Lydia? (Bitte mit Relativpronomen!)
6. Welcher Turm ist auf dem Foto zu sehen? (Bitte mit Relativpronomen!)

D. Was sagt ihr, wenn . . . ?

1. etwas schief gegangen ist *(went wrong)*
2. alles in Ordung ist
3. ihr nicht mit etwas übereinstimmt *(agree)*
4. etwas wirklich einfach ist
5. eure Freunde absolut verschiedene Geschmäcker *(tastes)* haben
6. euch etwas egal ist
7. euch etwas besonders gut gefällt
8. ihr von einer Sache genug habt
9. euch etwas unglaublich scheint
10. ihr schockiert seid

BLICKPUNKT: Mein Berlin

Vor dem Sehen

Zum Erkennen: die Not *(misery);* der Einsatz *(deployment);* der Wahn *(delusion);* die Vorstellung *(idea);* die Erinnerung an *(memory of);* einheitlich *(uniform);* bedauerlich *(unfortunate);* das Bauwerk, -e *(structure);* der Handwerker, - *(craftsman);* räumlich getrennt *(separated by space);* die Macht, ⸚e *(power);* die Bedeutung *(significance);* die Laterne, -n *(lantern);* die Aufklärung *(enlightenment);* spucken *(to spit);* heiter *(happy, cheerful)*

E. Mal sehen!

1. Gibt es hier Busse? Wenn ja, sind es normale Busse, Doppelbusse (= Gelenkbusse) oder Doppeldeckerbusse?
2. Fahrt ihr ab und zu mit dem Bus? Wenn ja, wohin?
3. Hat sich hier in . . . in den letzten Jahren viel verändert? Wenn ja, was?
4. Was findet ihr prima?
5. Was findet ihr bedauerlich *(unfortunate)*?
6. Gibt es hier ein Gebäude, das eine Kuppel hat? Wenn ja, welches?
7. Welches andere berühmte Gebäude mit einer Kuppel kennt ihr?
8. Habt ihr es schon einmal besichtigt?
9. Kann man oben in die Kuppel steigen? Wenn ja, wie? Auf einer Treppe, auf einer Rampe oder mit dem Aufzug *(elevator)*?
10. Ist oben eine Aussichtsplattform *(observation deck)*? Wenn ja, was sieht man von dort oben?

Nach dem Sehen

F. Richtig oder falsch?

_____ 1. Der nette alte Herr, der uns von Berlin erzählt, ist Architekt.

_____ 2. Er ist dort 1935 geboren und lebt seit 1950 wieder in Berlin.

_____ 3. Er sagt, dass er sich gut an die Kriegsjahre in Berlin erinnern kann.

_____ 4. Er spricht auch von der Blockade und wie dankbar die Berliner über den Einsatz der Westmächte waren.

_____ 5. Eigentlich fanden sie das damals ganz normal, weil sie ja schon immer Freunde waren.

_____ 6. Ihm kommen jetzt noch die Tränen, wenn er an den ersten Bus aus Potsdam denkt.

_____ 7. Er findet es bedauerlich, dass man heute kaum mehr weiß, wo die Mauer einmal war.

_____ 8. Er sagt, es hätte sich viel verändert, nur nicht die Kleidung der Leute.

_____ 9. Die Menschen wären heute ziemlich unfreundlich und würden sich für nichts interessieren.

_____ 10. Er ist froh, dass Berlin wieder die Hauptstadt von Deutschland ist.

G. Fragen und Antworten

1. Was für Kriegsszenen zeigt das Video?
2. Weißt du, wie die Berliner die Flugzeuge nannten, die während der Blockade Lebensmittel brachten?
3. Welcher amerikanische Präsident sagte damals, dass Mr. Gorbatschow die Mauer öffnen sollte?
4. Was taten die Leute, als das plötzlich passierte?
5. Weißt du, von wann bis wann die Mauer stand?
6. Wie hießen die alten kleinen DDR-Autos?
7. Weißt du, wie der Fluss heißt, den wir im Video gesehen haben?
8. Wie gefällt dem Architekten das renovierte Reichstagsgebäude?
9. Welche Funktion hat es?
10. Was findet er so toll an der Kuppel?

H. Wenn du mich fragst, . . . Und du?

1. Ich bin erst . . . geboren. Ich erinnere . . . an . . .
2. Ich habe viele Filme über . . . gesehen.
3. Als sie die Mauer öffneten, war ich . . .
4. Ich fand das einfach . . .
5. Wenn ich einmal nach Berlin komme, werde ich mir . . . anschauen.
6. Dann werde ich auch auf die Aussichtsplatform . . . gehen und auf die Leute im Bundestag . . .
7. Berlin scheint unheimlich . . .
8. Hier treffen sich . . .
9. Den alten Herrn, der uns von seinem Berlin erzählte, fand ich . . .
10. Ich kann mir vorstellen, dass er . . .

I. Genau gesehen

In eurem Haupttext habt ihr schon viel über Berlin gelesen und Bilder gesehen. Darum dürftet ihr all die Namen in der Tabelle unten kennen. Was gab's im Video und was nicht?

	Brandenburger Tor		Fernsehturm		Sony Center
	Brunnen *(fountain)*		Flugzeug		Spree
	deutsche Flagge		Fußgänger		Trabbis
	Dom		Gedächtniskirche		Verkehr
	Doppeldeckerbus		Mauerreste		Wannsee
	EU-Flagge		Reichstagsgebäude		Zoo

Da war alles, außer . . .

J. Kulturell gesehen

Nennt ein paar Sachen im Video, die anders sind als hier bei uns! Auf Deutsch bitte!

Name ______________ Datum ______________ Kurs ______________

Zum Schreiben

A. Erweitern Sie Ihren Wortschatz!

Numerous German nouns are derived from verbs. Some are based on the infinitive stem; others show the vowel change of the simple past or the past participle.

1. Nennen Sie das Hauptwort dazu! (Diese Wörter sind maskulin.) Was bedeutet das auf Englisch?

beginning *call* *dance* *plan* *purchase* *gratitude*

BEISPIEL teilen

der Teil *part*

a. anfangen ______________ ______________

b. kaufen ______________ ______________

c. danken ______________ ______________

d. tanzen ______________ ______________

e. planen ______________ ______________

f. anrufen ______________ ______________

2. Nennen Sie das Hauptwort dazu! (Diese Wörter sind feminin.) Was bedeutet das auf Englisch?

apprenticeship *border* *love* *rent* *request* *shower*

BEISPIEL reisen

die Reise *trip*

a. bitten ______________ ______________

b. duschen ______________ ______________

c. lieben ______________ ______________

d. mieten ______________ ______________

e. lehren ______________ ______________

f. grenzen ______________ ______________

3. Was bedeutet das Hauptwort auf Englisch? Welches Verb passt dazu?

greeting *help* *language* *laundry*
participation *prohibition* *reconstruction* *wish*

BEISPIEL die Tat *deed;* tun

a. die Hilfe ______________________

b. die Teilnahme ______________________

c. die Sprache ______________________

d. die Wäsche ______________________

e. das Verbot ______________________

f. der Wunsch ______________________

g. der Gruß ______________________

h. der Wiederaufbau ______________________

B. Diebstahl bei der Bank *(bank robbery)* Nennen Sie das fehlende Relativpronomen!

Ein junger Mann hatte bei der Bank, in ____________ (1) er arbeitete, 1.000 Euro gestohlen *(stolen)*. Als er sah, dass er das Geld, ____________ (2) er gestohlen hatte, nicht zurückzahlen konnte, bekam er Angst. Er ging zu einem Rechtsanwalt, ____________ (3) er kannte und von ____________ (4) er wusste, dass er ihm vertrauen *(trust)* konnte. Diesem Mann erzählte er alles, auch von seiner Frau, ____________ (5) Boss *(m.)* sie gerade an die frische Luft gesetzt hatte *(had fired her)*. Der Rechtsanwalt hörte zu und fragte ihn dann: „Wie viel Geld können Sie aus der Bank nehmen, bei ____________ (6) Sie arbeiten, ohne dass andere Leute, ____________ (7) auch dort arbeiten, es wissen?" „Nicht mehr als 1.500 Euro", sagte der junge Mann, ____________ (8) nicht verstand, warum der Rechtsanwalt ihn das fragte. „Gut, bringen Sie mir morgen früh die 1.500 Euro, ____________ (9) Sie nehmen können!", sagte der Rechtsanwalt. Dann schrieb er den folgenden Brief, ____________ (10) er an die Bank schickte, von ____________ (11) der junge Mann das Geld gestohlen hatte: „Herr Huber, ____________ (12) bei Ihnen arbeitet, hat 2.500 Euro gestohlen. Seine Familie, ____________ (13) ihm helfen möchte, will Ihnen die 1.500 Euro zurückgeben, ____________ (14) sie zusammengebracht hat. Bitte geben Sie einem jungen Mann, ____________ (15) ganzes Leben noch vor ihm liegt, eine Chance!" Das tat die Bank, ____________ (16) Namen ich nicht nennen möchte, und der junge Mann konnte ein neues Leben beginnen.

C. Mendelssohn und Friedrich der Große Lesen Sie die Anekdote über Friedrich II. (oder Friedrich den Großen) von Preußen *(Prussia)* und wiederholen Sie alle direkte Rede indirekt!

Moses Mendelssohn, der Großvater des Komponisten Felix Mendelssohn, war ein sehr bekannter Philosoph und ein guter Freund Friedrichs II. (des Zweiten). Eines Tages war er beim König zum Abendessen eingeladen. Um sieben Uhr waren alle Gäste da, nur Mendelssohn nicht. Da wurde der König ungeduldig und fragte: „Wo ist Mendelssohn?" „Das weiß ich nicht", war die Antwort des Dieners *(servant)*. „Das ist typisch für die Philosophen! Wenn sie hinter ihren Büchern sitzen, vergessen sie alles." Da sagte Friedrich zu seinem Diener: „Bringen Sie mir ein Stück Papier!" Darauf schrieb er dann: „Mendelssohn ist ein Esel *(ass)*. Friedrich II." Das gab er dem Diener und sagte, „Legen Sie das auf Mendelssohns Platz!" Kurz danach kam Mendelssohn, sagte „Guten Abend!" und setzte sich. Er fand den Zettel *(note)*, las, was darauf stand und begann zu essen. Der König aber fragte:

„Na, wollen Sie uns nicht sagen, was auf dem Zettel steht?“ Da stand Mendelssohn auf und sagte: „Das will ich gern tun. Mendelssohn ist EIN Esel, Friedrich der ZWEITE.“

1. Der König fragte, ____________________

2. Der Diener antwortete, ____________________

3. Der König meinte, ____________________

4. Er meinte, ____________________

____

5. Er sagte dem Diener, ____________________

6. Darauf schrieb er, ____________________

7. Dann sagte er dem Diener, ____________________

____

8. Der König fragte Mendelssohn, ____________________

9. Mendelssohn antwortete, ____________________

10. Auf dem Zettel stand, ____________________

D. Wenn Sie mich fragen, . . . Stellen Sie sich vor, Sie machen eine Reise nach Berlin. Welche Gedanken und Erwartungen *(expectations)* haben Sie? Beenden Sie die Sätze!

1. Wenn man ins Ausland reisen will, braucht man einen Pass. Deshalb ____________________

____

2. Ich bin mir nicht sicher, aber ich glaube, dass ____________________

____

3. Es ist möglich, dass ____________________

____

4. Soviel ich weiß, ____________________

____

5. Wahrscheinlich ____________________

6. Hoffentlich ____________________

7. Ich mache mir Sorgen um ____________________

8. Ich möchte gern ____________________

9. Ich bin froh, dass ____________________

10. Im Großen und Ganzen ____________________

E. Bildbeschreibung: Schloss Sanssouci in Potsdam Schreiben Sie fünf Relativsätze über dieses Bild in Potsdam oder über Friedrich II! Im Internet gibt es jede Menge Informationen über ihn.

BEISPIEL *Schloss Sanssouci ist das Schloss, in dem Friedrich II. lebte.*

____

____

____

____

____

____

F. Aufsatz: Wie geht's weiter?

„Wenn das Wörtchen wenn nicht wär'" ist eine beliebte Redewendung *(figure of speech)* im Deutschen. Stellen Sie sich vor, das Wörtchen „wenn" gäbe es plötzlich nicht mehr und Sie hätten viel Geld in der Lotterie gewonnen! Welche Träume würden Sie sich erfüllen?

Kapitel 15 Deutschland, Europa und die Umwelt

Zum Hören

GESPRÄCHE

CD 9, Track 6

A. Zu Besuch in Weimar Hören Sie zu und wiederholen Sie!

TOM Komisch, dieses Denkmal von Goethe und Schiller kenne ich doch! Ich glaube, ich habe es schon irgendwo gesehen.
DANIELA Warst du schon mal in San Francisco?
TOM Na klar!
DANIELA Warst du auch im Golden Gate Park?
TOM Ach ja, da steht genau das gleiche Denkmal. Das haben, glaub' ich, die Deutsch-Amerikaner in Kalifornien einmal bauen lassen.
DANIELA Richtig! Übrigens, weißt du, dass Weimar 1999 Kulturhauptstadt Europas war?
TOM Nein, das ist mir neu. Wieso denn?
DANIELA Im 18. Jahrhundert haben hier doch viele berühmte Leute gelebt und die Weimarer Republik ist auch danach benannt.
TOM Ja ja, aber heute früh, als ich am Mahnmal vom Konzentrationslager Buchenwald auf die Stadt herabblickte, hatte ich sehr gemischte Gefühle.
DANIELA Ja, da hast du natürlich Recht.

B. In der Altstadt Hören Sie zu und lesen Sie dann Toms Rolle!

DANIELA Schau mal, die alten Häuser hier sind doch echt schön.
TOM Ja, sie sind gut restauriert worden. Ich finde es vor allem schön, dass hier keine Autos fahren dürfen.
DANIELA Gott sei Dank! Die Fassaden hätten die Abgase der Trabbis nicht lange überlebt.
TOM Bei uns gibt es jetzt auch eine Bürgerinitiative, alle Autos in der Altstadt zu verbieten, um die alten Gebäude zu retten.
DANIELA Das finde ich gut.
TOM Sind die Container da drüben für die Mülltrennung?
DANIELA Ja, habt ihr auch Mülltrennung?
TOM Ja, freiwillig. Da könnte man ganz bestimmt noch viel mehr tun. Zum Beispiel weiß ich nie, wohin mit alten Batterien oder Medikamenten.
DANIELA Die alten Batterien kann man in jedem Supermarkt in spezielle Sammelbehälter werfen und die alten Medikamente, die bringst du zur Apotheke.
TOM Das geht bei uns nicht und so landet schließlich vieles in der Mülltonne.
DANIELA Das ist bei uns verboten.
TOM Das sollte es auch sein. Ihr seid da eben weiter als wir.

C. Richtig oder falsch? Sie hören fünf Sätze. Stimmt das?

1. richtig falsch
2. richtig falsch
3. richtig falsch
4. richtig falsch
5. richtig falsch

CD 9, Track 7

AUSSPRACHE

For more practice pronouncing these glottal stops, see the Summary of Pronunciation Part II, subsection 42 in the front of this *Arbeitsbuch.*

Knacklaute *(Glottal stops)* Hören Sie zu und wiederholen Sie!

1. +Erich +arbeitet +am +alten Schloss.
2. Die +Abgase der +Autos machen +einfach +überall +alles kaputt.
3. +Ulf +erinnert sich +an +ein +einmaliges +Abendkonzert +im +Ulmer Dom.
4. +Otto sieht +aus wie +ein +alter +Opa.
5. +Anneliese +ist +attraktiv +und +elegant.

STRUKTUR

CD 9, Track 8

15.1 The passive voice

A. Was wird gemacht? Ersetzen Sie das Subjekt!

1. Er wird heute fotografiert. (wir)
   Wir werden heute fotografiert.
   ....
2. Ich wurde zur Party eingeladen. (ihr)
   Ihr wurdet zur Party eingeladen.
   ....
3. Du wirst angerufen werden. (Sie)
   Sie werden angerufen werden.
   ....

B. Wer hat das Hotel empfohlen? Beantworten Sie die Fragen!

Es wurde von dem Taxifahrer empfohlen. (ein Freund)
Es wurde von einem Freund empfohlen.
....

C. Wiederaufbau *(Reconstruction)* Sagen Sie die Sätze im Passiv! *(Don't express the agent.)*

Die Firma renoviert das Gebäude.
Das Gebäude wird renoviert.
....

D. Damals und heute Sagen Sie die Sätze in einer anderen Zeit!

1. In der Vergangenheit
   Die Pläne werden gemacht.
   Die Pläne wurden gemacht.
   ....
2. Im Perfekt
   Das Schloss wird besichtigt.
   Das Schloss ist besichtigt worden.
   ....
3. In der Zukunft
   Es wird viel geredet.
   Es wird viel geredet werden.
   ....

E. Die Hochzeit Was muss gemacht werden?

Wir müssen die Hochzeit feiern.
Die Hochzeit muss gefeiert werden.

1. Wir müssen die Hochzeit feiern.
2. Wir müssen Einladungen schreiben.
3. Wir müssen das Haus putzen.
4. Wir müssen die Blumen bestellen.
5. Wir müssen die Lebensmittel kaufen.
6. Wir müssen den Sekt kalt stellen.
7. Wir müssen den Kuchen backen.
8. Wir müssen den Fotografen anrufen.

15.2 Review of the uses of *werden*

F. Welche Funktion hat *werden*? Jetzt hören Sie zehn Sätze. Ist **werden** ein Vollverb *(a full verb)* oder ist der Satz in der Zukunft, im Konjunktiv oder im Passiv? Kreuzen Sie die richtige Antwort an! Passen Sie auf!

	Vollverb	Zukunft	Konjunktiv	Passiv
1.	❑	❑	❑	❑
2.	❑	❑	❑	❑
3.	❑	❑	❑	❑
4.	❑	❑	❑	❑
5.	❑	❑	❑	❑
6.	❑	❑	❑	❑
7.	❑	❑	❑	❑
8.	❑	❑	❑	❑
9.	❑	❑	❑	❑
10.	❑	❑	❑	❑

EINBLICKE

CD 9, Track 9

Der Wind kennt keine Grenzen.

....

VERSTEHEN SIE?

CD 9, Track 10

Der Mantel

Zum Erkennen: herumlaufen *(to run around);* protestieren *(to protest);* das ist egal *(that doesn't matter)*

....

Welche Antwort ist richtig?

1. a. Der Mantel wäre zu elegant.
   b. Der Mantel sähe furchtbar aus.
   c. Der Mantel sähe toll aus.
2. a. Hier würde ihn niemand kennen.
   b. Er hätte kein Geld, sich einen Mantel zu kaufen.
   c. Das wäre schade.
3. a. Niemand hat ihn abgeholt *(picked up).*
   b. Er ist von ein paar Studenten abgeholt worden.
   c. Er ist von Einstein abgeholt worden.
4. a. Er meinte, Einstein wäre ein intelligenter Mann.
   b. Er meinte, die Leute könnten schlecht von Einstein denken.
   c. Er sagte, er würde ihm einen Mantel kaufen.

5. a. Einstein sagte: „Danke schön!"
   b. Einstein sagte, das wäre egal, weil ihn doch jeder kennen würde.
   c. Einstein meinte, er hätte keine Zeit, einkaufen zu gehen.

Video-aktiv

MINIDRAMA: Der Wind, der Wind, das himmlische Kind!

Vor dem Sehen

Zum Erkennen ins Wasser fallen *(to be cancelled);* spuken *(to spook);* Der Wind, der Wind, das himmlische Kind! *(It's nothing, just the wind!—That is, by the way, what Hänsel and Gretel told the witch in Humperdinck's opera when she asked who was there.)*

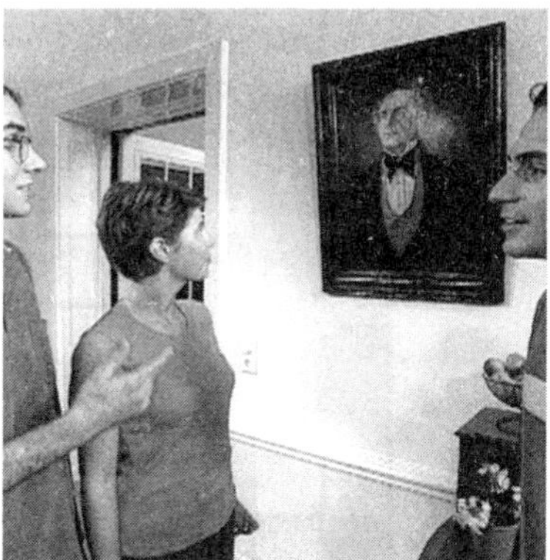

A. Mal sehen!

1. Glaubt ihr an Gespenster *(ghosts)*?
2. Gibt es bei euch ein Haus, in dem ein Gespenst wohnen soll?
3. Lest ihr gern Gespenstergeschichten?
4. Was haltet ihr von alten Häusern? Würdet ihr gern in einem alten Haus wohnen?
5. Was für Möbel mögt ihr, antike oder moderne?
6. Was für Gemälde mögt ihr, moderne oder alte?
7. Wie alt ist das Haus, in dem eure Familie wohnt?
8. Wisst ihr, wann es gebaut wurde?
9. Wisst ihr, wann diese Uni gebaut wurde?
10. Wie gefällt es euch hier an der Uni?

Nach dem Sehen

B. Was stimmt?

1. Martin ärgert sich, weil die Party _____.
   a. langweilig war — b. zu weit weg war — c. ins Wasser gefallen ist
2. Das Haus der Familie Winter wurde im _____ gebaut.
   a. 15. Jahrhundert — b. 16. Jahrhundert — c. 17. Jahrhundert
3. Jean Paul findet ihr Haus _____.
   a. gemütlich — b. modern — c. altmodisch
4. Die Stadt, in der die Winters wohnen, ist _____ älter als ihr Haus.
   a. wenigstens 600 Jahre — b. etwa 350 Jahre — c. 1000 Jahre
5. Jean Paul wird nervös, weil er _____.
   a. schlecht hört — b. etwas hört — c. an Gespenster glaubt
6. Der alte Kuno auf dem Gemälde ist _____.
   a. Daniela unbekannt — b. ein Vorfahre *(ancestor)* der Winters — c. Ihr Lieblingsprofessor
7. Das antike Tischchen, das Jean Paul so schön findet, ist _____.
   a. importiert — b. handgemacht — c. unverkäuflich
8. *(Raten Sie!)* Wenn der alte Kuno spukt, dann _____.
   a. ist ihm furchbar schlecht — b. wird der Teppich nass — c. hört man Geräusche
9. Martin geht nach draußen und macht Geräusche, weil er _____.
   a. das lustig findet — b. Angst hat — c. neugierig *(curious)* ist
10. *(Raten Sie!)* Martin zitiert *(quotes)* einen Satz aus *Hänsel und Gretel,* weil er _____.
    a. gefährlich ist — b. Angst hat — c. das lustig findet

C. Was ist das englische Äquivalent der unterstrichenen Wörter? Nur ganz schnell mündlich *(orally)* bitte!

Note: Exercises C and D are difficult and are optional for students wanting extra challenge!

1. Bevor das Haus von den Winters gekauft werden konnte, sollte es abgerissen werden.
2. Vor vielen Jahren war das Haus von einem reichen Kaufmann erbaut worden, aber dann wurde es von einem Tischler übernommen.
3. Natürlich musste es umgebaut *(to convert)* werden, bevor es auch als Werkstatt *(workshop)* benutzt werden konnte.
4. Nach etwa 200 Jahren wurde die Werkstatt geschlossen, weil die großen Maschinen nicht mehr hineinpassten.
5. Es war fast schon von der Stadt an einen Rechtsanwalt verkauft worden, als es von den Winters gekauft wurde.
6. Mit viel Geld konnte es renoviert werden.
7. Bevor alles möbliert werden konnte, mussten die alten Böden *(floors)* herausgerissen werden, das Dach ersetzt werden und eine Heizung *(heating system)* eingebaut werden.
8. Das alles wurde schnell gemacht, nur die Holztreppen *(wooden stairs)* konnten nicht mehr gerettet werden.
9. Nun müssen nur noch die Wände gestrichen *(to paint)* werden, bevor man einziehen kann.
10. Das Haus wird von den Winters in der Zukunft bestimmt gut gepflegt *(to treat well)* werden, denn es soll auch für weitere Generationen erhalten *(to preserve)* werden.

D. Was noch? Noch ein bisschen mehr im Konkunktiv und im Passiv!

Für Jean Paul ist alles neu im Haus der Winters. Er interessiert sich für alles Historische. Für Daniela und Martin, die schon immer alte Sachen um sich herum gehabt haben, ist das nichts Neues. Mal sehen, was es da noch zu fragen oder zu erzählen gäbe!

1. Was würde euch an Jean Pauls Stelle interessieren? Was würdet ihr fragen / hättet ihr gefragt?
2. Welche weiteren Details würden Daniela und Martin über ihr Haus erzählen? Bis jetzt hat Jean Paul ja nur das Wohnzimmer gesehen. Was würde er in den anderen Zimmern sehen und was würden Daniela und Martin darüber erzählen?
3. Nach seinem Besuch bei den Winters trifft Jean Paul seinen besten Freund. Was würde Jean Paul ihm über das Haus der Winters erzählen?
4. Was würdet ihr euren Freunden über dieses Video erzählen?

E. Eine Gespenstergeschichte Wie war das noch mal?

Denkt an den alten Kuno! Vielleicht ist er ja wirklich ein Gespenst geworden und spukt durch das Haus. Erfindet *(invent)* eine Geschichte über den alten Kuno! So könnte alles begonnen haben:

„Im Jahr 1568 wurde Kunibert vom Walde als jüngster Sohn eines Raubritters *(robber baron)* geboren . . . bis endlich das Gemälde auf dem Dachboden *(in the attic)* gefunden wurde. Das ist alles, was ich weiß.“

Name ______________ Datum ______________ Kurs ______________

Zum Schreiben

A. Erweitern Sie Ihren Wortschatz!

Many past participles can be used to form adjectival nouns, e.g., **verloben** *(to get engaged)* → **verlobt** *(engaged)* → **der/die Verlobte** *(fiancé[e])*. As you can see, the English equivalent of the derived noun is oftentimes based on a completely different word.

Vom Verb zum Hauptwort Wie heißt das auf Englisch? Wählen Sie die richtigen Bedeutungen!

adoptee *divorcée* *handicapped (person)* *invited (guest)* *juror*
married (person) *paralytic* *prisoner, captive* *rescued (person)* *scholar, savant*
soldier killed in action *supervisor, boss* *survivor, surviving family member* *sweetheart, lover* *wanted person*

	Infinitive	English	Adjectival Noun	English
1.	adoptieren	*to adopt*	der/die Adoptierte	______________
2.	behindern	*to hinder, impede*	der/die Behinderte	______________
3.	einladen	*to invite*	der/die Eingeladene	______________
4.	fallen	*to fall; to die in battle*	der/die Gefallene	______________
5.	fangen	*to catch, capture*	der/die Gefangene	______________
6.	hinterbleiben	*to remain behind*	der/die Hinterbliebene	______________
7.	lähmen	*to paralyze*	der/die Gelähmte	______________
8.	lehren	*to teach*	der/die Gelehrte	______________
9.	lieben	*to love*	der/die Geliebte	______________
10.	retten	*to save, rescue*	der/die Gerettete	______________
11.	scheiden	*to separate, split*	der/die Geschiedene	______________
12.	schwören	*to swear (on oath)*	der/die Geschworene	______________
13.	suchen	*to look for, search*	der/die Gesuchte	______________
14.	verheiraten	*to marry*	der/die Verheiratete	______________
15.	vorsetzen	*to put in front*	der/die Vorgesetzte	______________

B. Fremdwörter

1. Englische Fremdwörter in der deutschen Sprache Finden und unterstreichen Sie sie! Beispiele wie die folgenden, in denen so viele Fremdwörter in einem Satz erscheinen, sind selten, aber möglich.

a. Das ist der Journalist, der die Story von dem Come-back des Stars brachte.
b. Nach der Show gab das Starlet ein Interview.
c. Gestern haben wir im TV eine wunderbare Jazzshow gesehen. Das Musical heute Abend soll auch gut sein.
d. Layout und Design sind hier besonders wichtig. Ein Layouter wird gut bezahlt.
e. Manche Teenager denken, dass Make-up und Sex-Appeal das Gleiche sind.
f. Die Effizienz in einem Office hängt vom Teamwork der Angestellten ab.
g. Wenn ein Manager non-stop arbeitet, ist es kein Wunder, dass der Stress zu viel wird.
h. Ein Banker weiß, dass guter Service sehr wichtig ist.
i. Für unseren Flag-Ship-Store in Berlin suchen wir eine(n) professionelle(n), systematisch-powervolle(n) Sales Manager/in. Die Position umfasst *(includes)* den kompletten Sale und die Betreuung *(supervision)* unseres Exklusiv-Shops.

2. Deutsche Fremdwörter in der englischen Sprache Was ist das deutsche Wort dafür?

a. *a woman whose horizon is limited to her household* ________________

b. *an expression used when someone sneezes* ________________

c. *a special way of singing practiced in the Alps* ________________

d. *a pastry made of paper-thin dough and often filled with apples* ________________

e. *something like very dry toast, often given to teething infants* ________________

f. *a dog shaped like a sausage with short bowed legs* ________________

g. *a hot dog* ________________

h. *an adjective expressing that all is in ruins or done for* ________________

i. *a word which implies that something isn't real or genuine, but a cheaper substitute* ________________

j. *a toast given when people drink together* ________________

k. *a feeling of deep-seated anxiety or insecurity* ________________

l. *a school for children around age five* ________________

C. Ausländische Arbeitskräfte in Deutschland Welches ist die richtige Übersetzung für die Verbform?

1. Um 1960 <u>war</u> es in Deutschland <u>schwer</u>, genug Industriearbeiter zu finden.
   a. *was difficult* c. *has been difficult*
   b. *became difficult* d. *would be difficult*

2. Hunderttausende von ausländischen Arbeitern <u>wurden</u> in die Bundesrepublik <u>eingeladen</u>.
   a. *have invited* c. *were invited*
   b. *would be invited* d. *will be invited*

3. Diese Arbeiter aus der Türkei, aus Jugoslawien, Italien, Griechenland, Spanien und anderen Ländern <u>wurden</u> Fremdarbeiter oder Gastarbeiter <u>genannt</u>.
   a. *are called* c. *were called*
   b. *will call* d. *would be called*

4. Am Anfang glaubte man, dass diese Arbeiter nach ein paar Jahren in ihre Heimat zurückgehen würden.
   a. *will go back*
   b. *went back*
   c. *would go back*
   d. *have returned*

5. Weil es aber dort keine Arbeit gab und weil die Arbeit in Deutschland nicht schlecht bezahlt wurde, blieben viele Ausländer in der Bundesrepublik.
   a. *would pay*
   b. *paid*
   c. *would be paid*
   d. *was paid*

6. Aber die soziale Integration war schwer und manche deutschen Stadtteile sind griechische oder türkische Gettos geworden.
   a. *have become*
   b. *are becoming*
   c. *were*
   d. *will become*

7. Heutzutage wird es ihnen etwas leichter gemacht, sich in das deutsche Leben zu integrieren.
   a. *will make*
   b. *is being made*
   c. *will be made*
   d. *would be made*

8. Neue Gesetze sind eingeführt worden *(have been introduced),* um die deutsche Staatsbürgerschaft leichter zu bekommen. Weil die Kinder der Gastarbeiter oft kein Deutsch sprechen, ist in den Schulen viel experimentiert worden.
   a. *experiments are being conducted*
   b. *experiments would be conducted*
   c. *experiments will be conducted*
   d. *experiments were conducted*

9. Mit der wachsenden Suche nach qualifizierten Arbeitskräften im High-Tech-Sektor, ist eine neue Generation von Ausländern nach Deutschland gebracht worden.
   a. *was brought*
   b. *is brought*
   c. *will be brought*
   d. *had been brought*

10. Ohne ausländische Arbeitskräfte könnte die deutsche Industrie heute nicht funktionieren.
    a. *can't function*
    b. *will not be able to function*
    c. *was unable to function*
    d. *couldn't function*

D. Was wird aus diesem Gebäude? Auf Deutsch bitte!

1. *The building hasn't been torn down yet.*

   ____

2. *Why not? Have the plans been changed?*

   ____

3. *What will they do now?*

   ____

4. *It's getting dark and my train will leave soon.*

   ____

5. *I'll explain everything to you tomorrow.*

   ____

6. *I know that it will not be easy to tear it down.*

   ____

7. *People will protest and do everything against it.*

   ____

E. Das Deutsche Nationaltheater in Weimar Ergänzen Sie die folgenden Sätze!

1. Das Goethe-Schiller-_____ in Ihrem Buch steht vor dem Nationaltheater in Weimar.
   a. Mahnmal
   b. Denkmal
   c. Abendmahl

2. Das Theater wurde am 9. Februar 1945 durch Bomben _____.
   a. abgerissen
   b. erklärt
   c. zerstört

3. Am 28. August 1948 wurde es nach zweijähriger Bauzeit wieder _____.
   a. eröffnet
   b. gerettet
   c. garantiert

4. Es war das erste Theatergebäude, das nach dem 2. Weltkrieg wieder _____ wurde.
   a. gebraucht
   b. gerettet
   c. aufgebaut

5. Seitdem *(since then)* werden dort wieder viele klassische und moderne, nationale und internationale _____ aufgeführt.
   a. Studien
   b. Romane
   c. Stücke

6. Den Namen „Deutsches Nationaltheater" bekam das Haus am 19. Januar 1919 im Zusammenhang mit *(in connection with)* der Weimarer Nationalversammlung *(National Assembly)*, die hier vom 6. Februar bis zum 11. August 1919 _____.
   a. zusammenkam
   b. zusammenwuchs
   c. erklärte

7. An der Stelle des jetzigen Theaters stand früher das alte Hoftheater, in dem nicht nur Goethes „Faust," _____ auch Wagners „Lohengrin," Hebbels „Nibelungen" und Humperdincks „Hänsel und Gretel" ihre Premieren hatten.
   a. allerdings
   b. etwa
   c. sondern

8. Beim Wiederaufbau des Nationaltheaters 1946–1948 wurde das Innere *(interior)* des Theaters, das an das alte Barocktheater erinnerte, enorm _____.
   a. verboten
   b. verändert
   c. verloren

9. Die Weimarer sind stolz _____ ihr Theater.
   a. von
   b. für
   c. auf

F. Sprichwörter *(Proverbs)* Lesen Sie sie und finden Sie die englische Version auf der Liste!

_____ 1. Lieber ein Spatz *(sparrow)* in der Hand als eine Taube *(pigeon)* auf dem Dach.

_____ 2. Rom ist nicht an einem Tag gebaut worden.

_____ 3. Es ist noch kein Meister vom Himmel gefallen.

_____ 4. Der Apfel fällt nicht weit vom Stamm *(stem)*.

_____ 5. Was Hänschen nicht lernt, lernt Hans nimmermehr *(nevermore)*.

_____ 6. Viele Köche verderben *(spoil)* den Brei *(porridge)*.

_____ 7. Lügen *(lies)* haben kurze Beine.

_____ 8. Ohne Fleiß kein Preis.

_____ 9. Morgenstund' hat Gold im Mund.

_____ 10. Morgen, morgen, nur nicht heute, sagen alle faulen Leute.

_____ 11. Wie man sich bettet, so liegt man.

_____ 12. Wo ein Wille ist, ist auch ein Weg.

_____ 13. Wer den Pfennig nicht ehrt, ist den Taler nicht wert.

_____ 14. Ende gut, alles gut.

a. *A bird in the hand is worth two in the bush.*
b. *All's well that ends well.*
c. *He's a chip off the old block.*
d. *He who doesn't value a penny, isn't worth a dollar.*
e. *If you don't learn it when you're young, you'll never learn it.* (i.e., *You can't teach an old dog new tricks.*)
f. *Lies have short legs. (The truth will come out.)*
g. *No man is born a master of his craft.*
h. *No pain, no gain.*
i. *Practice makes perfect.*
j. *Rome wasn't built in a day.*
k. *The early bird catches the worm.*
l. *Tomorrow, tomorrow, not today, all the lazy people say.*
m. *Too many cooks spoil the broth.*
n. *Where there's a will, there's a way.*
o. *You've made your bed, lie in it!*

G. Situationen Welches Sprichwort passt dazu?

1. Arnold ist gerade Manager einer Bankfiliale *(branch)* geworden und hat jetzt ein sehr gutes Einkommen. Sein Chef *(boss)* hält viel von ihm. Warum? Arnold ist jahrelang früh ins Büro gekommen und hat seine Arbeit immer prompt gemacht. Wenn die anderen Angestellten kamen, hatte er schon viel fertig.

   ____

   ____

2. Thomas muss sein Zimmer putzen, aber immer wieder sagt er „Später!" Drei Tage später sagt er immer noch „Ich habe jetzt keine Zeit." Da denkt sich sein Zimmerkollege:

   ____

   ____

3. Der 10-jährige Sebastian wollte gern ein neues Fahrrad. Weil er aber in der Schule nicht gerade fleißig war, waren seine Noten nicht besonders gut. Sein Vater versprach ihm ein neues Fahrrad, wenn seine Noten besser würden. Es dauerte eine Weile, aber nach einem Jahr konnte er stolz auf einem tollen neuen Fahrrad zur Schule fahren.

   ____

   ____

4. Maria ist frustriert, weil sie für ihre Klavierstunden so viel üben muss. Das, was sie übt, macht ihr keinen Spaß, weil ihre Freundinnen schon viel besser spielen können. Am liebsten würde sie aufhören, Klavier zu spielen. Da sagt ihre Lehrerin:

   ____

   ____

5. Petra und ihr Mann Oskar kochen beide gern. Oskar wollte Kartoffelsuppe machen und fing damit an, aber nach einer Weile wurde er ans Telefon gerufen und Petra machte weiter. Als sie sich dann an den Tisch setzten, um ihre schöne Suppe zu essen, machten sie beide sauere Gesichter. Die Suppe war furchtbar salzig und scharf *(spicy)*. Beide hatten Salz und Pfeffer hineingetan.

   ____

   ____

6. Rüdiger fährt gern Auto. Er hat aber kein Auto und den Mercedes seines Vaters darf er nicht fahren. Als sein Vater auf einer Geschäftsreise war, setzte er sich trotzdem ins Auto und fuhr damit in die Stadt. Und dann ist es beim Parken passiert: ein großer Kratzer *(scratch)*! „Ich weiß nicht, woher der Kratzer kommt. Ich habe dein Auto nicht gefahren", sagt er seinem Vater. Aber die Nachbarin hat alles gesehen und erzählt Rüdigers Mutter davon beim Kaffeeklatsch.

   ____

   ____

H. Der Frankfurter Römerberg Finden Sie das Passiv und übersetzen Sie die Formen!

BEISPIEL Das Haus wurde 1945 zerstört.
was destroyed

1. Der Frankfurter Römerberg ist ein Platz mit schönen Fachwerkhäusern *(half-timbered houses),* die im Zweiten Weltkrieg zerstört worden waren.

2. Zuerst sollten sie nicht wieder aufgebaut werden, weil das zu teuer war.

3. Durch Bürgerinitiativen sind sie gerettet worden.

4. Man hat die Fassaden so gelassen, wie sie vor dem Krieg waren, aber innen sind die Gebäude modernisiert worden.

5. Die Renovierung dieser Fachwerkhäuser wurde damals von der Stadt mit 15 Millionen Mark finanziert.

6. Leider sind dabei Fehler gemacht worden.

7. Die Mieter ärgerten sich darüber, dass in den Wänden immer wieder neue Risse *(cracks)* gefunden wurden.

8. Es musste zherausgefunden werden, wer dafür verantwortlich gemacht werden konnte.

9. Diese Gebäude stehen zwischen dem Dom und dem Römer—so heißt ein Gebäudekomplex. Auch der Dom und der Römer sind restauriert worden.

10. Vor mehreren hundert Jahren sind Kaiser und Könige im Dom gekrönt *(crowned)* worden.

11. Danach wurde auf dem Römerberg gefeiert.

12. Heute wird im Römer geheiratet, denn dort ist das Frankfurter Standesamt *(civil marriage registry).*

I. Bericht: Bei uns in . . . Berichten Sie, was man in einer Stadt, die Sie gut kennen, macht oder gemacht hat! Sind Gebäude abgerissen oder renoviert worden? Ist viel gebaut worden und wo wird immer noch gebaut? Ist die Stadt dadurch schöner geworden? Was wäre noch zu tun?

J. Ein paar Gedanken Was halten Sie von Einsteins Aussage, dass Fantasie wichtiger ist als Wissen? Stimmen Sie damit überein *(agree)*? Schreiben Sie acht bis zehn Sätze!

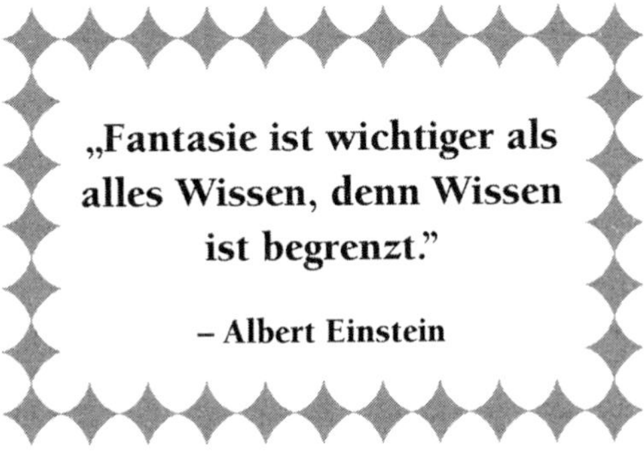

„Fantasie ist wichtiger als
alles Wissen, denn Wissen
ist begrenzt."
– Albert Einstein

Rückblick: Kapitel 12–15

I. Comparison

1. The comparative is formed by adding **-er** to an adjective, the superlative by adding **-(e)st.** Many one-syllable adjectives and adverbs with the stem vowel **a, o,** or **u** have an umlaut.

Positive	Comparative	Superlative
schnell	schneller	schnellst-
lang	länger	längst-
kurz	kürzer	kürzest-

A few adjectives and adverbs have irregular forms in the comparative and superlative.

Positive	Comparative	Superlative
gern	lieber	liebst-
groß	größer	größt-
gut	besser	best-
hoch	höher	höchst-
nah	näher	nächst-
viel	mehr	meist-

2. The comparative of predicate adjectives and of adverbs ends in **-er;** the superlative is preceded by **am** and ends in **-sten.**

Ich esse schnell.
Du isst schneller.
Er isst am schnellsten.

3. In the comparative and superlative, adjectives preceding nouns have the same endings under the same conditions as adjectives in the positive form.

der gut**e**	Wein	der besser**e**	Wein	der best**e**	Wein
Ihr gut**er**	Wein	Ihr besser**er**	Wein	Ihr best**er**	Wein
gut**er**	Wein	besser**er**	Wein	best**er**	Wein

4. Here are four important phrases used in comparisons:

Gestern war es nicht **so heiß wie** heute.	*. . . as hot as . . .*
Heute ist es **heißer als** gestern.	*. . . hotter than . . .*
Es wird **immer heißer.**	*. . . hotter and hotter.*
Je länger du wartest, **desto heißer** wird es.	*The longer . . . , the hotter . . .*
Je heißer, desto besser.	*The hotter, the better.*

II. Relative clauses

1. Relative clauses are introduced by relative pronouns.

	masc.	neut.	fem.	plural
nom.	der	das	die	die
acc.	den	das	die	die
dat.	dem	dem	der	**denen**
gen.	**dessen**	**dessen**	**deren**	**deren**

The form of the relative pronoun depends ON THE NUMBER AND GENDER OF THE ANTECEDENT and on the FUNCTION of the relative pronoun WITHIN THE RELATIVE CLAUSE.

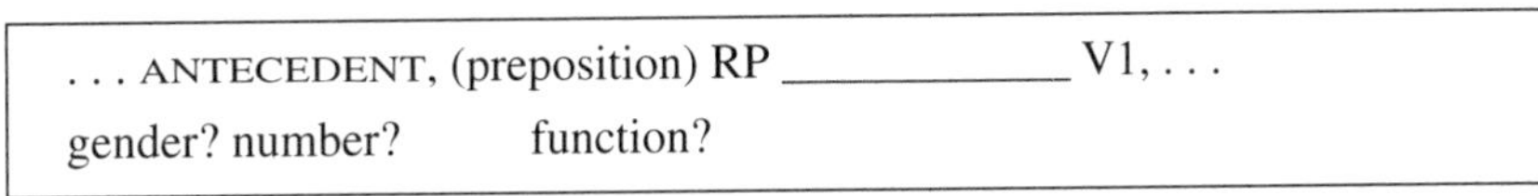

2. The word order in the relative clause is like that of all subordinate clauses: the inflected part of the verb (V1) comes last.

. . . , RP ____________ V1, . . .

Der junge Mann, **der** gerade hier **war,** studiert Theologie.
Die Universität, **an der** er **studiert,** ist schon sehr alt.

III. The future tense

1. The future consists of a present tense form of **werden** plus an infinitive.

werden . . . + infinitive	
ich werde . . . gehen	wir werden . . . gehen
du wirst . . . gehen	ihr werdet . . . gehen
er wird . . . gehen	sie werden . . . gehen

Er **wird** es dir **erklären.**

2. The future of a sentence with a modal follows this pattern:

werden . . . + verb infinitive + modal infinitive

Er **wird** es dir **erklären können.**

IV. Subjunctive

English and German follow very similar patterns in the subjunctive:

If he came . . .	Wenn er käme, . . .
If he had come . . .	Wenn er gekommen wäre, . . .

German, however, has two subjunctives, the GENERAL SUBJUNCTIVE (SUBJUNCTIVE II) and the SPECIAL SUBJUNCTIVE (SUBJUNCTIVE I); the latter is primarily used in writing. The endings of both subjunctives are the same.

ich	**-e**	wir	**-en**
du	**-est**	ihr	**-et**
er	**-e**	sie	**-en**

1. Forms

a. GENERAL SUBJUNCTIVE (II)

present time or future time		past time
Based on the forms of the simple past; refers to *now / later*	Based on the forms of **werden** + infinitive; refers to *now / later*	Based on the forms of the past perfect; refers to *earlier*
er **lernte** brächte hätte wäre nähme käme	er **würde lernen** würde bringen (würde haben) (würde sein) würde nehmen würde kommen	er **hätte gelernt** hätte gebracht hätte gehabt wäre gewesen hätte genommen wäre gekommen

- In conversation, the **würde-**form is commonly used when referring to present time. However, avoid using the **würde-**form with **haben, sein, wissen,** and the modals.

Er **würde** es dir **erklären.**
Du **wärest** stolz darauf.

- Modals in the past-time subjunctive follow this pattern:

hätte . . . + verb infinitive + modal infinitive

Er **hätte** es dir **erklären können.**

b. SPECIAL SUBJUNCTIVE (I)

present time	future time	past time
Based on the forms of the infinitive; refers to *now / later*	Based on the forms of the future; refers to *later*	Based on the forms of the present perfect; refers to *earlier*
er **lerne** bringe habe sei nehme komme	er **werde lernen** werde bringen werde haben werde sein werde nehmen werde kommen	er **habe gelernt** habe gebracht habe gehabt sei gewesen habe genommen sei gekommen

2. Use

a. The GENERAL SUBJUNCTIVE is quite common in everyday speech and is used in:

- Polite requests or questions

Könnten Sie mir sagen, wo die Uni ist? *Could you tell me where the university is?*

- Hypothetical statements or questions

Er sollte bald hier sein. *He should be here soon.*
Was würdest du tun? *What would you do?*
Was hättest du getan? *What would you have done?*

- Wishes

Wenn ich das nur wüsste!	*If only I knew that!*
Wenn ich das nur gewusst hätte!	*If only I had known that!*
Ich wünschte, ich hätte das gewusst!	*I wish I had known that!*

- Unreal conditions

Wenn wir Geld hätten, würden wir fliegen.	*If we had the money, we'd fly.*
Wenn wir Geld gehabt hätten, wären wir geflogen.	*If we had had the money, we would have flown.*

- Indirect speech (see Section V)

b. The SPECIAL SUBJUNCTIVE is used primarily for indirect speech in news reports and in formal writing, unless the form of the indicative is the same as the subjunctive, in which case the general subjunctive is used.

ich komme = ich **komme** → ich **käme**
ich frage = ich **frage** → ich **würde fragen**

V. Indirect speech

The tense of the indirect statement is determined by the tense of the direct statement.

direct statement	indirect statement
present tense	→ present-time subjunctive or **würde-**form
future tense	→ **würde-**form or **werde-**form
simple past present perfect past perfect	→ past-time subjunctive

„Ich komme nicht."	Sie sagte, sie käme (komme) nicht.
	Sie sagte, sie würde nicht kommen.
„Ich werde nicht kommen."	Sie sagte, sie würde (werde) nicht kommen.
„Ich hatte keine Lust."	Sie sagte, sie hätte (habe) keine Lust gehabt.
„Ich bin nicht gegangen."	Sie sagte, sie wäre (sei) nicht gegangen.
„Ich hatte nichts davon gewusst."	Sie sagte, sie hätte (habe) nichts davon gewusst.

This is also true of questions. Remember to use **ob** when the question begins with the verb.

„Kommt sie mit?"	Er fragte, ob sie mitkäme (mitkomme).
	Er fragte, ob sie mitkommen würde.
„Wird sie mitkommen?"	Er fragte, ob sie mitkommen würde (werde).
„Wo war sie?"	Er fragte, wo sie gewesen wäre (sei).
„Warum hat sie mir nichts davon gesagt?"	Er fragte, warum sie ihm nichts davon gesagt hätte (habe).

Indirect requests require the use of **sollen.**

„Frag nicht so viel!"	Er sagte, sie sollte (solle) nicht so viel fragen.

VI. The passive voice

In the active voice, the subject of the sentence is doing something. In the passive voice, the subject is not doing anything; rather, something is being done to it.

1. Forms

werden . . . + past participle	
ich werde . . . gefragt	wir werden . . . gefragt
du wirst . . . gefragt	ihr werdet . . . gefragt
er wird . . . gefragt	sie werden . . . gefragt

2. The tenses in the passive are formed with the various tenses of **werden** + past participle.

er **wird** . . . gefragt	er **ist** . . . gefragt **worden**
er **wurde** . . . gefragt	er **war** . . . gefragt **worden**
er **wird** . . . gefragt **werden**	

Das ist uns nicht erklärt worden.

3. Modals follow this pattern:

modal . . . + past participle + infinitive of **werden**

Das muss noch einmal erklärt werden.

4. In German the passive is often used without a subject or with **es** functioning as the subject.

Hier wird viel renoviert.

Es wird hier viel renoviert.

5. Instead of using the passive voice, the same idea may be expressed in the active voice with the subject **man.**

Man hat alles noch einmal erklärt.

VII. Review of the uses of *werden*

1. FULL VERB: Er **wird** Arzt. *He's going to be a doctor.*
2. FUTURE: Ich **werde** danach **fragen.** *I'll ask about it.*
3. SUBJUNCTIVE: Ich **würde** danach **fragen.** *I'd ask about it.*
4. PASSIVE: Er **wird** danach **gefragt.** *He's (being) asked about it.*

Name ______________________ Datum ______________________ Kurs ______________________

WORTSCHATZWIEDERHOLUNG

A. Was ist der Artikel dieser Wörter? Was bedeuten sie auf Englisch?

1. _____ Haushaltsgeld ______________________
2. _____ Chemielabor ______________________
3. _____ Zwischenprüfungsnote ______________________
4. _____ Rechtsanwaltsfirma ______________________
5. _____ Liebesgeschichte ______________________
6. _____ Berglandschaft ______________________
7. _____ Hals-Nasen-Ohrenarzt ______________________
8. _____ Berufsentscheidungsproblem ______________________
9. _____ Lebenserfahrung ______________________
10. _____ Wintersemestervorlesungsverzeichnis ______________________

B. Was passt?

1. Nennen Sie das passende Verb!

a. der Gedanke ______________________
b. der Plan ______________________
c. der Traum ______________________
d. der Verkäufer ______________________
e. der Versuch ______________________
f. der Wunsch ______________________
g. das Gebäude ______________________
h. die Erklärung ______________________

2. Nennen Sie das Gegenteil davon!

a. arm ______________________
b. dick ______________________
c. faul ______________________
d. furchtbar ______________________
e. hässlich ______________________
f. hell ______________________
g. langweilig ______________________
h. privat ______________________
i. schmutzig ______________________
j. schwierig ______________________
k. abreißen ______________________
l. aufhören ______________________
m. schützen ______________________
n. suchen ______________________
o. verbieten ______________________
p. vergessen ______________________
q. der Krieg ______________________
r. das Nebenfach ______________________
s. die Sicherheit ______________________

STRUKTURWIEDERHOLUNG

C. Vergleiche

1. Nennen Sie den Komparativ und den Superlativ!

BEISPIEL lang *länger, am längsten*

a. berühmt ______________________
b. dumm ______________________
c. faul ______________________
d. gern ______________________
e. groß ______________________
f. gut ______________________
g. heiß ______________________
h. hoch ______________________

i. nahe ______________ n. sauber ______________

j. hübsch ______________ o. stolz ______________

k. kalt ______________ p. schwierig ______________

l. kurz ______________ q. viel ______________

m. nett ______________ r. warm ______________

2. Was fehlt?

a. Wir wohnen jetzt in einer ______________ Stadt. *(smaller)*

b. Die Umgebung ist ______________ bei euch. *(more beautiful than)*

c. Die Leute sind ______________. *(more friendly)*

d. Peter hat ______________ Arbeitsstunden. *(longer)*

e. Dafür hat er aber ein ______________ Einkommen. *(higher)*

f. Er hat auch ______________ Kollegen *(pl.)*. *(nicer)*

g. Man gibt ihm jetzt die ______________ Freiheit. *(greatest)*

h. Sie wissen, dass er die ______________ und ______________ Ideen hat. *(most, best)*

i. ______________ er hier ist, ______________ gefällt es ihm. *(the longer, the better)*

j. Die Häuser kosten ______________ bei euch. *(less than)*

k. Die Lebensmittel kosten allerdings ______________ bei euch. *(just as much as)*

D. Wer ist das? Bilden Sie Relativsätze!

BEISPIEL die Dame, ______________, . . . / Sie wohnt im dritten Stock.

Die Dame, die im dritten Stock wohnt, . . .

1. **der Freund, ______________, . . .**

a. Er war gerade hier.

____

b. Du hast ihn kennen gelernt.

____

c. Ihm gehört das Haus in der Goethestraße.

____

d. Seine Firma ist in Stuttgart.

____

2. **die Ärztin, ______________, . . .**

a. Ihre Sekretärin hat uns angerufen.

____

b. Sie ist hier neu.

____

c. Wir haben durch sie von dem Programm gehört.

____

d. Ich habe mit ihr gesprochen.

____

3. **das Gebäude, ____________, . . .**

   a. Ihr werdet es bald sehen.

   ____

   b. Du bist an dem Gebäude vorbeigefahren.

   ____

   c. Es steht auf der Insel.

   ____

   d. Man hat von dem Gebäude einen Blick auf die Berge.

   ____

4. **die Leute, ____________, . . .**

   a. Sie sehen aus wie Amerikaner.

   ____

   b. Dort steht ihr Bus.

   ____

   c. Die Landschaft hier gefällt ihnen so gut.

   ____

   d. Du hast dich für sie interessiert.

   ____

   e. Du hast mit ihnen gesprochen.

   ____

E. Reise nach Basel

Sagen Sie die Sätze in der Zukunft!

1. Wir nehmen an einer Gruppenreise teil.

   ____

2. Das ist billiger.

   ____

3. Ich muss ihnen das Geld bald schicken.

   ____

4. Meine Tante versucht, uns in Basel zu sehen.

   ____

5. Wo trefft ihr euch?

   ____

6. Das muss sie mir noch sagen.

   ____

F. Konjunktiv: Zu Besuch und in den Bergen

1. Konjunktiv der Gegenwart oder die *würde*-Form

Bilden Sie ganze Sätze im Konjunktiv!

a. ich / mich / fühlen / besser // wenn / die / Arbeit / sein / fertig

____

b. das / sein / wunderschön

c. ihr / können / uns / dann / besuchen

d. ich wünschte // Rolf / haben / mehr Zeit

e. wenn / ich / nur / können / sich gewöhnen / daran!

f. erklären / können / du / mir / das?

g. ich wünschte // er / nicht / reden / so viel am Telefon

2. Konjunktiv der Vergangenheit Bilden Sie ganze Sätze im Konjunktiv!

a. wir / nicht / sollen / in / Berge / fahren

b. ich wünschte // sie *(sg.)* / zu Hause / bleiben

c. das / sein / einfacher

d. wenn / wir / nur / nicht / wandern / so viel!

e. wenn / du / mitnehmen / bessere Schuhe // die Füße / wehtun / dir / nicht

f. du / sollen / mich / erinnern / daran

g. ich / es / finden / schöner // wenn / ich / bleiben / zu Hause

G. Verben Variieren Sie den Satz auf Deutsch!

Ich studiere hier.

I'll study here. I'd study there. Would you (sg. fam.) *like to study there? I wish I could study there. She could have studied there. If I study there, my German will get better. If I were to study there, I could visit you* (pl. fam.). *I should have studied there.*

H. Indirekte Rede Ein Brief von David aus Amerika!

„Ich habe eine nette Wohnung. Mein Zimmerkollege *(roommate)* ist aus New York. Ich lerne viel von ihm. Ich spreche nur Englisch mit ihm. Manchmal gehe ich auch zu Partys. Da lernt man leicht Leute kennen. Die meisten Studenten wohnen im Studentenwohnheim. Studentenwohnheime sind mir aber zu groß. Die Kurse und Professoren sind ausgezeichnet. Ich muss viel lesen und es gibt viele Prüfungen, aber eigentlich habe ich keine Probleme."

1. **Erzählen Sie, was David geschrieben hat!** Benutzen Sie dabei den Konjunktiv der Gegenwart *(present-time subjunctive)*!

   BEISPIEL *David schrieb, er hätte eine nette Wohnung. Sein Zimmerkollege wäre aus New York . . .*

   ____

   ____

   ____

   ____

   ____

2. **Was schrieb David damals über seine Zeit in Amerika?** Benutzen Sie dabei den Konjunktiv der Vergangenheit *(past-time subjunctive)*!

   BEISPIEL *David schrieb, er hätte eine nette Wohnung gehabt. Sein Zimmerkollege wäre aus New York gewesen . . .*

   ____

   ____

   ____

   ____

   ____

I. An der Universität ist viel los. Wiederholen Sie die Sätze im Passiv!

1. Viele Studenten besuchen diese Universität.

   ____

2. Dieses Jahr renoviert man zwei der Studentenwohnheime.

   ____

3. Man baut ein neues Theater.

   ____

4. In dem alten Theater hat man viele schöne Theaterstücke gespielt.

   ____

5. Am Wochenende haben sie dort auch Filme gezeigt.

   ____

6. In der Mensa sprach man dann darüber.

   ____

7. Man wird das neue Theater am 1. Mai eröffnen.

____

8. Man muss diesen Tag unbedingt feiern.

____

J. Ein Jahr Deutsch! Auf Deutsch bitte!

1. Now I have finished **(fertig werden mit)** my first year of German. 2. I've really learned a lot. 3. I never would have thought that that could be so much fun. 4. Not everything has been easy. 5. I had to learn many words. 6. Many questions had to be answered. 7. Soon we'll have our last exam. 8. Because I've always prepared (myself) well, I don't have to work so hard **(schwer)** now. 9. After the exam we will be celebrating. 10. I've been invited to a party by a couple of friends. 11. If I had the money, I'd fly to Europe now. 12. Then I could visit many of the cities we read about, and I could speak German.

____

____

____

____

____

____

____

____

K. Was fehlt?

1. Ich finde dieses Buch am _____.
   a. interessant b. interessanter c. interessanten d. interessantesten

2. Das ist der _____ Laptop.
   a. teuer b. teurer c. teuerste d. teuersten

3. Den _____ Leuten gefällt es hier.
   a. meisten b. meistens c. am meisten d. meiste

4. Der rote Pullover ist nicht _____ der graue Pullover.
   a. so warm wie b. wärmer c. am wärmsten d. immer wärmer

5. Er ist ein_____ typisch_____ Beamt_____.
   a. -er, -er, -er b. -en, -en, -en c. er, -er, -er d. —, -er, -er

6. Hast du gewusst, dass Andreas _____ Schweizer ist?
   a. ein b. einen c. —

7. Ist Karin _____?
   a. ein Beamter b. der Beamte c. Beamtin

8. Das sind die Geschäftsleute, von _____ er gesprochen hat.
   a. die b. wem c. deren d. denen

9. Da drüben ist das Gebäude, in _____ mein Büro ist.
a. das b. der c. dem d. denen

10. Ist das der Krimi, _____ dir so gut gefallen hat?
a. der b. dem c. den d. wer

11. Kennen Sie eine Rechtsanwältin, mit _____ ich darüber sprechen kann?
a. wem b. der c. dem d. denen

12. Wie heißt die Professorin, _____ Biologiekurs dir so gut gefallen hat?
a. der b. deren c. dessen d. denen

13. Wenn wir Veras Telefonnummer hätten, _____ wir sie einladen.
a. werden b. wollen c. würden d. wären

14. Ich wünschte, ich _____ mit euch ins Kino gehen.
a. kann b. konnte c. könnte d. kannte

15. Wenn wir am Wochenende Zeit haben, _____ wir aufs Land.
a. fahren b. fuhren c. führen d. würden

16. Wenn er mich nur helfen _____!
a. ließe b. ließ c. läse d. las

17. Wenn du früher ins Bett _____, wärest du nicht so müde.
a. gehst b. gingst c. gingest d. gehest

18. Sie sagte, sie _____ ihr Auto am Dom geparkt.
a. hat b. hatte c. hätte d. würde

19. Ich wünschte, ich _____ früher aufgestanden.
a. war b. wäre c. habe d. hätte

20. Das hättest du mir wirklich sagen _____.
a. kannst b. könntest c. gekonnt d. können

21. Diese Burg ist im 18. Jahrhundert zerstört _____.
a. würde b. wird c. geworden d. worden

22. Erika ist endlich wieder gesund _____.
a. würde b. wurde c. geworden d. worden

23. Dieses Gebäude wird nächstes Jahr repariert _____.
a. werden b. geworden c. worden d. wurde

24. Das _____ uns nicht gut erklärt worden.
a. wird b. ist c. hat d. sein

25. _____ ihr Deutsch belegen?
a. Wird b. Würde c. Werdet d. Wirst

26. Die Rechnung muss noch bezahlt _____.
a. sein b. werden c. worden d. wurden

Answer Key: Rückblicke:

SCHRITTE

A. 1c, 2b, 3c, 4b, 5c, 6a

B. 1i, 2l, 3g, 4a, 5n, 6b, 7k, 8e, 9o, 10c, 11q, 12d, 13p, 14j, 15h, 16r, 17m, 18f

C. 1. Guten Morgen! Bitte öffnen Sie das Buch auf Seite 10! 2. Verstehen Sie das? 3. Ja, aber lesen Sie bitte langsam! 4. Wie ist das Wetter? 5. Es regnet, nicht wahr? 6. Nein, die Sonne scheint. 7. Wirklich? Das finde ich wunderbar. 8. Wie spät ist es? 9. Es ist Viertel vor zwölf. 10. Danke! — Bitte (schön)! 11. Wann essen Sie? 12. Um halb eins. Auf Wiedersehen! / Tschüss!

Kapitel 1–3

A. 1. verkaufen 2. sagen / antworten 3. gehen 4. südlich 5. im Osten 6. geschlossen/zu 7. nichts 8. teuer 9. dünn 10. klein 11. langsam 12. furchtbar / schrecklich

B. 1. die 2. das 3. der 4. die 5. die 6. die 7. das 8. der 9. der

C. 1. Familie 2. Abendessen 3. Löffel 4. Obst 5. Gemüse 6. Großvater, Onkel 7. Bleistift, Kuli, Papier 8. Mantel, Jacke 9. die Mensa 10. das Café 11. Kleidergeschäft / Kaufhaus

D.
1. Wir trinken Saft. Trinkt ihr Saft? Sie trinkt keinen Saft.
2. Ich antworte den Leuten. Sie antworten den Leuten. Antwortet sie den Leuten? Antworten Sie den Leuten! Antworten Sie den Leuten nicht! Warum antwortet ihr den Leuten nicht?
3. Sie fahren nach Stuttgart. Warum fährt sie nach Stuttgart? Ich fahre nicht nach Stuttgart. Fahrt ihr nach Stuttgart? Fahren Sie nach Stuttgart! Fahren Sie nicht nach Stuttgart!
4. Wer isst Fisch? Esst ihr Fisch? Sie essen keinen Fisch. Essen Sie Fisch!
5. Ich werde müde. Sie wird nicht müde. Werden Sie nicht müde! Wer wird müde? Wir werden auch müde.
6. Ich habe Hunger. Habt ihr Hunger? Wer hat Hunger? Sie haben Hunger. Sie haben keinen Hunger. Wir haben Hunger.
7. Ihr seid sehr groß. Sie sind nicht sehr groß. Ich bin sehr groß. Ist er nicht groß?

E.
1. Herr Schmidt ist Österreicher. Nein, er ist aus der Schweiz. Ist Frau Bayer Österreicherin? Sie ist auch nicht Österreicherin. Sie sagen, Frau Klein ist Amerikanerin. Joe ist auch Amerikaner.
2. Hier gibt es einen Fluss (ein Restaurant, keine Mensa, keinen See). Hier gibt es Berge (Bäckereien, Seen, keine Geschäfte, keine Cafés).
3. Wem gehört das Geschäft? Was gehört dem Großvater? Sie sagt, es gehört nicht dem Bruder. Es gehört nicht der Tante.
4. Was bringt er der Freundin? Wem bringt er Blumen? Wer bringt Blumen? Warum bringt er Blumen? Bringt er der Freundin keine Blumen? Sie bringen den Kindern ein paar Plätzchen. Bringt sie den Freunden eine Flasche Wein? Er bringt den Nachbarn Äpfel. Ich bringe den Schwestern ein paar Bücher.

F. durch die Stadt (das Kaufhaus, den Supermarkt)
für den Kuchen (den Vater, den Jungen, die Eltern, die Familie)
gegen die Leute (das Restaurant, die Bedienung, den Ober, die Menschen)
ohne das Essen (die Speisekarte, den Pudding, den Herrn, die Geschwister)
um das Geschäft (den Markt, die Mensa, den Tisch)
aus der Flasche (den Gläsern, dem Supermarkt, der Bäckerei, dem Café)
außer dem Bruder (den Eltern, der Schwester, den Leuten, dem Studenten)
bei dem Supermarkt (der Apotheke, dem Nachbarn, der Familie)
mit dem Herrn (der Freundin, dem Löffel, dem Messer, der Gabel)
nach dem Frühstück (dem Mittagessen, der Vorlesung, dem Kaffee)
seit dem Abendessen (dem Frühling, der Zeit)
von dem Ober (der Tante, den Kindern, der Mutter, der Studentin)
zu dem Restaurant (der Mensa, dem Markt, der Apotheke)

G. 1. Heute gibt es keinen Schokoladenpudding. 2. Der Junge hilft dem Vater nicht. 3. Ich sehe den Ober nicht / Ich sehe keinen Ober. 4. Ich habe kein Messer. 5. Wir brauchen heute keine Milch. 6. Wir gehen nicht nach Hause. 7. Wir haben / ich habe keine Rindsrouladen. 8. Er trinkt keinen Kaffee. 9. Sie isst nicht gern Eis. 10. Max ist nicht mein Freund. 11. Ich habe keinen Durst. 12. Heute ist es nicht sehr kalt.

H. 1. von der, zur, zum 2. zum 3. für die 4. aus / von 5. nach, für die, für den, für die 6. Um, zu

7. Zum 8. Nach dem 9. Um, mit den, zur 10. Bei den, mit 11. Nach dem, durch die, nach 12. ohne die 13. nach dem, seit 14. Um

I. 1d. 2a, 3a, 4b, 5c, 6b, 7c, 8a, 9c, 10b, 11d, 12b, 13a, 14d, 15d, 16d, 17b, 18b, 19d, 20d

J. 1. Herr und Frau Schmidt kommen zum Abendessen. 2. Axel und ich helfen zu Hause. 3. Er trägt die Teller und ich trage die Messer und Gabeln. 4. Was gibt's zum Nachtisch, Pudding oder Eis? 5. Ich habe keinen Pudding und kein Eis. 6. Aber ich möchte (gern) etwas zum Nachtisch! 7. Sie essen nicht gern Nachtisch. 8. Ach du liebes bisschen, sie sind schon hier!

Kapitel 4–7

A. 1. der Eingang 2. die Nacht 3. fragen 4. laufen / zu Fuß gehen 5. Pech haben 6. vermieten 7. aufmachen 8. jung / neu 9. unbequem 10. wunderbar / prima / toll 11. geschlossen / zu 12. dunkel 13. da / dort 14. nie 15. schwer 16. rechts 17. laut 18. schmutzig 19. oben 20. nah

B. 1. der Ausweis, -e 2. die Bank, -en 3. die Bibliothek, -en 4. das Fest, -e 5. der Garten, ¨ 6. der Gast, ¨e 7. der Gasthof, ¨e 8. das Haus, ¨er 9. das Lied, -er 10. der Koffer, - 11. die Nacht, ¨e 12. das Radio, -s 13. die Reise, -n 14. der Sessel, - 15. die Tasche, -n 16. der Weg, -e

C. 1. bhop 2. hnu 3. f 4. ab 5. tgdr 6. js 7. ib 8. em 9. qt 10. lm

D. 1. wissen 2. kennst 3. kennt 4. kenne, weiß 5. weißt

E. 1. Tun Sie / Tut / Tu . . . ! 2. Stellen Sie / Stellt / Stell. . . ! 3. Gehen Sie / Geht / Geh . . . ! 4. Sprechen Sie / Sprecht / Sprich . . . ! 5. Lassen Sie / Lasst / Lass . . . ! 6. Nehmen Sie / Nehmt / Nimm . . . mit! 7. Essen Sie / Esst / Iss . . . ! 8. Bleiben Sie / Bleibt / Bleib . . . ! 9. Fahren Sie / Fahrt / Fahr . . . !

F. 1. Wohin seid ihr gegangen? — Wir sind zum Museum gefahren.
2. Was hast du heute gemacht? — Ich habe meinen Koffer gepackt.
3. Wie habt ihr seinen Geburstag gefeiert? — Wir haben ihn mit einer Party überrascht.
4. Wie hat Ihnen die Landshuter Fürstenhochzeit gefallen? — Sie hat mir viel Spaß gemacht.
5. Haben Sie die Wohnung vermietet? — Ja, eine Studentin hat sie genommen.
6. Hast du gewusst, wo der Scheck gewesen ist? — Ja, er hat auf dem Schreibtisch gelegen.
7. Wie lange hat die Party gedauert? — Sie ist um 12.00 Uhr vorbei gewesen.
8. Wo sind Paula und Robert gewesen? — Sie haben eingekauft.

G. 1. Dürfen wir das Geschenk aufmachen? Wir wollen es aufmachen. Ich kann es nicht aufmachen. Er muss es aufmachen. Warum soll ich es nicht aufmachen? Möchtest du / Möchtet ihr / Möchten Sie es aufmachen?
2. Ich bin gestern angekommen. Sie kommt heute an. Wann kommen sie an? Wann ist er angekommen? Kommt er auch an? Ich weiß, dass sie morgen nicht ankommen. Sie sollen übermorgen ankommen. Ist sie schon angekommen?
3. Er fragt Sie. Sie fragt ihn. Fragen sie uns? Ja, sie fragen dich. Wir fragen euch. Fragt sie nicht! Hast du sie gefragt? Haben sie dich nicht gefragt? Habt ihr mich gefragt?
4. Ihm gefällt unser Museum. Gefällt Ihnen dieses Museum? Ihnen gefällt ihr Museum nicht. Welches Museum gefällt dir? Mir gefällt so ein Museum. / So ein Museum gefällt mir. Warum gefallen euch keine Museen? Mir haben solche Museen nie gefallen. Ihm gefällt jedes Museum.
5. Es tut ihr Leid. Es tut ihm nicht Leid. Tut es dir / euch / Ihnen Leid? Es hat mir Leid getan. Es hat ihnen Leid getan.

H. 1. vor dem / das Haus; in dem (im) / in das (ins) Gästezimmer; neben dem / das Sofa; hinter dem / den Sessel; unter dem (unterm) / unter den Tisch; zwischen dem / den Stuhl und dem / das Bett
2. neben die / der Gabel; auf den / dem Teller; in die / der Küche; in das (ins) / in dem (im) Esszimmer; zwischen die / der Butter und den / dem Käse

I. 1. Ich lerne Deutsch, weil meine Großeltern aus Deutschland sind.
2. Sie möchte wissen, ob du schon einmal in Deutschland gewesen bist.
3. Ich sage ihr, dass ich im Sommer dort gewesen bin.
4. Ich möchte gern wieder einmal nach Deutschland, aber so eine Reise ist nicht billig.
5. Braucht man Hotelreservierungen, wenn man nach Deutschland fährt?
6. Obwohl man keine Reservierung braucht, hat es manchmal lange gedauert, bis ich ein Zimmer gefunden habe.
7. Einmal habe ich bei einer Kusine übernachtet und eine Nacht habe ich im Zug geschlafen.
8. Man muss alles gut planen, wenn man nach Deutschland fahren möchte.

J. 1. aber 2. aber 3. sondern 4. aber 5. sondern

K. 1. Am, mit dem, aufs 2. in einem, auf einem, in den 3. durch den, an einen 4. unter einen, in dem (im) 5. aus dem 6. zwischen den, unter dem, auf der, hinter dem, in der 7. in die, auf die, zwischen die, unter den 8. mit der, zu dem (zum), in das (ins) 9. mit den 10. aus den, aus der, aus dem, aus der

L. 1c, 2b, 3c, 4c, 5b, 6b, 7b, 8a, 9a, 10b, 11a, 12a, 13a, 14c, 15c, 16b, 17b, 18b, 19a, 20a, 21b, 22d, 23b, 24b, 25d

M. 1. Wie gefallen euch eu(e)re Zimmer? 2. Mir gefällt mein Zimmer. / Mein Zimmer gefällt mir. 3. Man kann nicht nur die Stadt sehen, sondern auch den See. 4. Wisst ihr, dass mein Zimmer sogar einen Fernseher hat? 5. Welches Zimmer hast du? 6. Sieh da drüben, das Zimmer neben dem Eingang! 7. Was machen / tun wir jetzt? 8. Nichts. Ich muss mit eu(e)rem Vater sprechen. 9. Und ihr müsst ins Bett (gehen), weil wir morgen früh aufstehen müssen / denn morgen müssen wir früh aufstehen. 10. Wir sitzen nur im Auto und dürfen nichts machen / tun. 11. Wohin wollt ihr (gehen)? 12. Ich kenne ein Hotel am See, wo man tanzen kann. 13. Wann kommt ihr zurück? 14. Wann sollen wir zurückkommen? 15. Wo sind die Autoschlüssel? 16. Gib sie mir! 17. Hast du meine Schlüssel gesehen? 18. Wer hat sie zuletzt gehabt? 19. Ich habe sie nicht genommen. 20. Wo bist du zuletzt gewesen? — Ich weiß nicht.

Kapitel 8–11

A. 1. a. die Fahrt b. der Flug c. der Maler / das Gemälde d. das Geschenk e. die Sprache f. der Verkäufer g. der Freund h. die Woche i. der Sport j. die Liebe
2. a. mit dem Wagen b. in einer halben Stunde c. anfangen d. zu Fuß gehen e. anrufen f. herrlich / fantastisch / toll
3. a. aussteigen b. verlieren c. lachen d. sich ausziehen e. sich freuen f. aufstehen g. faul h. krank i. hässlich j. langweilig k. schwer l. traurig

B. 1. gewinnen 2. hässlich 3. verschieden 4. das Gemälde 5. gewöhnlich

D. 1. Halten Sie sich fit? Sie halten sich nicht fit. Wie hat sie sich fit gehalten? Halte dich / Haltet euch / Halten Sie sich fit! Ich möchte mich fit halten. Wir müssen uns fit halten. Wir mussten uns fit halten.
2. Wir erkälten uns wieder. Erkälte dich / Erkältet euch / Erkälten Sie sich nicht wieder! Sie haben sich wieder erkältet. Sie möchte / will sich nicht wieder erkälten. Wir hatten uns wieder erkältet. Warum erkältest du dich immer? Sie haben sich immer erkältet.

E. 1. Du musst dich anziehen. 2. (Zu)erst möchte / will ich mich duschen und mir die Haare waschen. 3. Und du musst dich rasieren. 4. Warum beeilt ihr euch nicht? 5. Hört euch das an! 6. Er hat sich geärgert und sich hingesetzt.

G. 1. ein Geschenk zu kaufen 2. ihm zu schreiben 3. ein Buch anzufangen 4. alle einzuladen 5. früh aufzustehen 6. immer aufzupassen 7. sich fit zu halten

H. 1. Wohin seid ihr gegangen? — Wir haben Onkel Erich besucht.
2. Was hast du heute gemacht? — Ich bin schwimmen gegangen.
3. Wie hat Ihnen das Stück gefallen? — Es ist wirklich ausgezeichnet gewesen.
4. Warum hat sie sich so beeilt? — Die Vorstellung hat um acht angefangen.
5. Hast du gewusst, dass er ein sehr guter Schwimmer (gewesen) ist? — Nein, er hat nicht viel von sich gesprochen.

I. 1. Wir hatten damals nicht daran gedacht. 2. Daniela und Yvonne waren zum Schwimmbad gegangen. 3. Wir hatten uns warm angezogen. 4. Er hatte mir das schon zweimal versprochen. 5. Das Auto war plötzlich stehen geblieben. 6. Das war nicht so lustig gewesen. 7. Aber das hatte er verdient.

J. 1. -en, -en, -en, -e 2. -es, -er 3. -en, -en 4. -e, -er 5. -e, -e 6. -en, -en, — 7.-e, -en, -en, -en 8. —, -en, —, -e, -e, -e 9. -e, -e 10. -en, -e 11.-e, -en, -er, -es, -es, -en, -e 12. -e, -es, -es, -en 13. -en, -en, -en, -en, — 14. -er, —, -er

K. 1. gingen . . . aus 2. versuchten, waren 3. wollten, konnten 4. kamen, gab 5. war 6. lief 7. gefiel, war 8. lachte, hören konnte 9. kamen, sahen 10. aßen, tranken 11. bummelten

L. 1. als 2. wann 3. wenn 4. als 5. wenn

M. 1. das Ende des Wortes 2. die Farbe uns(e)res Autos 3. der Sohn meines Onkels 4. der Eingang eu(e)res Hauses 5. der Name des Komponisten 6. der Wunsch aller Kinder 7. die Taschen mancher Frauen 8. Beethovens Musik 9. Bertolt Brechts Stück 10. die Märchen der Brüder Grimm

N. 1. worauf / darauf; worin / darin; woran / daran; wozu / dazu; wofür / dafür; wodurch / dadurch; worüber / darüber; wovor / davor; wobei / dabei; wozwischen / dazwischen
2. a. woran, an meine b. wovon, von einem c. wovon, von meinen d. worauf, auf einen, darauf e. von ihren, davon f. an deine, an sie g. über den, worüber h. für, dafür i. für, für sie

O. 1. übermorgen; nach dem Abendessen; sonntags; morgen früh; um halb fünf / um 4.30 Uhr; in 15 Minuten / in einer Viertelstunde; Montagmorgen; am Dienstag; im Februar; am Wochenende; am Abend; im Herbst; meistens; manchmal; jedes Jahr; jetzt; nie; eines Tages
2. von März bis Mai; bis Mittwoch; bis Freitagnachmittag; bis Viertel vor elf / 10.45 Uhr; monatelang; einen Tag

P. 1. Ihre Eltern lebten jahrelang in der Nähe von Riesa.
2. Renate hat mit anderen Mädchen in einem Schülerheim in Dresden gewohnt.
3. Am Wochenende konnte sie nicht einfach nach Hause fahren.
4. Sie hatte keine Zeit, stundenlang mit der Bahn zu fahren.
5. Dafür ist sie während der Ferien gewöhnlich zu Hause geblieben.
6. Ihre Schule soll nicht leicht gewesen sein.
7. Sie musste jeden Tag schwer arbeiten.
8. Manchmal hat sie (stundenlang) mit ihrer Freundin (stundenlang) Klavier gespielt.
9. Renate hatte sich schon immer für klassische Musik interessiert.
10. Wir haben uns eines Tages bei einem Musikwettbewerb in Weimar kennen gelernt.

Q. 1. -en, -en 2. -en, -e, -en, -en, -en 3. -en, -e, -en, -en 4. -es, -er 5. -en, -en, -e, -en 6. -e 7. -er, -e

R. 1b, 2c, 3d, 4d, 5c, 6a, 7d, 8b, 9b, 10a, 11a, 12a, 13b, 14b, 15c, 16b, 17d, 18a, 19b, 20b, 21d, 22c, 23c, 24c, 25b, 26b, 27b, 28a/c, 29a, 30c

S. 1. Kurt, woran denkst du? — An meine Ferien. 2. Ich möchte mit Karl in den Bergen wandern. 3. Ich habe ihm / an ihn geschrieben und jetzt warte ich auf seinen Brief. 4. Darauf kannst du lang warten. 5. Wenn er ja sagt, bedeutet das / es nicht viel. 6. Vor zwei Jahren ist es genauso gewesen. 7. Als du die Karten gekauft hattest, wurde er plötzlich krank. 8. Er hatte sich wieder erkältet. 9. Wenn du möchtest, komme ich mit. 10. Hast du Lust, in den Bergen zu wandern? — Gern. 11. Wann können wir fahren? — Am ersten Tag der Ferien / Ferientag. 12. Wie fahren wir? — Mit dem Zug. 13. Wo übernachten wir? — In billigen Jugendherbergen. 14. Kannst du die Kamera deines Vaters / von deinem Vater mitbringen? 15. Nein, seine Kamera ist zu teuer; sie kann kaputt gehen. 16. Vielleicht nehme ich Susis Kamera. Ihre Kamera ist auch gut.

Kapitel 12–15

A. 1. das, *housekeeping money* 2. das, *chemistry lab* 3. die, *grade for the intermediate qualifying exam* 4. die, *law firm* 5. die, *love story* 6. die, *mountain scenery* 7. der, *ear-nose-and-throat specialist / doctor* 8. das, *problem in deciding on a profession* 9. die, *life experience* 10. das, *winter semester course catalog / class schedule*

B. 1. a. denken b. planen c. träumen d. verkaufen e. versuchen f. wünschen g. bauen h. erklären 2. a. reich b. dünn c. fleißig d. wunderbar / fanastisch / toll / prima e. hübsch / schön f. dunkel g. interessant h. öffentlich i. sauber j. leicht k. (auf)bauen l. anfangen m. schaden n. finden o. erlauben p. sich erinnern an q. der Frieden r. das Hauptfach s. die Unsicherheit

C. 1. a. berühmter, am berühmtesten b. dümmer, am dümmsten c. fauler, am faulsten d. lieber, am liebsten e. größer, am größten f. besser, am besten g. heißer, am heißesten h. höher, am höchsten i. näher, am nächsten j. hübscher, am hübschesten k. kälter, am kältesten l. kürzer, am kürzesten m. netter, am nettesten n. sauberer, am saubersten o. stolzer, am stolzesten p. schwieriger, am schwierigsten q. mehr, am meisten r. wärmer, am wärmsten
2. a. kleineren b. schöner als c. freundlicher d. längere e. höheres f. nettere g. größte h. meisten, besten i. Je länger, desto besser j. weniger als k. genauso viel wie

D. 1. der Freund, . . . a. der gerade hier war; b. den du kennen gelernt hast; c. dem das Haus in der Goethestraße gehört; d. dessen Firma in Stuttgart ist
2. die Ärztin, . . . a. deren Sekretärin uns angerufen hat; b. die hier neu ist; c. durch die wir von dem Programm gehört haben; d. mit der ich gesprochen habe
3. das Gebäude, . . . a. das ihr bald sehen werdet; b. an dem du vorbeigefahren bist; c. das auf der Insel steht; d. von dem man einen Blick auf die Berge hat
4. die Leute, . . . a. die wie Amerikaner aussehen; b. deren Bus dort steht; c. denen die Landschaft hier so gut gefällt; d. für die du dich interessiert hast; e. mit denen du gesprochen hast

E. 1. Wir werden an einer Gruppenreise teilnehmen. 2. Das wird billiger sein. 3. Ich werde ihnen das Geld bald schicken müssen. 4. Meine Tante wird versuchen, uns in Basel zu sehen. 5. Wo werdet ihr euch treffen? 6. Das wird sie mir sagen müssen.

F. 1. a. Ich würde mich besser fühlen, wenn die Arbeit fertig wäre.
b. Das wäre wunderschön.
c. Ihr könntet uns dann besuchen.
d. Ich wünschte, Rolf hätte mehr Zeit.
e. Wenn ich mich nur daran gewöhnen könnte!
f. Könntest du mir das erklären?
g. Ich wünschte, er redete nicht so viel am Telefon (würde . . . reden).
2. a. Wir hätten nicht in die Berge fahren sollen.
b. Ich wünschte, sie wäre zu Hause geblieben.
c. Das wäre einfacher gewesen.
d. Wenn wir nur nicht so viel gewandert wären!
e. Wenn du bessere Schuhe mitgenommen hättest, hätten dir die Füße nicht wehgetan.

f. Du hättest mich daran erinnern sollen.
g. Ich hätte es schöner gefunden, wenn ich zu Hause geblieben wäre.

G. Ich studiere hier. Ich würde dort studieren. Möchtest du dort / Würdest du dort gern studieren? Ich wünschte, ich könnte dort studieren. Sie hätte dort studieren können. Wenn ich dort studiere, wird mein Deutsch besser (werden). Wenn ich dort studierte / studieren würde, könnte ich euch besuchen. Ich hätte dort studieren sollen.

H. 1. David schrieb, er hätte eine nette Wohnung. Sein Zimmerkollege wäre aus New York. Er lernte (würde . . . lernen) viel von ihm. Er spräche (würde . . . sprechen) nur Englisch mit ihm. Manchmal ginge (würde . . . gehen) er auch zu Partys. Da würde man leicht Leute kennen lernen. Die meisten Studenten wohnten (würden . . . wohnen) im Studentenwohnheim. Studentenheime wären ihm aber zu groß. Die Kurse und Professoren wären ausgezeichnet. Er müsste viel lesen und es gäbe (würde . . . geben) viele Prüfungen, aber eigentlich hätte er keine Probleme.

2. David schrieb, er hätte eine nette Wohnung gehabt. Sein Zimmerkollege wäre aus New York gewesen. Er hätte viel von ihm gelernt. Er hätte nur Englisch mit ihm gesprochen. Manchmal wäre er auch zu Partys gegangen. Da hätte man leicht Leute kennen gelernt. Die meisten Studenten hätten im Studentenwohnheim gewohnt. Studentenheime wären ihm aber zu groß gewesen. Die Kurse und Professoren wären ausgezeichnet gewesen. Er hätte viel lesen müssen und es hätte viele Prüfungen gegeben, aber eigentlich hätte er keine Probleme gehabt.

I. 1. Diese Universität wird von vielen Studenten besucht.
2. Dieses Jahr werden zwei der Studentenwohnheime renoviert.
3. Ein neues Theater wird gebaut.
4. In dem alten Theater sind viele schöne Theaterstücke gespielt worden.
5. Am Wochenende sind dort auch Filme gezeigt worden.
6. In der Mensa wurde dann darüber gesprochen.
7. Am 1. Mai wird das neue Theater eröffnet werden.
8. Dieser Tag muss gefeiert werden.

J. 1. Jetzt bin ich mit meinem ersten Jahr Deutsch fertig geworden. 2. Ich habe wirklich viel gelernt. 3. Ich hätte nie gedacht, dass das so viel Spaß machen könnte. 4. Nicht alles war leicht (ist . . . gewesen). 5. Ich musste viele Wörter lernen. 6. Viele Fragen mussten beantwortet werden. 7. Bald haben wir uns(e)re letzte Prüfung. 8. Weil ich mich immer gut vorbereitet habe, muss ich jetzt nicht so schwer arbeiten. 9. Nach der Prüfung wird gefeiert / werden wir feiern. 10. Ich bin von ein paar Freunden zu einer Party eingeladen worden. 11. Wenn ich (das) Geld hätte, würde ich jetzt nach Europa fliegen. 12. Dann könnte ich viele der Städte besuchen, worüber wir gelesen haben, und ich könnte Deutsch sprechen.

K. 1d, 2c, 3a, 4a, 5d, 6c, 7c, 8d, 9c, 10a, 11b, 12b, 13c, 14c, 15a, 16a, 17c, 18c, 19b, 20d, 21d, 22c, 23a, 24b, 25c, 26b